아동관찰 및 행동연구: 영유아교사의 윤리적 실천

이진희 · 김희연 · 신은미 · 정가윤 · 허정민

창지사

제1부 관찰 및 행동연구의 기초

제1장 프롤로그: 관찰 및 행동연구의 새로운 지평 • 10

제2장 관찰의 이해 • 15

1. 관찰의 의미와 목적 15
2. 영유아교육과 관찰 23

제3장 행동연구의 이해 • 32

1. 인간 행동연구와 과학 패러다임 33
2. 양적 연구방법 39
3. 질적 연구방법 43
4. 아동 행동연구의 동향 47

제4장 영유아교육과정과 관찰 • 51

1. 학교준비도 접근의 영유아교육과정과 관찰 52
2. 사회적 페다고지 접근의 영유아교육과정과 관찰 60
3. 우리나라 국가수준 교육과정과 관찰 66

제2부 관찰의 방법론

제5장 관찰의 원리와 과정 • 74

1. 관찰 및 분석의 단위 ····· 75
2. 관찰의 유형 ····· 80
3. 관찰의 과정 ····· 85

제6장 영유아교사의 일상적 관찰방법 • 103

1. 교육의 과정에서 이루어지는 일상적 관찰기록 ····· 104
2. 일상적 관찰방법의 어려움과 가능성 ····· 121

제7장 영유아교사의 특별한 목적이 있는 관찰방법 • 128

1. 교육의 과정에서 이루어지는 특별한 목적이 있는 관찰 ····· 129
2. 특별한 목적이 있는 관찰의 활용과 한계 ····· 151

제3부 관찰 및 행동연구의 활용

제8장 관찰과 연구에 기초한 영유아평가 • 158

1. 학습자평가의 동향과 영유아평가 159
2. 관찰과 연구를 통한 영유아 이해 165
3. 영유아평가 결과의 활용 173

제9장 관찰과 연구에 기초한 영유아교육과정 운영평가 • 182

1. 교육과정 운영평가 182
2. 기관평가와 교육과정 운영평가 184
3. 시기에 따른 교육과정 운영평가 187
4. 평가 주체에 따른 교육과정 운영평가 194

제4부 교육과정 속 관찰 및 행동연구의 실제

제10장 선생님이 들려주는 관찰 이야기 • 204

1. 관찰 계획하기 ··· 205
2. 관찰 및 기록하기 ··· 208
3. 관찰기록 정리하기 ··· 212
4. 관찰기록 해석하기 ··· 214
5. 관찰기록 활용하기: 교육실천 이어가기 ··· 220

제11장 선생님이 들려주는 실행연구 이야기 • 226

1. 교사의 고민으로 시작하기 ··· 227
2. 관찰기록의 가시화를 위한 도전 ··· 234
3. 교사의 보육일지 다시 보기를 통한 교육과정 평가와 유아평가 ··· 240
4. 관찰기록 유아와 함께 다시 나누기: 배움으로서의 평가 ··· 246
5. 유아교사의 윤리적 실천과 놀이기록 ··· 248

제5부 영유아교사의 윤리적 실천 이어가기

제12장 관찰 및 연구와 윤리적 실천 • 256

1. 관찰 및 연구와 영유아교육보육 실천 257
2. 영유아교사의 윤리적 실천으로서의 관찰과 연구 262

제13장 에필로그: 저자들, 참여교사들, 그리고 초고를 읽은 교사들의 이야기 • 266

1. 저자들의 이야기 267
2. 참여교사들의 이야기 272
3. 초고를 읽은 교사들의 이야기 276
4. 독자의 이야기 280

참고문헌 • 281

제
1
부

관찰 및 행동연구의 기초

제1장 프롤로그: 관찰 및 행동연구의 새로운 지평
제2장 관찰의 이해
제3장 행동연구의 이해
제4장 영유아교육과정과 관찰

제1장

프롤로그: 관찰 및 행동연구의 새로운 지평

'어린아이들을 위한 선생님'이라는 일을 하기 위해 대학에 진학한 예비교사들은 어떤 공부를 해야 할까? 대학의 여러 교과를 접하면서 많은 것을 알아가고, 느끼고, 생각을 더하겠지만, 아이들을 관찰하여 있는 그대로 이해하고자 하는 열린 소양과 최선의 교육적 의사결정을 위한 탐구적 태도를 갖추는 것은 무엇보다도 중요하다.

이 책은 영유아교사들이 현장에서 실제로 직무를 수행함에 있어 총체적 기반이 되어야 할 아동관찰과 행동연구에 대한 새로운 해석과 방향 제시가 필요하다는 문제의식에서 시작되었다. 지금까지 '아동관찰과 행동연구' 관련 대부분의 대학 교재가 학문적 탐구로서의 연구방법을 축약한 내용을 중심으로 집필되었고, 교사들이 그 방법들을 이해하고 실제 직무 수행과정에서 활용하기를 기대했다. 이 중심 내용에 일부 새로운 내용 또는 동향이 반영되어 개정되기도 했지만, 교재에서 다룬 내용들의 비중에 비해 직무와 직접 연결되는 부분의 비중은 적었다. 정작 관찰과 연구를 바탕으로 한 교육과정을 운영하고자 할 때 교사로서 무엇을 어떻게 관찰하고 연구해야 할지가 명료하게 드러나지 않아 학생들은 혼란스러웠다. 더욱이 시대적, 사회적 변화는 보편성, 규격화, 대량생산의 패러다임을 넘어서 차이, 주체성, 상생과 공존의 탈현대 패러다임으로 전환되고 있고, 이에 대응하는 교사 역할의 변화를 요구하고 있다. 이 시점에서, '영유아교사가 해야 하는' 아동관찰과 행동연구는 어떤 것이어야 하는지에 대한 비전을 다시 세우고, 그러한 역량이 길러질 수 있도록 잘 안내하는 교재가 필요했다.

학생들이 언뜻 생각하기에, 관찰은 그냥 하면 되겠지 싶기도 할 것이고 행동연구는 자신이 과연 할 수 있을까 싶기도 할 것이다. 본격적으로 '아동관찰과 행동연구'라는 과목을 배우면서는 당황스럽게 어려운 과목이자 자격증 취득에 필요한 과목으로 인식되기도 하였고, 유아교육학 독학사같은 국가시험에서 예외 없이 합격률이 가장 낮은 과목으로 두려움의 대상이 되기도 하였다. 그러다가 교사가 되면, 관찰이라는 직무는 순번대로 개별 아동의 놀이 행동을 몇 줄 적어 넣는 일로 축소되어버리기도 하고, 연구는 자신의 직무와 직접 관련되기보다 전문 연구자인 교수나 상급자의 연구를 보조하는 현장 자료수집가 정도로 참여하는 거리감 있는 영역으로 치부되어버리기도 했다. 이러한 현상은 어떤 각도에서 바라보아도 바람직하지 않다. 영유아의 교사에 의한 교사 고유의 관찰과 연구는 교사의 핵심 직무로 자리 잡아야 한다. 이를 위해서는, 교사가 과학적 관찰법과 연구법에 관한 지식을 더 잘 이해하고 더 많이 활용하도록 하는 것과는 다른 목표를 세우고, 최소한의 관찰이나 이질적 연구 의식에 머물지 않도록 이끄는 내용으로 재조직하기 위한 선명한 비전이 필요했다.

'관찰한다.'는 것은 무엇인가? 무엇을 어떻게 볼 것인지는 인류 역사에서 인간의 인식과 앎에 관한 근본적인 질문이었다. 또한 '연구한다.'는 것은 무엇인가? 어디까지가 연구이고 무엇을 어떻게 연구할 것인지는 과학적 탐구의 발전과 더불어 변화해왔다. 근대 이후 학교라는 대중교육시스템의 확산에 따라 아이들을 돌보고 가르치는 일은 시민사회의 평등을 지향점으로 하여 규격화된 틀을 갖춘 집단교육 형태로 자리 잡았고, 현대 학교에서의 교사에 의한 관찰과 연구는 과학적 연구에서 추구하는 관찰의 의미와 방법으로 수렴되었다. 즉 교실 또는 학교라는 공간에서 교사는 과학적 연구에서 파생된 행동연구의 의미를 이해하고 엄격한 방법적 실천을 하는 것이 아이들을 위한 최선의 실천이요, 교육적 전문성을 발휘하는 것으로 접근되어 왔다.

그러나 과연 연구자에 의한 과학적 탐구가 교육 현장에서의 교사에 의한 실천적 연구로 바로 연결될 수 있는 것인지, 그 연결의 강도와 적합성에 관한 문제의식이 고조되었다. 실증주의 과학 패러다임에 대한 반기로서 등장한 질적 연구방법론의 발전은 당연시되던 과학적 탐구의 합의에 도전하고 방법론적 외연을 넓혀갔다. 즉 현대 철학이 우리의 사고의 타당성과 신뢰도를 향해 중요한 질문을 던지는 과정에서, 이성적으로 확증되는 진리를 회의하고, 객관성의 신화로부터 벗어나, 지식의 상대성, 주관적 해석, 감성적 관여에 주목하게 되었다. 더불어 교사에 의한 교육적 관찰과 현장연구는 교사공동체의 윤리적 실천의 문제로 확장되고 있다.

영유아교육과 보육 분야도 예외는 아니어서, '아동관찰과 행동연구'의 내용은 오랜 시간의 과학의 발전 동향을 반영해왔고, 최근에는 영유아교사 고유의 관찰과 연구를 중시하는 윤리적 실천이라는 문제의식 또한 급속도로 고조되고 있다. 게다가 민간 주도로 발전한 우리나라 영유아교육과 보육의 역사성이 교사 역할 기대에 영향을 미쳐온 점, 교사-학생 관계에서 발달적 차이가 큰 가장 어린 연령을 대상으로 한다는 점은 초중등교육과는 차별화된 아동관찰과 행동연구의 의미와 전략을 강조해야 할 이유가 되기도 한다.

대상 연령이 낮을수록 소위 '한시도 눈을 뗄 수 없는' 교사와 아동의 관계가 형성된다. "아이가 다칠 때 선생님은 뭐하셨나요? 말이 느린 것 같은데 어떻게 해야 하나요? 오늘 선생님한테 뭐 배웠어? 떼를 쓸 때는 어떻게 해야 하나요?" 이 질문들은 현대사회의 어린아이들과 영유아교사에게 쏟아지는 가장 일반적인 관심사를 보여준다. 전담 직업인인 교사에게 어린아이를 맡긴 어른들의 눈과 귀가, 즉 부모 또는 사회의 눈과 귀가, 아이를 둘러싼 무엇에 집중되어 있는지를 단적으로 보여준다. 결국 영유아교사들은 사회적 기대나 이론적 탐구가 그들에게 부여한 안전과 보호, 발달적 성취를 위한 지원, 교육내용의 지도, 문제 행동의 교정이라는 미션을 수행하는 이등병으로 전장의 한가운데에 놓이게 된다. '안전', '보호', '성취', '교습', '교정'을 위해 최선을 다해야 하는 책무를 지고 하루하루 의무와 생존과 감시의 틀 안에서 움직이게 된다. 여기서 '관찰'이나 '연구'는 최소한의 직무로 제한되거나 현실과 맞지 않는 사치나 욕심 정도의 일이 되어버린다, 소극적 의미로 밀려나게 되는 것이다.

하지만 영유아교사에게 '관찰'이나 '연구'는 보다 적극적인 의미로 확장되어야 한다. 어린이라는 존재는 관습화되어 자동화된 행동, 상징, 언어로 다듬어지지 않은 상태이다. 어른들의 인식과 사회적 관습의 틀로는 쉽게 이해될 수 없는 다채로운 사고의 연결이 일어나는 상태이다. 그만큼 울퉁불퉁하고 매끄러운 빙판과 같아서 예측하기 어렵다. 보면 볼수록 흥미롭고 놀라운 생명력으로 가득 차 있다. 그래서 영유아교사는, 열린 마음으로, 어린아이들의 일상을, 한시도 눈을 떼지 않고, 오감을 총동원하여, 매일매일 능동적으로 보고 듣고 탐구하는 일을 최우선의 직무로 삼아야 하며, 이를 바탕으로 맺어지는 정서적 관계 안에서 깊이 있는 사고를 키워가야 한다. 영유아교사가 누릴 수 있는 최고의 직무적 행복이자 특권이며, 고유의 전문성의 영역에 해당한다. 그렇기에 '안전'과 '보호'와 같은 소극적 위치에 머무르지 않고 '관찰'과 '연구'를 기반으로 한 존중과 지원의 수행자로서 적극적 위치를 찾아가는 일은 곧 어린아이들을 위한 좋은 교사가 되어가는 일이다.

이에 이 책에서의 '아동관찰'은 아동을 위한 교육적 관찰이라는 의미를, '행동연구'는 아동의 행동에 관한 일상적 현장 연구라는 의미를, 따라서 '아동관찰과 행동연구'는 아동을 위한 교육적 관찰을 중심으로 하는 일상적 현장연구라는 의미를 전제로 한다. 바람직한 영유아교사상에 비춘 현장 직무를 중심으로, 아동관찰과 행동연구의 목적과 가치를 다시 정리하고, 현장에서의 비구조화된 관찰에 관한 내용의 비중을 대폭 늘리고, 교사 고유의 현장연구의 가치를 강조하는 방향으로 집필하고자 하였다.

이를 위해 교재를 5부로 나누어 구성하였다. 1부에서는 영유아교사가 현장에서 관찰 및 행동연구를 시작하면서 알아야 할 비전을 세우고 기초적 개념에 대한 이해의 기반을 다지기 위해, 관찰 및 행동연구의 새로운 지평(1장), 관찰의 이해(2장), 행동연구의 이해(3장), 영유아교육과정과 관찰(4장)로 구성하였다. 2부에서는 영유아교사에 의한 관찰의 원리와 더불어 현장에 적합한 관찰 방법에 대한 심도 있는 이해를 목표로, 관찰의 원리와 과정(5장), 영유아교사의 일상적 관찰방법(6장), 영유아교사의 특별한 목적이 있는 관찰방법(7장)으로 구성하였다. 3부에서는 영유아교사가 관찰 및 행동연구를 활용하는 목적과 범위를 명료히 인식하고 현장에서의 실행에 임할 수 있도록, 관찰과 연구에 기초한 영유아평가(8장), 관찰과 연구에 기초한 영유아교육과정 운영평가(9장)로 구성하였다. 4부에서는 영유아교사가 교육과정 운영의 실제 사례를 통해 관찰하고 연구하는 과정을 생생하게 익힐 수 있도록, 선생님이 들려주는 관찰 이야기(10장)와 선생님이 들려주는 실행연구 이야기(11장)를 소개하였다. 5부에서는 영유아교사가 윤리적 실천을 이어가기를 기대하며, 관찰 및 연구와 윤리적 실천(12장)과 저자들, 참여교사들, 초고를 읽은 교사들의 이야기(13장)를 다루었다.

예비교사들과 현직교사들은 이 교재를 활용하여 배우고 성장하면서 어린아이들을 위해 존재하는 '좋은 교사'가 해야 할 관찰과 탐구를 익히고, 이를 바탕으로 주체적 생성을 향해 나아가게 될 것이다. 과학적 연구의 최하위 포식자도 단순 소비자도 아닌, 자신의 책무를 다하는 윤리적 실천가로서의 영유아교사의 꿈을 이루어가기를 바란다.

제 2 장
관찰의 이해

지금까지 살아오면서 자세히 들여다보고 경청함으로써 나 자신이나 누군가를, 혹은 어떤 사물이나 현상을 깊게, 새롭게, 다르게 이해하게 된 경험이 있는가? 관찰은 내 삶에서 쓸모와 의미가 있는가? 영유아교사에게는 교육적 관찰이 그러한 경험을 가져다줄까? 관찰하고 기록하여 정리하고 해석하는 등에 소요되는 그 모든 수고로움을 기꺼이 수용할 만큼 교육적 의미를 가질 수 있을 것인가?

이 장은 관찰의 의미와 목적을 살펴보는 것으로 출발하여, 독자 스스로 이러한 질문들에 답해보고 또 다른 질문들을 만들어갈 것을 요청한다. 아동관찰의 역사를 되돌아봄으로써 관찰이 어디에서 어디로 와 있는지를 이해하고, 이를 바탕으로 어디로 나아가야 할지 방향성을 찾아가는 여정을 기대한다.

1. 관찰의 의미와 목적

1) 관찰의 의미

관찰은 인류의 삶 속에 늘 존재해 왔다. 선사시대의 동굴 벽화부터 최첨단 과학 실험까지 관찰을 통하여 세상에 대한 호기심, 자연과 인간의 관계에 대한 관심, 시간과 공간에 대한 탐구를 이어왔다. 이러한 관찰의 사전적 정의, 어원, 학문적 정의를 살펴보고, 이어서 영유아교육의 맥락에서 아동관찰의 정의와 중요성을 알아본다.

(1) 관찰의 정의와 특성

'관찰'이란 말을 국내외 사전에서 찾아보면 사람, 사물, 현상 등을 주의하여 자세히 살펴보는 것, 즉 무엇인가를 더 깊이 있게 알기 위하여 관심 깊게 주의를 기울여 사람, 사물, 현상 등에 주목하여 찬찬히 살펴보고 연구하는 것으로 정의하고 있다. 이렇듯 관찰이라는 단어에는 관찰하는 대상에 대한 깊은 관심, 주목하기, 주의를 기울여 들여다보기, 이해를 위한 노력의 과정과 내용이 담겨 있다.

관찰하다의 영어 단어인 'observe'의 어원은 라틴어 'observare'이다. 이는 '~을 향하여(towards)'를 뜻하는 'ob-'라는 접두어와 '~에 주목하다(attend to)', 혹은 '~을 바라보다(look at)' 등을 뜻하는 'servare'가 합쳐진 것이다. 이 어원은 관찰이란 곧 관찰자가 무엇인가로 '향하여' 몸을 돌린다는 의미(Fawcett & Watson, 2016)를 가지며, 관심을 가지게 하는 대상, 현상, 혹은 사건으로 몸을 돌리는 지향성과 주의 깊게 바라보는 의지와 노력을 담고 있음을 말해준다.

관찰은 사회과학과 자연과학 등의 모든 학문에서 현상을 체계화, 이론화하는 데 있어서도 가장 기본적이고도 널리 사용되는 방법이다. 즉 사물, 현상, 사건 등의 경험에 대한 직접적인 목격에 기초하는 자료수집 방법의 하나다. 관찰은 일상적으로 둘러보는 것을 넘어서서, 주의 깊게 살펴보는 것이다. 이렇듯 주의 깊게 살펴본다는 것은 단지 시각적으로 자세히 보는 것을 넘어서서, 청각적으로 귀 기울여 듣는 것이며 촉각, 후각, 미각 등 모든 감각으로 느끼는 것을 포함한다.

관찰은 그 자체로 끝나는 것이 아니라, 관찰자가 관찰 장면이나 이에 대한 기록에 담겨있는 '중요한 의미(significance)'를 이해하는 노력을 수반한다(Dewey, 1938). 관찰이란 복잡하고 역동적인 삶과 앎의 의미를 포착하고 이해하는 지속적인 과정이기 때문이다. 더 나아가 관찰 장면에 관여하는 모든 것, 즉 관찰하는 사람과 관찰되는 사람들은 서로의 감각과 기억, 사회문화적 가치, 물질적 배치 등과 얽혀 '함께-되기(becoming-with)'(Haraway, 2008)의 과정에 참여한다.

더 읽어보기: 생각도구로서의 관찰

「생각의 탄생: 다빈치에서 파인먼까지 창조성을 빛낸 사람들의 13가지 생각도구」를 집필한 로버트 루트번스타인Root-Bernstein과 미셸 루트번스타인Root-Bernstein(1997/2007)은 관찰, 형상화, 추상화, 패턴인식, 패턴형성, 유추, 몸으로 생각하기, 감정이입, 차원적 사고, 모형 만들기, 놀이, 변형, 통합을 그 13가지로 들고 있다. 이들은 그중에서도 관찰을 첫 번째이자 가장 근원적인 생각도구로 손꼽으며 다음과 같이 강조된다.

> 모든 지식은 관찰에서부터 시작된다. 관찰은 수동적으로 보는 행위와 다르다. 예리한 관찰자들은 모든 종류의 감각정보를 활용하며, 위대한 통찰은 '세속적인 것의 장엄함', 즉 모든 사물에 깃들어 있는 매우 놀랍고도 의미심장한 아름다움을 감지하는 능력에 달려있다. 만일 우리가 무엇을 주시해야 하는지, 또 어떻게 주시해야 하는지를 알지 못한다면 주의력을 집중시킬 수가 없다. 그래서 관찰은 생각의 한 형태이고, 생각은 관찰의 한 형태이다. (p. 57)

(2) 아동관찰의 정의와 중요성

관찰의 어원에서 보듯, 아동관찰은 아이들을 '향하는 것'이다. 이는 아이들이 말하는 것에 귀 기울이는 것, 아이들의 해석을 존중하는 것, 그 상상력과 아이디어, 예상치 못한 생각, 감정과 관점의 탐색을 발견하고 감탄하는 것(Fawcett & Watson, 2016)을 뜻한다. 이 책에서는 아동관찰을 '아동을 위한 교육적 관찰'로 정의하며, 영유아교사가 모든 감각을 활용하여 주의 깊게 아이들의 생각과 상상, 가설과 아이디어, 고유성과 변화 등을 이해해가는 노력, 그리고 놀이와 배움을 위한 기본이자, 함께 만들어가는 교육과정의 한 부분이다.

이러한 아동관찰은 아동존중의 정신을 구현하는 교육적 행위다. '존중(respect)'이라는 단어는 '다시(re)'와 '본다(specere)'라는 어원의 라틴어가 합성된 단어라고 한다. 존중이 아이들을 다시 보고 또다시 보는 것이라면, 관찰은 바로 이러한 아동존중의 정신을 실천하는 것이다. 즉 피상적 둘러봄을 넘어서서 새롭고 다양한 모습을 발견하여 감탄하며 이해하는 것, 선입견이나 고정관념을 벗어나서 진정한 이해를 추구하는 아동존중 정신이 아동관찰에 스며있기 때문이다. 아동을 존중하는 관찰의 관건은 성인 중심으로, 정해진 성취결과를 쫓아가지 않고, 아동 중심으로, 아동의 시선으로 이해해가는 것이다(Palaiologou, 2019).

어느 한순간에 이루어지는 관찰에도 실로 아이들의 과거, 현재, 미래가 동시에 얽혀있다. 영유아들 사이에서 이루어지고 있는 말과 표정, 몸짓과 위치, 멈춤과 움직임 등을 관찰해보면 지금 여기에서 이루어지는 현재 상황과 관계에 영향을 받을 뿐만 아니라, 아이들의 삶 속에서 이루어져 온 과거의 경험과 무엇을 어떻게 하고 싶어 하는가하는 미래의 의도 역시 반영됨을 알 수 있다. 월시Walsh(2015)는 아이들이 지금 어디에 있으며 어디로 가려고 하는지, 가고자 하는 방향으로 잘 가고 있는지를 주의 깊게 관찰하는 교사의 노력을 강조한다. 즉 아동관찰은 영유아의 과거로부터 현재로 이어져 미래로 나아갈 경험의 연속성 속에서 고유하고 역동적인 배움과 성장을 이해하고자 하는 교육적 실천이다. 아울러 아동관찰에는 관찰하는 교사 자신의 과거, 현재, 미래도 함께 얽힌다. 교사 자신의 영유아기 기억, 교사로서의 경험과 지식, 영유아교육의 가치를 담은 신념과 지향성 등이 모두 관찰 장면에 영향을 준다.

따라서 아동관찰은 교사와 영유아의 과거, 현재, 미래가 얽힌 놀이와 배움, 앎과 삶을 교육적 맥락 속에서 이해하고자 하는 노력이라 할 수 있다. 영유아교사는 자신의 경험, 지식, 가치 등을 바탕으로 영유아들의 흥미와 관심사, 자발적 행동과 상황적 반응, 고유한 경험과 공통의 경험, 환경 등에 대한 정보를 수집하고 관찰한 바에 대하여 성찰하여 의미를 다각도로 읽어내고 영유아, 부모, 동료 등과 대화를 나누며 함께 배우며 성장한다.

2) 아동관찰의 목적과 역할

일반적으로 아동관찰의 목적은 크게 세 가지, 즉 영유아 이해, 교육과정 운영, 연구로 구분된다. 이 세 가지 목적은 각각 별개의 것이 아니라 유기적으로 함께 이루어진다.

(1) 영유아 이해를 위한 관찰

영유아교육 현장에서 일상적으로 혹은 특정한 목적에 따라 이루어지는 관찰은 영유아의 고유한 생각과 감정, 관심사와 요구 등을 파악하여 전인적 성장과 행복을 돕는다. 영유아교사들에게 가장 큰 행복과 성취감을 느꼈던 순간, 교사로서의 삶에서 가장 빛났던 순간을 물으면 자신의 관심과 노력으로 아이들이 변화하고 성장해가는 모습을 발견했을 때를 손꼽는다. 교육의 목적은 학습자의 성장, 즉 경험이 재구성되고 확장해가는 것이라고 한 듀이Dewey(1916)의 이야기는 교사로 하여금 영유아의 흥미와 관심사, 고유성과 변화의 모습을 맥락과 흐름 속에서 파악하여 경험의 재구성과 확장을 돕는 관찰의 중요성을 말해준다.

그런데 영유아 이해와 성장을 지원하기 위한 관찰이 되기 위해서는 비판적으로 도전해가야 할 관념과 습관이 있다. 첫째, 지금까지 영유아는 온전히 발달되지 못한 존재, 성인으로 발달해가야 할 미숙한 존재로 인식되었다. 영유아를 있는 그대로 관찰하기 위해서는 영유아와 성인을 이분법으로 나누고서 유아를 '결핍'된 존재로 간주 해온 시선을 벗어나야 한다(이진희, 2022; Murris, 2017/2021). 현대 심리학에서는 과제의 특성, 관련 경험의 정도, 흥미와 친숙성, 사회문화적 조건, 물질적 배치 등에 따라 영유아가 성인보다 더 유능할 수 있다는 연구결과가 누적되고 있다. 영유아의 놀이와 배움이 실제로 어떠한지 제대로 관찰하지 못하게 하는 낡은 이론의 눈가리개를 벗을 때, 우리는 비로소 유능한 영유아들을 만날 수 있다.

둘째, 전통적으로 발달심리학에서는 인지, 사회, 정서, 신체 등의 영역별로 구분하여 영유아를 분절적으로 규정해왔다. 이에 따라 관찰도 발달의 영역이나 하위요소 각각에 초점을 두는 방식으로 이루어져 왔다. 그러나 현대 심리학에서는 인간의 발달이 보편적 발달 단계나 영역별로 이루어지는 것이 아니라, 서로 연결되어 있으며 역동적이고 총체적임을 강조한다. 아이들은 단면으로 혹은 요소로 나뉜 존재가 아니라, 살아 움직이며 끊임없이 변화하는 입체적 존재이다. 따라서 영유아의 유기적이고 역동적인 발달의 과정에 주목함으로써 지금까지의 분절된 경계를 넘어서 놀이와 배움을 총체적으로 이해할 수 있다.

셋째, 지금까지의 관찰은 개별 영유아가 성취해야 할 발달과업이나 교육목표의 달성 여부를 점검하는 개인 중심의 방법으로 이루어져 왔다. 그러나 점차 발달과 배움의 '관계성'이 강조되면서, 영유아는 다른 사람들과 함께 흥미로운 활동과 사건에 참여하며 관계 속에서 성장해가고 이것이 곧 배움임을 깨닫게 되었다(Rogoff, 1995, 2003). 이에 관계 속에서 놀이하고 배우며 성장해가는 영유아를 이해하기 위한 관계 중심의 관찰로 나아가는 것이 필요하다. 아이들의 고유한 흥미와 관심사가 영유아교육의 시공간 속에서 다른 또래들과 교사와 만나 더욱 커지고 때로는 충돌하고 때로는 새로이 엮어진다. 관계에 주목할 때 함께 경험을 재구성하며 변화해가는 아이들마다의 고유한 모습도 더 깊이 있게 이해할 수 있다.

이렇듯 관찰과 관련된 낡은 이론과 습관을 넘어서서, 영유아들의 흥미와 관심사에 주목하고 역동적, 총체적인 발달과 배움의 관계성을 이해하고자 노력할 때 교사는 영유아 경험의 재구성과 확장을 의미 있게 지원할 수 있다. 이러한 영유아 이해는 영유아교실에서의 교육적 관찰이 가지는 가장 중요한 목적인 교육과정 운영과 밀접하게 연계된다.

(2) 교육과정 운영을 위한 관찰

영유아교육에서의 교육적 관찰은 교육과정과 분리 불가능한, 유기적인 한 부분이다. 아동관찰은 교사의 판단과 선택을 도와 영유아들과 함께 교육과정을 만들어가는 데 기여한다. 학습자 중심 교육과정이라는 세계적 흐름 속에서 영유아들이 능동적으로 주도하는 놀이와 배움이 중시되고 있다. 관찰을 통하여 "마음을 움직이는 힘"(Dewey, 1916: 205)인 흥미와 관심사를 발견하는 것은 학습자 중심 교육과정을 여는 열쇠라 할 것이다.

이때 단순히 영유아들이 흥미를 보이는 '주제'를 파악하는 데 그치지 않고, 더 구체적으로 관찰하는 것, 영유아들이 의도하는 것, 궁금해하는 것에 대한 귀 기울이기가 중요하다. 예컨대 브로더릭Broderick과 홍Hong(2020)은 교사가 블록으로 공룡 놀이를 하고 있는 영유아들을 관찰하고서 관심 '주제'에만 주목하여 공룡 서

식지 만들기 활동을 바로 계획하기보다는 아이들의 말, 표정, 몸짓, 상호작용을 더 자세히 들여다보아야 한다고 강조한다. 주의 깊은 관찰에 따라 교사는 아이들이 공룡이 살던 시대의 환경이 궁금한 것인지, 공룡의 멸종에 관심이 있는지, 고고학자가 공룡 뼈를 발굴하는 과정이 궁금한지, 혹은 공룡의 엄청난 크기에 매료되어 도대체 얼마나 컸는지를 알아보고 표현하고 싶은 것인지 등을 구체화할 수 있다. 영유아들의 관심사와 의도, 질문에 따라 교사의 지원 방향이 달라질 것이다.

흥미와 노력, 상상력과 사고력, 개인의 경험과 공동의 경험 등이 연결되면서 아이들의 마음을 움직이는 것에 교사의 시선이 향하게 해주는 것이 관찰의 힘이다. 교사는 영유아의 시선을 따라가면서 흥미가 더욱 커질 수 있는 교육 경험, 시공간과 물질, 상호작용 및 지역사회 연계 등을 어떻게 구성하고 배치할지 고민한다. 관찰은 교사가 교육적 실천을 성찰하도록 도울 뿐만 아니라, 영유아, 동료교사, 학부모 등과 공유하고 대화하면서 모두가 함께 만들어가는 민주적 교육과정을 운영하도록 해준다. 관찰은 놀이와 배움을 가시화함으로써 교육과정의 공동 주체들이 서로 대화하고 협력하여 실천할 수 있게 해준다. 관찰기록을 공유하면서 함께 고민하고 함께 해결해가는 과정에서 진정한 놀이와 배움에 대한 이해와 열정이 더욱 빛날 것이다.

(3) 연구를 위한 관찰

영유아교사는 영유아들과 함께 교육과정을 만들어가기 위하여 부단히 실험하고 연구하는 전문가다. 아이들과의 삶 속에서 이론과 실천을 연계하여 살아있는 실천지식을 생성함으로써 학문적으로나 실천적으로나 매우 중요한 기여를 하는 것이다. 영유아교사는 영유아의 놀이와 배움을 더 즐겁고 의미 있게 만들어가기 위하여 무엇을 어떻게 변화시킬지를 고민하고 계획하여 실험하고서 그 결과를 성찰하고 공유하는 연구는 또 다른 변화의 계획으로 순환된다. 이러한 연구에서 관찰은 기본이자 가장 중요한 연구 자료가 된다.

첫째, 영유아교사는 무엇보다 자신의 학급을 관찰하고 다양한 교육적 아이디어를 실천하고 관찰하고 성찰하여 변화를 시도하며 개선해간다. 영유아교사의 연구는 영유아의 놀이와 배움을 불러일으키는 풍부한 기회와 환경, 놀라운 일들과 발견이 더 자주 일어날 수 있는 기회와 환경을 창조한다. 또한 학급수준에서의 연구를 위한 자료를 수집하거나 기록하고 성찰하는 과정에 영유아와 학부모가 참여하는 것이 가능하며, 이는 새롭고 중요한 관점을 더해줄 것이다.

둘째, 기관 내의 전문적 학습공동체, 혹은 교직원 전체가 공동으로 연구를 실시할 수 있다. 상호 이해와 협력이 필요한 특정 주제와 질문을 찾아서 교육적 실천 과정이나 여건을 살펴보는 연구의 과정 자체가 참여자들에게 배움의 기회가 된다. 교사들이 협력하여 연구하면서 때로는 도전하고 때로는 공감하고 격려한다. 연구를 통하여 영유아교육의 비전과 가치가 선명해지면서 실천의 방향성을 협의할 수 있다. 기관의 운영 구조와 절차를 이해하게 될 뿐만 아니라 새로운 교육적 아이디어를 환영하면서 개선해가는 민주적 교육의 과정을 경험하게 된다.

셋째, 대학이나 연구소 등 외부에서 실시하는 연구에 초대되어 영유아교사가 참여할 수 있다. 이러한 연구는 일반적으로 연구의 목적과 절차, 익명성 보장 방법 등을 설명한 후, 교사의 참여의사를 묻고 동의를 구하는 것으로 시작된다. 영유아를 대상으로 한 외부 연구의 경우 부모의 동의가 요구되며 가능한 방법으로 영유아의 동의를 구하는 것이 바람직하다. 영유아들과 연구자의 라포 형성과 연구 과정을 돕는 한편, 연구가 윤리적으로 이루어지고 있는지를 확인하고 익명성을 보호하는 역할을 해나간다. 낯선 외부 연구자가 교실에 들어와 관찰하는 것이 영유아에게나 교사에게 부담스러울 수 있지만, 이러한 연구에 참여함으로써 영유아교사는 영유아교육의 이론적 발전에 기여하며, 궁극적으로 영유아의 행복과 권리 증진을 돕는다.

영유아교육 현장에서의 연구는 가르침이란 결코 교사 홀로 하는 활동이 아니라 항상 다른 사람들과 관계 맺으며 함께 실천해가는 과정(Moss, 2018/2021)임을 깨닫게 한다. 사람들과 다양한 방식으로 유아교육과 보육의 실천과정에서 부딪히는 상황이나 문제에 응답하여 새로운 변화의 아이디어를 고민하고 구체적으로 계획하여 실천하면서 다시 자세히 관찰하고 지속적으로 평가하여 개선해가는 연구의 과정은 영유아교사에게 보람 있는 윤리적 교육 실천이다.

2. 영유아교육과 관찰

1) 영유아교육과 관찰의 역사

관찰은 영유아교육의 전통이자 무엇보다 중요한 토대로 여겨져 왔다. 그러나 관찰이 점차 성인이 미리 정해둔 목표 중심으로 치우치게 되면서 진정한 아동존중의 정신을 잃게 되었다는 비판이 증가해 왔다. 이렇듯 편협해진 관찰의 문제를 극복하기 위해서는 영유아교육에서 관찰이 시대적 흐름과 교육 패러다임에 따라 어떻게 변화되어 왔는가를 이해하는 것이 필요하다.

(1) 아동관찰의 시작

영유아를 관찰하고 기록으로 남기는 일은 오랜 전통을 가진다. 가장 간단하고 일상적인 아동관찰의 시작은 부모나 양육자가 자녀의 성장과 의미 있는 사건 등을 기록한 육아 일기(parenting diaries)라 할 수 있다. 1500년에서 1900년 사이에 남겨진 수백 편의 육아일기와 자서전 등을 수집한 한 연구에 따르면, 아동기에 대한 기존 이론과 달리 중세 시대도 아동기가 실종된 암흑의 시대가 아니었으며 부모의 사랑과 따뜻한 양육태도가 목격된다(Fawcett & Watson, 2016). 오늘날의 부모들도 자녀가 처음으로 보인 미소, 옹알이와 첫걸음마 등을 관찰하여 글로 남길 뿐만 아니라 태아 초음파 사진을 비롯하여 아이의 삶에서 중요한 순간을 포착한 사진들, 처음으로 빠진 치아나 잘라낸 머리카락 등을 소중하게 보관하곤 한다.

반면 학문의 영역으로서의 아동관찰은 종교와 신의 세계에서 벗어났던 18세기를 전후하여 태동한다. 루소Rousseau는 영유아 행동에 관한 연구가 그 자체로 의미 있는 학문 분야가 될 수 있는 가능성을 처음으로 제안하였다. 즉 아동의 본성과 생각을 이해하는 데 있어서 자연 상태에서의 행동관찰이 결정적으로 중요한 역할을 한다고 인식하고서, 교사 중심의 직접교수법이 가진 위험성을 경고하는 동시에 아동의 자연스러운 발달을 지켜줄 것을 강조한 것이다. 루소의 교육철학을 이어받은 페스탈로치Pestalozzi 역시 아동발달은 단순한 일화기록 형태를 넘어서 체계적인 관찰에 기초하여 연구되어야 한다고 말한다.

아동관찰에 대한 학문적 관심은 18세기에 급격히 발전한 자연과학 분야에서도 목격된다. 「종의 기원」을 집필한 다윈Darwin은 자신의 자녀들, 특히 첫아들을 면밀하게 관찰함으로써 원시인과 아동의 유사성과 차이를 밝히고 인간의 진화 과정에 대한 비밀을 풀고자 하였다. 과학자로서 다윈의 명성 덕분에 '아기 전기(baby biography)' 형태의 관찰기록방법이 대중과 학계의 관심을 얻게 된다. 그러나 이때의 관찰은 영유아에 대한 이해와 교육적 지원 측면이 아니라 생물학적 관점에서 인간의 본성과 진화에 이해하기 위한 목적으로 이루어진 것이다.

(2) 근대사회와 실증주의적 아동관찰

근대적 의미의 국가가 설립되기 시작된 19세기 후반부터는 아동관찰이 체계화된다. 의학, 정신분석학, 실험심리학 등의 실증주의에 기초한 학문적 영향을 받으면서 과학적 아동관찰이 본격적으로 주목받게 된다. 의학적 배경을 가진 몬테소리Montessori, 정신분석학에 기초한 놀이관찰 방법을 도입한 아이작스Isaacs 등은 체계적 관찰을 활용함으로써 영유아교육의 질을 높일 수 있는 방안을 추구하였다(Palaiologou, 2019).

특히 19세기 말에서부터 20세기 초까지 아동연구운동(Child Study Movement)을 이끈 미국의 심리학자 홀Hall에 이르러 아동관찰은 실증주의에 기초한 객관주의적 방법론으로 구조화된다. 홀은 교육의 핵심요소가 아동에 대한 체계적이고 직접적인 관찰이어야 한다고 강조하면서, 심리학의 객관적인 방법으로 관찰을 실시할 것을 주장한다. 홀의 아동연구운동은 심리학의 방법을 통한 체계적 관찰과 영유아교육의 이상을 연계함으로써 과학적이고 실증주의적인 증거에 기반을 두고 영유아교육을 구축하고자 하였다.

그러나 영유아에 대한 이해와 교육에 자연과학의 방법론을 그대로 받아들여 실증주의 패러다임, 특히 심리학의 이론을 따르다 보니, 영유아교육이 점차 '심리학화' 되고 고유한 정체성을 잃게 되었다. 영유아교육의 기초가 되어야 할 관찰이 지나치게 구조화된 틀에 갇혀 아이들의 의도와 행위를 제대로 읽어내지 못하게 된 현상이 전 세계적으로 목격되면서 우려의 목소리가 높아진 것이다.

> '아동관찰'은 발달심리학의 연구 결과가 제안한 선결정된 범주에 따라 특정 연령에 정상 아동이 해야 할 행동과의 관련성 속에서 어린이들의 심리 발달을 평가한다. 이러한 관찰의 초점은 어린이들의 학습 과정에 있는 것이 아니라 발달 수준이나 단계라는 일반적 도식 아래 어린이들을 분류하고 범주화하는 데 있다. (Dahlberg, Moss, & Pence, 2013/2016: 327)

영유아교실은 심리학 실험실이 아니다. 엄격하고 객관적인 행동관찰을 통하여 검증 가능하고 보편타당한 진리를 발견하고자 하는 순수학문으로서의 심리학으로는 이론과 실천이 연계된 영유아교육에 실질적인 도움을 주지 못한다. '성인의 간섭'을 배제하고 거리를 두고 관찰하는 소위 '객관적' 관찰방법으로는 영유아와 영유아, 영유아와 교사, 영유아와 환경이 서로 밀접하게 얽혀 끊임없이 영향을 이루어지는 영유아교실에 필요한 정보를 제공하기에는 중대한 한계가 있다. 발달영역별, 혹은 교육과정 영역별로 세분화된 항목을 관찰하고 점검하는 것으로는 관계 속에서 이루어지는 영유아 발달의 다양성과 역동성을 이해하기도, 구체적인 영유아교실에서의 놀이와 배움을 이해하고 지원하기도 어렵기 때문이다.

(3) 다학제적 접근과 교육과정 일부로서의 아동관찰

1980년대에 소위 '해석적 전회'를 맞이하여 모든 학문에서 실증주의 패러다임을 벗어나 문화적 다양성을 재조명하고 사회적으로 구성된 의미를 해석하려는 사상적 물결이 흐르게 된다. 1990년대 이후로 영유아교육에서도 발달심리학의 지배적 영향력에서 벗어나 다학제적으로 이론과 실제를 재개념화하려는 노력이 활발하게 이루어진다.

영유아교육의 이론과 실제가 발달심리학 이외에 문화심리학, 인류학, 사회학, 경제학, 정치학, 여성학, 공학, 뇌과학, 철학 등의 다양한 학문과 만나 영향을 주고받으면서 영유아관찰을 바라보는 시선도 달라졌다. 종전처럼 영유아의 행동이나 특성을 독립적, 객관적으로 '설명'하는 것이 아니라 상호작용과 관계 속에서 나타나는 현상과 맥락 속에서 구성되는 의미를 '이해'하는 것으로 관찰의 초점이 이동된다. 아동관찰은 전문가들이 미리 정해둔 표준, 규준, 범주 등에 맞추어 정상성(normality)을 설명하는 것이 아니라, 영유아들이 놀이하며 배워가는 과정을 있는 그대로 이해하려는 지속적인 노력이어야 함을 인식하게 된 것이다.

영유아교사의 관찰은 심리학 연구실이나 실험실에서 이루어지는 통제된 관찰이나 유아교육기관을 방문한 외부 연구자의 관찰과는 다를 수밖에 없고 달라야 한다. 인위적으로 통제된 실험실이 아니라 아이들의 놀이와 배움이 우연적으로 발현되고 다채롭게 변화하는 영유아교실에서의 관찰은 지속적인 교육과정 수행에서 자연스럽고도 중요한 일부이다. 많은 아이들과 교사가 역동적으로 관계를 맺으며 함께 배우며 성장해가는 실제 영유아교실에서는 미리 계획된 실증주의적 관찰이 실시되기 어려우며, 교육과정에 의미 있게 활용되는 데도 제한적이다. 다양한 요구와 업무를 동시다발적으로 수행하는 교사에게 관찰은 영유아교실에서 실천 가능하여야 하고 또한 교육실제에 유용하여야 한다.

즉 영유아를 위한 교육적 관찰은 교육과정의 유기적인 한 부분으로서, 교사가 관찰하고 성찰한 바를 자신의 교육실천에 통합함으로써 놀이와 배움을 지지하는 것에 중요한 의의를 가진다. 영유아교실이라는 사회문화적 맥락 속에서 교육적 판단과 실천으로 연계되는 관찰이 중요하다. 관찰은 영유아들이 자신들이 이룬 바의 의미를 사유함에 따라 더욱 호기심 가득하고 관심을 기울이고 자신감 있게 되어가는 방식을 포착하고 이해하려는 교육적 행위이기 때문이다(Malaguzzi, 1998).

최근에는 지구의 위기를 초래한 인간중심주의를 극복하고자 하는 포스트휴머니즘의 도래에 따라 영유아가 만나서 의미를 함께 엮어가는 물질, 동식물, 인간이 만든 인공물, 자연현상 등과의 얽힌 관계에 대한 관심이 높아지고 있다. 따라서 영유아들이 지구의 공동거주자들, 인간뿐만 아니라 인간 아닌 모든 것들과 어떻게 만나서 관계를 맺는지, 세상을 이해하기 위하여 어떤 노력을 기울이는지를 발견하는 데 관찰의 초점이 맞춰지고 있다. 다양한 물질을 만나 의미를 생성하며 경험을 재구성해가는 영유아의 배움을 위한 교육환경을 탐구하고 실험하며 함께 교육과정을 만들어가는 영유아교사에게 관찰은 매우 중요한 교육적 도구이다.

2) 관찰자로서 영유아교사의 준비와 노력

매일 바쁘게 역동적으로 이루어지는 교실에서 무엇에 주목할지, 관찰한 바를 어떻게 이해할지는 영유아라는 존재, 영유아기의 의미, 영유아교육의 역할에 대한 교사의 교육적 신념과 실천에 따라 다양할 수 있다. 따라서 첫째, 영유아교사는 영유아, 영유아기, 영유아교육에 대한 최신의 이론을 지속적으로 탐색하면서 자신의 관점을 넓혀가는 노력을 기울여야 한다. 평생학습자로서 교사는 새로운 배움을 환영하고 다양한 학문의 접목 가능성에 열려 있음으로써 유능한 영유아의 놀이와 배움을 더욱 깊고 새롭게 바라볼 수 있을 것이다.

둘째, 관찰은 이론적 이해와 적용을 포함하는 체계적 학습과 훈련을 필요로 한다. 체계적 학습과 훈련으로 숙련된 관찰자는 다른 사람들이 일상적으로 보는 것을 더 자세히 볼 수 있다. 다른 사람들이 보지 못하고 놓치는 것들, 더 나아가 눈으로는 볼 수 없는 것들도 볼 수 있게 되는 것이다(Walsh, 2015). 다양한 관찰 및 기록방법의 유형 및 장단점, 목적에 따라 적절하게 활용될 수 있는 상황, 일상적 보기를 넘어서는 깊이 있는 관찰의 기술 등을 습득하는 데는 영유아교사의 시간과 관심, 노력이 요구된다.

셋째, 영유아교사에게 관찰기록은 다른 사람들의 눈에 잘 보이지 않지만 매우 중요한 교육적 실천으로, 교사의 시간과 노력을 필요로 한다. 따라서 교실의 일상 속에서 영유아교사로서 자신만의 관찰 방법과 절차에 익숙해지는 것, 관찰한 바를 기록하여 정리하고 다시 보는 습관을 꾸준히 실천해가는 것이 중요하다. 결코 화려하게 드러나지 않으며 때로는 고되지만, 지치지 않고 묵묵히 실천해가는 속에서 아이들에 대한 놀라운 발견과 교사로서의 기쁨을 누릴 수 있을 것이다.

마지막으로 영유아교사의 관찰은 아이들, 동료교사, 학부모 등과의 대화와 협력을 필요로 하며 이를 통하여 힘을 얻기도 한다. 자신의 관찰기록을 공유하여 맥락이나 배경 정보를 적극 구하고 자신과 다른 해석 가능성에 열려 있어야 한다. 아이들의 흥미와 놀이, 배움이 우발적이고 복잡하고 역동적인 영유아교육에서는 교사가 무엇에 주목해야 하는지, 자신의 관찰 기록과 해석이 적절한지, 어떻게 놀이와 배움을 지원하는 것이 좋을지 종종 불안해진다. 관찰기록을 매개로 하는 공유와 소통, 협력의 과정은 영유아의 유능함을 발견하여 함께 감탄하고 지지하게 해줌으로써 교육과정의 공동 주체들이 서로 신뢰하고 지지하며, 민주적으로 교육과정을 운영할 수 있게 돕는다. 민주주의에는 토론, 숙고, 대화가 있어야 하며, 따라서 관찰은 이러한 민주적 가치와 과정을 실현하는 일이기도 한다. 그 과정에서 때로는 실수, 오해, 갈등이 섞일 수도 있지만, 이를 통하여 오히려 더 진지한 탐구와 서로에 대한 이해, 진정한 변화가 이루어질 수 있다. 함께 만들어가는 영유아교실에서의 삶과 앎은 믿을 수 없이 복잡하면서도 끝없이 매혹적이다.

토론거리

1. 먼저, 누군가를 관찰함으로써 깊이 있게 이해하게 되었던 경험이 있다면 나누어보자. 그 관찰이 상대에 대한 진정한 이해, 나아가 그 사람의 성장에 어떤 도움을 주었는가? 어려움은 없었는가? 한편, 누군가가 나를 관찰한 바를 이야기해주었던 기억을 떠올려보자. 관찰 받았던 경험의 긍정적 측면과 한계는 무엇이었는가? 처음 질문(자신이 관찰하여 누군가를 도왔던 경험)에 대한 반응과 차이가 있는가? 두 경험을 토대로 진정한 이해를 위한 관찰은 어떠해야 할지 토론해보자.
2. 스스로를 들여다보고 이해하고자 어떤 노력(일기 쓰기, 자신과 채팅하기, 책읽기, 명상하기 등등)을 하고 있는지 이야기 나누어보자. 교사의 자기 이해가 영유아 이해를 위한 관찰의 출발점이 될 수 있을까?
3. 영유아교사에게 관찰의 가장 중요한 가치는 무엇이라고 생각하는지 토론해보자. 영유아교실에서 이루어지는 관찰은 심리학자나 인류학자 등의 관찰과 어떤 차이가 있을까? 영유아 이해, 교육과정 운영, 연구라는 세 가지 목적은 서로 유기적으로 이어질 수 있을까?

활동 1: 관찰의 메타포 만들기

은유적, 혹은 직유적인 표현으로서 메타포는 우리가 생각하는 의미를 구체화하고 소통하도록 돕는 역할을 할 수 있다. 먼저 아래에 제시된 관찰에 대한 몇몇 메타포가 가지는 의미, 이와 연계되는 질문을 살펴보고서, 이어서 아동관찰에 대한 자신의 메타포와 자신에게 던지는 질문을 만들어보자. 단어, 문장, 스케치, 혹은 사진 등을 활용하여 표현해볼 수 있다.

- 관찰은 '손전등'이다(Krathwhol, 1993).
  ∵ 왜냐하면 관찰자의 시선이 향하는 방향에만 손전등처럼 빛이 비추어지고 포착되기 때문이다.
  → 나는 관찰 시 무엇에 주목하여 조명하는가?

- 관찰은 '소설 읽기'와 같다(Fawcett & Watson, 2016).
  ∵ 소설의 플롯을 따라가듯 관찰은 재미있고 미묘하며 매혹적으로 사건이나 현상을 이해할 수 있게 되기 때문이다.→ 나는 관찰하고 기록하는 일을 소설 읽기나 영화 보기처럼 흥미진진하고 즐겁게 여기는가? 어떻게 그러한 즐거움을 지속해나갈 수 있을 것인가?

- 관찰은 마녀의 성에 들어가기 위한 준비과정이다(김용석, 2002).
  ∵ 애니메이션 〈프린스 앤 프린세스〉의 한 에피소드에서 마녀의 성에 들어가기 위해서는 활, 창, 혹은 대포로 위협하는 것이 아니라 정중하게 들어가도 되냐고 묻는 것임을 발견했듯이, 관찰은 바른 방법을 찾아 행동하기 위하여 필요한 준비 과정으로, 마음의 눈으로 보고 성실하게 생각함으로써 감동적인 전환을 가져올 수 있기 때문이다.
  → 나는 진정으로 이해하기 위하여 마음을 열어두고 있는가? 성실하게 관찰하며 사유하기 위하여 어떤 준비를 하고 있는가?

관찰은 00이다.
∵ 왜냐하면 ~하기 때문이다.
→ 나는 ~? 어떤 질문을 관찰자로서의 자신에게 던지는가?

활동 2: 나의 하루 관찰하기

진정한 관찰은 자기 이해에서 출발한다(Walsh, 2015). 관찰이 나의 삶에서 어떤 역할을 하는지 체감해보기 위하여 나의 하루를 관찰해보자. 하루 동안 보고, 만지고, 먹고, 누군가와 이야기 나누는 등의 주요 순간들을 글이나 사진, 동영상 등으로 기록하여 분석해보고, 이 경험에 대하여 스스로(그리고 가능하다면 가까운 누군가와 함께) 다음의 질문들을 던져보고 생각을 정리해보자.

- 나의 하루 관찰은 어떻게 이루어졌는가?
- 나는 무엇에 주목하여 관찰하고 기록으로 남겼는가?
- 나는 무엇을 하고 있으며 무엇을 느끼고 생각하였는가?
- 내가 잘 아는 모습을 보게 되었는가? 미처 알지 못했던 모습을 볼 수 있었는가?
- 관찰의 과정에서 자신에게 질문하고 대답해보는 셀프 면담이나 주변의 가까운 사람과의 대화가 이루어졌는가? 이러한 대화는 나 자신을 새롭게 이해하는 데 도움이 되었는가?
- 나의 하루를 관찰한 경험이 예비교사로서 내게 어떤 의미를 남겨주는가?

다음은 예비교사들의 나의 하루 관찰하기 활동을 되돌아본 글의 일부이다.

- 사실 처음 관찰을 시작한 날짜는 4월 1일이다. 하지만 4월 1일에 '오늘 하루는 뭐 했는지 다 알겠지.'라는 생각으로 자기 관찰을 하면서 따로 메모하지 않았다. 하지만 관찰 내용을 적으려고 하니 세세한 부분은 잘 떠오르지 않았다. 오늘 무엇을 했는지 제일 잘 알아야 할 당사자가 그것을 기억하지 못한다는 것은 충격이었다. 그래서 다음 날인 4월 2일에 다시 관찰하기로 생각했고 그날 있었던 일을 메모장에 적으면서 관찰을 진행하였다. 확실히 메모장에 적어 놓으니 무엇을 했는지 파악하기가 쉬웠다. 이를 통해 메모하는 습관을 기를 필요가 있음을 상기했다. 유아 관찰 시에는 사건 전체를 기록하는 것이 아닌 어떠한 일이 있었는지에 대한 핵심 키워드를 먼저 적어 놓는 것만으로도 사건을 쉽게 떠올릴 수 있겠다.

- 촬영을 하고 사진을 편집하다 보니 내가 몰랐던 내 모습을 보게 되었다. 얼굴의 표정, 표정이 변하는 모습, 평소 몰랐던 습관들이 적나라하게 카메라에 촬영이 되어 신기한 마음과 동시에 흥미로웠다. 그뿐만 아니라 사진을 통해서 내 상태와 정서, 흥미를 가지는 일은 무엇인지와 태도, 성격까지 모든 부분은 아니더라도 카메라에 그대로 나오는 모습을 보며 내 모습을 관찰하는 일이

단순한 것이 아닌 많은 것들을 보여주는 것임을 깨달았다. 보면 무인도에 갇힌 주인공 척 놀랜드가 배구공에 윌슨이라는 이름을 붙여 서로 대화하는 장면이 등장한다. 마치 사물을 인격화해 서로 대화를 나누는데 그것처럼 지금의 나와, 이 보고서를 기록하는 나와 생각을 나누며 대화를 나눈 그 내용을 기록해 봄으로써 조금 더 깊게 내 속내를 알게 되는 시간이었다.

- 유아를 관찰하고 평가하는 데에 있어서 유아의 생각을 정확하게 알기 어렵다. 내가 생각하는 것이 100이라면 내 행동에서 드러나는 것은 10도 안 되는 경우도 있었다. 예를 들어, 장 보러 가는 길에 나는 그냥 걸어갔지만, 사실 햇빛을 더 오래 느끼고 싶어서 한 발자국, 한 발자국을 꾹꾹 눌러 걸었다. 또 나는 정리·정돈하는 것을 즐기고 좋아하는데, 몇 번의 지저분함을 통해 그것을 발견하지 못할 수 있다. 그렇기에 오랜 시간, 다양한 방법으로 진행해야 하겠지만, 더 정확하게 아이들의 마음을 발견할 수 있고, 이해할 수 있는 방법은 무엇인지 계속 고민해보고 찾는 노력이 필요하다고 생각했다.

- 관찰 기록을 하면서 그냥 넘어갈 일도 기록하고 떠올려보니 하루 동안 참 많은 일이 지나간다는 것을 알게 되었고, 하루가 소중하다고 느끼게 되었다. 하루 동안 나는 참 많은 것을 하고 있고, 나도 모르는 새 그 모든 것들이 나에게 영향을 주어 나의 성장에 도움이 된다는 것을 알게 되었다.

- 모든 관계는 이해가 밑바탕이 되어야 한다. 이해라는 것은 타인의 상황과 마음, 사정을 잘 헤아려 너그러이 받아들인다는 뜻이다. 이해라는 것은 매우 쉬워 보이고 "나는 할 수 있다."라고 말하지만, 나는 누군가를 진정으로 이해한 적이 있을까?

- 우리는 가능성이 있어 더 나은 내일을 꿈꿀 수 있다. 그렇다면 가능성을 잘 발견하기 위해서는 어떻게 해야 할까. 가능성이라는 것은 눈에 보이지 않기 때문에 쉬운 일이 아닐 수도 있다. 우리는 먼저 자기 자신을 이해해야 한다. 자신에게 가치가 있다는 것을 발견해 본 사람만이 다른 사람에게서도 가치를 발견할 수 있다. 이해는 가능성의 연장선이다. 유치원 선생님이 해야 할 일도 여기에 있다. 유아의 다양한 면들을 관찰하고, 목소리에 귀 기울이는 이해의 과정을 통해서 가능성을 발견하고, 유아가 자신의 가능성을 펼쳐나갈 수 있는 기회를 만들어 주어야 한다.

제3장
행동연구의 이해

"저는 유치원이나 어린이집에서 일하는 교사가 되고 싶지, 연구자가 되고 싶은 게 아닌데 굳이 연구방법에 대해 알아야 하나요?" "연구 패러다임, 양적 연구, 질적 연구, 이런 어려운 용어들이 낯설고 힘들 것 같아서 피하고 싶은데 꼭 들어야 하나요?" "교사가 되면 어떤 연구를 얼마나 해야 하는 건가요?" '연구'라는 단어를 이야기할 때 흔히 이러한 질문들을 받게 된다. 영유아교사에게 연구란 어떤 의미를 가지는지 살펴보고 자신만의 의미, 연구이야기를 만들어가기 바란다.

'연구'라는 단어가 포함된 3장의 제목을 보면서 어떤 질문을 마음 속에 떠올리게 되는가? 아동학이나 유아교육학을 포함한 사회과학 분야에서 '연구'라는 단어를 들으면 곧바로 통계 방법을 떠올리게 된다. 실제로 유치원이나 어린이집 현장에서 교사로서 아동관찰과 행동연구를 수행하게 될 때 기초적인 통계 지식을 이해하고 적용하기도 한다, 그러나 최근 강조되고 있는 교사의 역량으로서 '실행연구자' 역할을 충실히 수행하기 위해서는 현장 교사에 의한 아동관찰과 행동연구의 목표와 성격을 이해해야 한다. 이 장에서는 인간과 자연에 대한 탐구방식의 확립, 즉 양적 연구방법론과 질적 연구방법론 및 다양한 과학적 연구 방법의 발전이라는 과학적 연구 패러다임에 대한 이해와 더불어 교육실천 과정에서의 교사 실행연구의 문제의식과 의미를 이해하는 것을 목표로 한다.

1. 인간 행동연구와 과학 패러다임

1) 양적 연구방법론과 질적 연구방법론의 이해

"눈 깜짝할 사이"는 매우 짧은 순간을 뜻한다. 이 순간이 얼마나 짧은 순간인지를 정의하려면, 자율신경계의 작용으로 눈을 감기 위해 눈꺼풀 근육이 움직임을 시작한 시점부터 다시 원위치로 돌아가는 시점까지의 시간을 100명을 대상으로 측정한 후, "눈 깜짝할 사이란 평균 0.001초다."와 같이 결론 내릴 수 있다. 이때 '초'라는 시간 측정 단위는 중요한 도구이다. 어떤 이의 눈 깜빡임의 시간을 예측할 수 있게 하고, 상대적으로 긴 눈 깜빡임과 짧은 눈 깜빡임을 평균치를 중심으로 나눌 수 있게 하고, 더 나아가 각자 다르게 느끼는 눈 깜빡임의 시간 길이를 객관적으로 비교할 수 있게 한다.

그러나 이 짧은 순간을 구체적인 시간의 단위로 정의하기 힘든 경우도 있고, 그러한 정의 자체가 의미 없는 경우도 있다. 어떤 심리적 상태에서는 0.001초가 10분처럼 느껴지기도 한다. 그러한 0.001초의 경우는 왜, 어떻게 10분처럼 느껴졌는지와 얽히면서 의미가 복잡해지고 짧은 시간으로서의 눈 깜빡임으로 일반화하여 정의하기 어렵다. 그러한 복잡성과 상관없이 단순히 "그 시간은 0.001초라는 짧은 순간이었다."라는 객관적 시간 그 자체만으로는 경험이나 상황의 이해에 아무런 도움이 되지 않을 것이다.

인류의 역사는 자연에 대한 탐구의 역사라고 해도 과언이 아니며, 자연을 알아가기 위한 노력은 '자연과학'을 발전시켰다. 객관적으로 측정 가능하고 상대적으로 비교 가능한 '양'으로 자연 현상을 설명하고 예측하게 되었는데, 이것이 자연과학이 발전시킨 양적 연구방법론이다. 자연과학의 방법론은 점차 인간 및 사회현상의 탐구에 적용되게 되었고, 이로써 사회과학에서도 양적 연구방법론이 발전하게 되었다. 그러나 인간과 사회현상 탐구에 적용되어온 양적 연구방법론이 가지는 한계와 '양'의 개념에 대한 비판의식이 성장하면서 등장하게 된 '질'에 대한 문제의식으로 질적 연구방법의 가치가 새롭게 주목받게 되었다. 양적 연구방법론과 질적 연구방법론이란 무엇일까? 먼저 각 연구 패러다임의 특징에 대해 살펴보기로 하자.

양적 연구방법론은 엄밀하고 표준화된 계량 도구의 출현과 밀접히 관련되어 있다. 길을 물었더니 "이 길로 쭉 가다가 다리가 아플 때쯤 산 방향으로 가면 해 질 녘에 큰 나무 옆 작은 집이 보일 겁니다."라고 대답해도 불편하지 않은 시기가 있었고, 현대 사회에서도 특정 지역의 원주민들은 발걸음 수로 거리를 측정하기도 한다. 매우 엉성하고 부정확한 수량적 인식은 한 뼘, 한 아름과 같은 신체적 지표에서 출발해서 인치, 피트, 센티미터, 그램과 같은 도량형 지수로의 표준화, 더 나아가 디지털 지수로의 환산과 같은 발전을 이루게 되었다. 인간의 감각 기관에 의존한 주관적인 잣대로 경험되던 사물과 자연 현상의 질적 특성이 표준화된 수치로 환원되어 객관적 잣대라는 도구로 측정하고 비교할 수 있게 된 것이다. 그 과정에서 수 개념이 발전했고 수를 도구로 한 다양한 연구방법이 개발되었고, 과학적인 것과 비과학적인 것의 구분이 생겨났다.

17세기 이후 눈부시게 발전한 자연과학에서의 연구방법은 19세기 이후 인간과 사회현상을 탐구하는 데에도 적용되기 시작함으로써 '사회과학'을 탄생시켰고, 이제 과학은 자연과학뿐만 아니라 사회과학을 포함하는 의미로 자리 잡게 되었다. 현대인은 "교육학에서의 연구 결과로 밝혀진 민주적 양육방식의 효과"를 "우리 증조할머니부터 쭉 그렇게 해왔던 따뜻하고 느슨한 이야기나누기의 지혜"보다 더 타당하고 신뢰로운 과학적인 양육 지식으로 생각하게 된 것이다. '과학적'이란 타당한 연구방법을 적용하는 절차로서의 과학적 행위와 그 연구결과로서의 과학적 지식을 포함하는 것으로, '비과학적'인 것보다 '과학적'인 것이 더 합리적이라는 보편적 인식이 자리 잡았다. 그러므로 '과학의 발전'과 '양적 연구방법론의 발전'은 동전의 양면이라 할 수 있다. 한마디로 양적 연구방법론이란 사물과 자연현상뿐만 아니라 인간과 사회현상을 탐구하기 위해 수집된 양적 자료들을 다양한 분석방법을 사용하여 과학적 지식을 도출하는 과정과 관련된 연구방법적 논리와 기술 및 절차와 의미에 관한 논의 전반을 총체적으로 지칭하고 있다.

20세기의 사회과학은 양적 연구방법론의 적용으로 인간과 사회를 설명하고 사람들의 과학적 사고의 확산과 합리적 판단에 기여했다. 그러나 20세기 말에는 "방법적 혁명이 사회과학계에 조용히 일어나고 있었다."(Denzin & Lincoln, 1994). 쿤Kuhn(1970)은 '과학'이라는 틀, 또는 '연구'라는 틀도 그 자체로서 진리를 보장한다기보다는 그 시대와 사회가 형성하고 있는 기본적인 신념체계, 즉 패러다임이라고 하였다. 과학과 연구를 이끌고 있는 신념체계와는 다른 측면에서 세상을 바라보거나 같은 현상을 다른 시각으로 바라보면서 문제의식이 성장하면, 새로운 신념체계가 형성된다는 것이다. 예를 들어, 중앙아시아의 한 유목민족은 일곱이라는 숫자를 넘어서는 크기의 숫자 개념이 없다고 한다. 한 가정마다 평균 50마리 이상의 양이나 말을 키우고 있으니, 과학적 사고가 일반화된 현대인들로서는 각 가축에게 붙일 숫자가 최대 7이라면 가축을 관리를 할 수 없다고 생각하기 쉽다. 그러나 이들은 조상 대대로 유목 생활을 하며 가축들과 가족같이 지내게 되어 각자의 생김새와 성격 등의 고유성으로 구분하고 관계를 맺는 것을 당연하게 여긴다. 마치 자식이 10명이어도 굳이 1번 아이, 2번 아이라는 숫자로 치환하지 않는 것과도 같다. 어쩌면 전통적 유목 생활에 있어서는 이러한 방식이 더 적합한 이유가 많을 수 있다.

질적 연구방법론은 측정과 환원이라는 신념체계를 당연시하면서 인식에서 밀려나게 된 세상의 어떤 측면들이 재조명되고, 나아가 과연 인간의 주관성을 벗어난 객관성이라는 실제가 가능한가와 같은 인식론적 도전이 모아지며 발전한 신념체계라고 할 수 있다. 현상학, 해석학, 실존주의, 후기 구조주의와 같은 철학 분야의 문제의식 외에도 사회학, 인류학 등 다양한 학문 분야에서의 이론과 연구방법이 이에 해당한다. 측정되기 이전의 상태, 개별 비교되어 상대평가 되지 않은 상태, 일반적인 법칙으로 해석되지 않은 상태를 보려고 하고, 이해하고자 하는 대상 고유의 속성 그대로에 다가가고자 한다. 질적 인식은 사물을 최대한 '있는 그대로' 보기 위해서 인위적인 개념, 범주, 표준, 척도 등을 통한 부차적 감환(reduction)을 최소화하고자 한다(조용환, 1999). 예를 들어, 유아기 우정에 관해 연구하고자 할 때 질적 연구방법론으로 접근하게 되면 연구를 통해 밝히고자 하는 관심의 초점이 달라진다. 유치원이나 어린이집에서 아이들을 적당한 크기의 집단으로 나누어 실험을 하고 효과를 검증하여 시대를 막론하고 전 세계의 어떤 곳에서도 적용 가능한 법칙을 찾는 일에 관심을 두기보다, 지금 여기 구름반의 우정이란 구름반 아이들에게는 어떤 의미이며 그러한 우정은 어떤 과정을 통해 형성되고 있는지를 연구자가 스스로의 경험과 문제의식을 연구도구로 삼아 최대한 '있는 그대로' 이해하는 데 관심을 둔다.

이상에서 살펴본 바와 같이 '양적 연구방법론'과 '질적 연구방법론'이라는 구분은 '양'과 '질'에 대한 인식론적 구분에 바탕을 둔다. 과학과 연구를 접근하는 신념체계의 차이에서 갈라진 구분이다. 따라서 단순히 연구방법상의 기법 차이로 이해해서는 안 된다. 물론 모든 연구는 모종의 양적 요소와 질적 요소를 모두 포함하고 있다. 특히 인간과 사회현상을 탐구하고자 하는 사회과학 분야에서는 완벽하게 양적으로 설명 가능한 문제도 없고 완벽하게 양적인 요소가 배제된 질적 연구도 있을 수 없다. 한 연구의 중심이 되는 인식론이 양적 인식론에 기반한 것인지 질적 인식론에 기반한 것인지에 따라 구분될 뿐이다. 그렇기에 연구자는 자신이 활용하고자 하는 연구방법의 연구방법론적 이해가 반드시 필요하다. 즉 연구 방법의 인식론적 배경과 패러다임의 차이에 대해 이해하고 있어야 연구문제에 제대로 접근하고 제대로 된 해석과 결론을 내릴 수 있다.

2) 양적 연구방법론과 질적 연구방법론의 차이

과학적 연구에 있어서의 패러다임의 차이를 이해했다면 양적 연구방법론과 질적 연구방법론의 차이를 좀 더 상세히 살펴보기로 하자. 조용환(1999)의 설명을 중심으로 그 차이를 정리해보면 다음과 같다.

첫째, 객관성과 주관성에 대한 차이이다. 객관성과 주관성이라는 개념은 인식론적 논쟁에서 가장 기본이 되는 개념으로서 모두 무엇을 어떻게 보느냐('관(觀)')의 문제를 다룬다. 앞서 자연과학의 발전에는 인간의 감각기관에 의존한 주관적인 잣대로 경험하던 사물과 자연 현상의 질적 특성을 표준화된 수치로의 객관화가 있었음을 설명했다. 나의 경험과 너의 경험이라는 것이 주관성이라면, 나의 경험이나 너의 경험을 넘어서는 제3의 관점으로 치환된 것이 객관성이다. 객관성에 대한 신념에 기반을 둔 실증주의 인식론이 양적 연구방법론의 전제라면, 주관성에 대한 신념에 기반을 둔 실존주의적 또는 현상학적 인식론이 질적 연구방법론의 전제라고 할 수 있다. 이러한 신념의 차이로 인해 질적 연구방법론에 입각한 연구를 과학적 연구로 인정하지 않는 학문 분야도 존재한다. 교육학 분야는 각 연구방법론이 공존하며 질적 연구방법론이 강하게 뿌리 내린 대표적인 분야이기도 하다.

둘째, 연구자와 연구대상자의 위치와 역할에서의 차이이다. 이는 객관성과 주관성이라는 이슈와 밀접히 관련되어 있다. 양적 연구가 연구자의 주관성이 개입될 수 있는 여지를 최대한 배제하고 연구대상자의 반응을 객관화할 수 있는 측정 절차와 분석 방법을 설계하는 데 반해, 질적 연구는 연구자의 주관적 경험이 배제된 객관성의 세계는 애초에 불가하다고 믿기 때문에 연구자의 주관성 자체가 도구가 되어 연구 대상과의 밀접한 관계 속에서 연구가 진행되고 결과를 해석한다. 좀 더 전문적인 용어로 표현하자면 '연구자 효과(researcher effect)'를 최소화함으로써 같은 조건에서 누가 연구하더라도 연구 결과가 같게 나와야 수집된 연구 자료가 '오염'되지 않은 것이고 좋은 양적 연구로 평가한다. 한편 단순화된 계량 수치로 대변되지 않는 연구자와 연구에 참여하는 연구 대상자 고유의 주관적 경험을 중요하게 다룸으로써 복잡하고 역동적인 현상의 질적 속성이 충분히 수집되어 있는 그대로 드러나는 것을 좋은 질적 연구로 평가한다. 연구자와 연구대상자의 관계는 분리되어야 한다는 양적 연구의 입장과 긴밀한 관계(라포)가 형성되어야 한다는 질적 연구의 입장으로 전혀 다르게 접근된다.

셋째, 연구 절차와 연구 결과의 의미의 차이이다. 연구란 탐구할 문제를 설정하고 자료를 수집하여 적절한 분석 방법으로 연구 결과를 도출하는 절차를 거쳐 결론을 내리게 된다. 양적 연구에서는 연구 문제를 설정할 때부터 기존 이론이나 선행 연구결과를 바탕으로 가설을 세워야 하며, 이 가설을 검증하는 방식으로 연구결과가 진술되고, 가설 검증의 궁극적인 목적은 확률적 일반화이므로 검증된 결과는 그 연구가 설정한 모집의 범위 내에서 일반화된 결론으로 논의된다. 질적 연구에서는 연구자가 연구자료를 수집하기 이전에 검증을 위한 확정된 가설을 가지는 것을 경계한다. 물론 연구목적에 따라 가설 검증과 유사한 절차가 이루어지는 경우도 간혹 있지만, 양적 연구에서의 가설 검증과는 의미가 다르다. 연구자의 가설은 '잠정적 가설'에 불과하며 연구자료를 수집하고 분석하는 과정에서 계속 수정되거나 기각되고 새로운 가설이 만들어지기도 하고 가설의 내용 자체가 재해석될 수 있다. 따라서 연구가 진행되면서 순환적으로 연구자료 해석 또한 변화하는 과정을 거쳐 새로운 시각(이론)을 갖게 되는 것을 목표로 하므로 확률적 일반화를 목표로 하는 '가설 검증'이나 '일반화'와 같은 용어는 사용하지 않는다.

넷째, 연구맥락의 차이이다. 양적 연구에서는 오염되지 않은 측정의 엄격성을 확보하기 위해 실제 삶의 맥락과 연구의 맥락을 분리시킨다. 검증하고자 하는 변인의 효과만을 보기 위해 최대한 다른 영향 변인이 통제될 수 있는 실험을 하거나, 검증하고자 하는 내용 요소로 치밀하게 구조화된 질문에 응답하게 하는 방식을 취한다. 실제 세계의 복잡한 변수가 작동하지 못하도록 연구 맥락을 인위적으로 조성하는 것이다. 질적 연구에서는 현상의 복잡성에 최대한 있는 그대로 다가가기 위해 실제 삶의 맥락과 연구의 맥락을 일치시킨다. 연구자의 초기 의도에 따라 인위적으로 연구 맥락을 조성하고 단순화된 가설이나 이론으로 현상을 바라보게 되면 이미 연구자의 눈은 보고자 하는 것에만 치중하게 되고 일상적 상황에서의 직관, 변형과 확장, 통합적 이해와 같은 작용들은 뒤로 밀려나기 쉽다는 것이다. 따라서 질적 연구에서는 연구자가 자연적 맥락에 참여하면서 연구현장과 관계를 맺고 최대한 자연적인 맥락을 유지하는 방향으로 접근한다.

현대 사회과학에서는 양적 연구방법론과 질적 연구방법론을 모두 과학적 연구로서 인정하고 있다. 각 연구방법론이 과학의 서로 다른 신념체계로 자리 잡게 된 배경과 과정의 차이를 이해하는 것이 중요하다. 그러나 연구방법론의 문제를 두부 자르듯이 단순히 이분법적인 대립 관계로 접근하거나 결과적으로 드러나는 방법적 차이에만 집중하는 바람직하지 않다. 하나의 연구 안에서 양적 연구방법과 질적 연구방법을 함께 사용하는 혼합 연구설계도 활발히 이루어지고 있다. 하나의 연구방법론이 맞냐 틀리냐를 가르기보다는, 각 연구방법론의 장점과 한계를 인식하면서 인간과 사회를 탐구하는 데 있어 적합한 탐구방식을 지속적으로 모색하고 상호보완적 역할을 하며 발전하고 있다고 보아야 할 것이다.

2. 양적 연구방법

1) 양적 연구방법의 종류: 관찰법, 실험법, 조사법, 심리검사 등

양적 연구방법론과 질적 연구방법론이라는 패러다임의 특징과 차이에 대한 이해를 바탕으로, 이제 각 연구방법론에서 사용하는 연구방법에는 어떤 것이 있는지 살펴보기로 하자. 양적 연구방법의 대표적인 예로는 관찰법, 실험법, 조사법, 심리검사를 들 수 있다.

관찰법은 사회과학의 근간이 되는 가장 역사가 오래된 연구방법이다. 질적 연구방법론이 확산되면서 양적 연구방법으로서의 관찰법은 주로 비참여적 관찰 및 체계적 관찰을 지칭하는 좁은 의미로 통용된다. 특정 개별적 행동이나 사회적 현상 등의 관찰 대상을 명확하게 정의하고, 연구자는 연구 현장에 참여하거나 개입하지 않고 준비한 측정 도구를 활용하여 계량화할 수 있는 연구자료를 수집하는 방법이다. 예를 들어, 3세 유아의 공격적 행동의 발생 빈도가 교실과 바깥놀이터에서 차이가 나는지 알아보기 위해, 전국 시도별로 유아교육기관의 협조를 얻어 참여 기관을 지정하고, 3세반의 오전 오후 실내 자유놀이 시간과 실외 바깥놀이 시간에, 주 3회, 3개월간, 연구자가 유아 공격적 행동 관찰 체크리스트를 가지고 체크리스트 내 행동 유형이 발생할 때마다 빈도를 체크한 자료를 수집하여, 교실과 바깥놀이터에서의 공격적 행동 발생 빈도의 차이를 검증했다면, 관찰법이 사용된 양적 연구에 해당한다.

실험법은 인과관계, 즉 원인과 결과의 관계를 밝힐 수 있는 유일한 연구방법이다. 어떤 변인이 원인이 되어 그 결과를 가져오는지를 파악하기 위해, 관심 변인의 영향을 측정할 수 있도록 환경을 통제한 실험을 실시하고 결과에 해당하는 변인에서의 변화를 측정하여 통계 분석하는 방법이다. 예를 들어, 비구조화된 놀이환경(원인)이 유아들의 창의성(결과)에 영향을 미치는지를 알아보기 위해, 6개월간 구조성이 높은 놀잇감을 의도적으로 모두 제거한 교실 환경을 조성하고(실험처치), 비구조화된 놀이환경에서 생활한 유아들(실험집단)과 구조성이 높은 놀잇감이 많은 놀이환경에서 생활한 유아들(통제집단)의 실험 이전의 창의성 점수(사전점수)와 실험 이후의 창의성 점수(사후점수)로 비교하여 실험의 효과를 검증했다면, 즉 비구조화된 환경과 유아들의 창의성 수준과의 인과관계를 검증한 경우는 실험법이 사용된 양적 연구에 해당한다.

조사법은 흔히 설문조사로 실시되며 관심 현상에 관한 질문과 응답을 통해 현상을 파악하기 위해 사용되는 연구방법이다. 태도, 감정, 선호도, 인식 등 연구대상의 다양한 심리적 특성들을 이해하기 위해, 타당하고 신뢰로운 질문지를 개발하고 인구통계학적 정보와 더불어 수집된 계량화된 자료를 적절한 통계 분석방법을 활용하여 현상을 효과적으로 드러내는 방법이다. 예를 들어, 영유아교사들이 영유아의 자유놀이를 지원하는 선생님으로서의 효능감을 어떻게 느끼고 자기평가를 하고 있는지를 알아보기 위해, 국가수준 교육과정에서 제시한 자유놀이 지원 전략을 설문지 형태로 구조화하고, 각 질문별로 나는 매우 잘하고 있다(5점)부터 나는 전혀 어떻게 해야 할지 모르겠다(1점)까지에 체크하게 하여, 전반적인 응답(효능감)의 경향성을 유치원과 어린이집 교사의 차이, 담당 연령 별 차이, 경력 별 차이 검증 등을 통해 하위 변인 간의 효능감의 인식 차이로 제시했다면, 조사법이 사용된 양적 연구에 해당한다.

심리검사는 인간의 심리적 구인을 측정하기 위해 개발된 검사도구를 활용하여 연구하는 방법이다. 인간 심리를 객관적으로 측정하는 일은 매우 어렵고 복잡한 이슈들과 얽혀 있어 주로 엄격한 절차를 통해 개발된 표준화 검사를 활용한다. 예를 들어 '한국판 덴버 발달선별검사(KDDST)', '한국판 시지각발달검사(K-DTVP-3)', '한국 웩슬러 아동지능검사(K-WISC-V)', '한국판 적응행동검사(K-SIB-R)' 등의 검사는 아동의 발달 상태, 지능 및 적응 수준을 측정한다. 전 세계적으로 사용되는 표준화 검사를 우리나라 아동에 맞게 조정한 표준화 검사이다. 한국어 사용에서의 언어발달을 측정하는 데 빈번히 사용하는 표준화 검사로는 '구문의미 이해력 검사(KOSECT)'가 있다. 표준화 검사 이외에도 '집-나무-사람(H-T-P) 검사'는 피검사자가 자유롭게 그림을 통해 자신을 표현하게 함으로써 무의식적 내면세계에 대한 유형 정보를 수집하게 되며, 주로 임상적 진단 과정에서 다각적인 정보 수집을 위해 사용한다.

위에서 대표적인 양적 연구방법을 내용상의 특징으로 구분하였으나 모든 연구가 하나의 연구방법으로 설계되는 것은 아니다. 여러 방법을 결합하기도 하며, 연구방법의 결합으로 보다 강력한 결과가 도출되기도 한다. 양적 연구방법에 해당하는 기법을 제한된 지면에서 정확하고 구체적으로 설명하기는 어렵다. 여기에서는 다양한 양적 연구방법이 양적 연구방법론의 논리를 충실히 따르는 체계로 설계되어 연구가 진행된다는 것을 이해하면 충분하다.

2) 양적 연구에서의 객관성: 타당도와 신뢰도

양적 연구방법을 사용한 수많은 양적 연구물은 어떤 기준으로 평가되어야 할까? 모든 양적 연구에서는 측정을 통한 계량화를 통해 객관성을 확보하는 일이 무엇보다도 중요한 기본 원칙이다. 이러한 계량화를 전제로 한 연구 과정에서 두 가지 큰 이슈가 양적 연구의 질에 결정적인 영향을 미친다. 하나는 그 연구가 측정하고자 하는 것을 과연 제대로 측정하고 있는가이다. 이를 타당도라고 지칭한다. 또 하나는 그 연구가 측정한 방법을 다시 반복해도 같은 결과가 나올 만큼 안정적으로 측정가능한 것인가이다. 이를 신뢰도라고 지칭한다. 타당도와 신뢰도 확보의 문제는 각 연구방법에 따라 다른 차원의 처리를 요구하기도 한다. 타당도 또는 신뢰도에 있어 심각한 문제가 있는 연구물은 아무리 많은 시간과 노력과 비용을 투자하고 고급 통계분석 기법을 활용했다 하더라도 폐기물에 불과할 수 있다.

예를 들어, 성인용으로 개발된 표준화된 지능검사를 아동을 대상으로 사용하기 위해서 연구자가 임의로 단어 몇 개를 수정하고 문항 몇 개를 삭제하여 시행했다면 어떨까? 표준화 검사의 기본원리에서 벗어나 있어 수정된 지능검사의 타당도 자체에 심각한 문제가 제기될 수밖에 없다. 따라서 연구대상 연령의 발달적 차이나 문화적 차이 등이 결정적인 영향을 줄 것으로 보이는 심리적 구인을 측정하는 표준화 검사는 반드시 해당 연령과 문화권에서의 표준화 절차를 거친 버전으로 사용해야 한다. 비구조화된 자유놀이 환경이 언어발달에 미치는 영향을 검증하고자 한 연구의 경우는 어떨까? 교실에서 구조성이 높은 놀잇감을 제거한 비구조화된 교실환경이라는 실험 조건이 언어발달이라는 결과와 인과관계가 있을 수 있다는 가설을 세운 이론적 또는 경험적 근거가 없다면, 측정해야 할 근거가 없는 것을 측정한 경우가 된다. 이 실험 설계 자체의 타당성은 인정되기 힘들고 효과로 보이는 모종의 결과치가 있는 경우에도 그 연구물의 가치는 낮게 평가될 수밖에 없다. 따라서 연구를 시작하게 된 동기가 연구자의 주관적 직관이나 단순한 궁금증이었다 하더라도 검증하고자 하는 가설은 철저한 이론적 검토와 선행연구 분석을 통해 논리적으로 도출된 것이어야 타당성이 확보된다.

신뢰도에 문제가 있는 예로는 어떤 것이 있을까? 아동의 공격적 행동 발생 빈도가 실내 공간과 실외 공간에서 차이가 있는지 측정하고자 할 때, 단 하루에 관찰한 빈도로 연구자료를 수집하고 통계 처리한 경우 신뢰도에 문제가 생긴다. 물론 그 단 하루가 전국 단위의 대규모 표집으로 자료수집의 규모가 크다면 여러 날에 걸친 공격적 행동의 빈도 차이를 상쇄시킬 수도 있다. 그러나 그날이 전국적으로 폭풍의 영향권이었다면 어떨까? 실내 공간과 실외 공간이라는 환경 차이보다는 바람의 소리나 빗물로 인한 습기와 같은 기후 요소가 바깥놀이 시의 공격적 행동을 증가시켰을 수도 있어 수집된 자료의 신뢰도는 낮아진다. 따라서 단순히 표집이 전국적이고 규모가 크다고 신뢰도가 높아지는 것은 아니기 때문에 표집과 실내외 환경 차이 이외의 변인들의 작용을 상쇄시킬 수 있는 적정 규모의 효율적인 자료 수집 방법을 고안해야 한다. 그뿐만 아니라 관찰자의 관찰 신뢰도도 문제가 될 수 있다. 만약 자료수집을 위한 관찰자가 2명인 경우, 각자 다른 곳에서 다른 기준으로 공격적 행동을 체크한다면 수집된 자료를 신뢰하기 힘들다. 따라서 본격적인 자료수집 이전에 일정 수준의 합치를 이룰 때까지 사전 훈련을 한다거나 한 곳에서 두 명의 관찰자가 동시에 체크하고 중간값을 선택하는 방식으로 관찰자 간 관찰의 일관성을 확보하기 위한 장치가 있어야 신뢰도가 높아질 수 있다.

3. 질적 연구방법

1) 질적 연구방법의 종류: 참여관찰, 심층면담, 생애사 연구 등

질적 연구방법의 대표적인 예로는 참여관찰, 심층면담, 생애사 연구 등을 들 수 있다. 참여관찰은 양적 연구방법에서의 비참여적 관찰과 다르게 연구맥락에 연구자가 구성원으로 참여하여 관찰 자료를 얻는 방법이다. 참여관찰에서도 일부 양화된 수치로 현상을 정리하기도 하지만 검증을 목적으로 하지 않는다. 연구자가 특정 집단의 일상세계에 비교적 장기간 참여하여 탐구하고자 하는 연구주제를 비교적 넓게 잡고 개방적 태도로 관찰하고 기록하고 해석하는 방법이다. 예를 들어, 5세 유아의 관점에서 공격적 행동이란 어떤 의미인지를 알아보기 위해, 우리나라의 전형적인 유치원을 선택하여 5세 반인 하늘반에서 보조교사로 일하면서, 약 1년간 반복적으로, 유아간 공격적 행동이 발생하고 마무리되는 상황에 대한 관찰과 기록, 하늘반 담임교사와 유아와의 일상적 상호작용 및 공격적 행동에 대한 개입 방식에 대한 관찰과 기록, 하늘반의 규칙, 공격성에 관한 유아들의 대화내용, 공격적 행동을 주제로 한 하늘반 유아의 그림 및 가정통신문 등의 부가 자료, 연구자 성찰일지 등을 수집하고 분석하여 하늘반 5세 유아의 관점을 도출했다면 참여관찰에 기반한 질적 연구에 해당한다.

심층면담은 반구조화 또는 비구조화된 질문으로 시작하여 제보자의 내면적인 생각과 경험을 깊이 있게 끌어내는 면담 방법이다. 사전에 결정된 질문 목록을 가지고 면담을 시행하고 응답 결과를 계량화하는 양적 연구에서의 구조적 면담과 구별된다. 다각적이고 다층적인 경험세계에 접근하기 위해 연구자는 좋은 제보자를 선정하고 제보자와 신뢰 관계를 형성하여 개방적 귀 기울이기를 통한 누적적 면담으로 풍부한 연구자료를 수집하는 방법이다. 예를 들어, 보육과정으로서의 자유놀이 지원을 영아반 담당 교사가 어떻게 해석하고 실천하고 있는지를 알아보기 위해, 자유놀이 중심 보육과정 운영에 관심이 있는 어린이집 2세 이하 학급의 담임교사 중 적극적인 참여 의사를 밝힌 6명을 선정하여, 2시간 정도의 집단 면담 3회 및 1~3시간 정도의 개별 면담을 개인별로 3회~7회 실시하여 전사하고, 연구자 면담일지를 작성하고 전사된 면담내용을 분석하여, 영아반 담당교사의 영아 놀이에 관한 이해방식과 놀이 지원 전략의 특징 및 딜레마를 기술했다면 심층면담 방법을 사용한 질적 연구에 해당한다.

생애사 연구는 개인 경험의 역사 서술을 통해 개인의 경험 안에 녹아 있는 사회사, 문화사, 정치사, 교육사 등을 통합적으로 해석하는 연구이다. 어떤 분야에서의 어떤 주제에 초점이 맞춰지는가에 따라 주목할 만한 정치인의 생애를 다룰 수도 있고, 유명 연예인의 생애를 다룰 수도 있고, 평생 교직에 종사하다 퇴직한 교사의 생애를 다룰 수도 있다. 심층면담 형식의 생애 구술, 일기, 회고록을 활용하여 연구대상자는 자신의 경험을 해석하여 연구자에게 전달하고 연구자는 다시 자신의 해석 과정을 거쳐 연구대상의 생애사를 재구성하게 된다. 예를 들어, 우리나라 현대 유아교육에서 사립유치원의 변화사를 심층적으로 이해하기 위해, 40년간 지역의 명성 높은 사립유치원을 운영한 원장을 연구대상자로 섭외하고, 원장이 평생 쓴 일기와 원장과의 지속적인 심층면담을 진행하면서 중요 사건이나 시기마다 당시의 정치경제적 환경이나 유아교육 실태와 연결시키며, 전기나 자서전 수준이 아닌 공적 기록으로 서술했다면 교육생애사라는 질적 연구에 해당한다.

참여관찰, 심층면담, 생애사 연구 이외에도 문화기술지 연구, 내러티브 탐구, 현상학적 연구 등의 구분으로 질적 연구는 다양하게 펼쳐진다. 문화인류학의 전통적인 연구방법인 문화기술지 연구는 현지인의 관점에서 문화를 기술하고 이해하고자 참여관찰과 심층면담을 기본적으로 포함하게 된다. 한편 참여관찰과 심층면담이라는 방법을 중심으로 진행한 연구에서도 인간 경험을 기술하고 의미를 밝히려는 현상학적 문제의식이 중요한 출발점이 되어 인간 경험의 새로운 이해에 다가갔다면 현상학적 연구로 지칭된다. 생애사 연구도 연구대상자가 연구자와 긴밀히 깊이 있게 대화를 이어가며 자료가 수집된다는 측면에서는 심층면담 기법을 사용한 연구로 볼 수 있다. 질적 연구방법은 다양한 학문 분야에서 양적 연구방법론에 대항하며 정착된 결과로, 질적 연구방법론 패러다임의 문제의식과 논리를 공유하지만 종종 연구방법을 나타내는 용어 간의 경계가 모호하기도 하다. 여기에서는 각 연구방법이 양적 연구방법론과는 명확히 차별화된 문제의식과 논리에 의해 진행된다는 것을 이해하면 충분하다.

2) 질적 연구에서의 주관성: 진실성

객관성의 실제를 부정하고 주관성을 현상의 본질로 삼는 질적 연구의 타당성과 신뢰성은 어디에서 찾아질 수 있을까? 질적 연구가 연구자를 연구도구로 하여 현상을 최대한 있는 그대로 바라보고자 하고 최소한의 환원을 목표로 한다고 해서 연구자의 개인적 시각에 머무는 연구결과를 좋은 질적 연구로 보지는 않는다. 개인적인 수준과 주관성의 문제는 다르기 때문이다. 양적 연구에서 타당도와 신뢰도를 높이려는 것도 궁극적으로는 좋은 양적 연구의 기준을 세우려는 것이므로, 질적 연구도 더 좋은 질적 연구의 기준을 질적 패러다임의 논리 안에서 세우고자 했다. 질적 연구가 과학적 연구로 자리 잡는 과정에서, 양적 연구방법에서의 타당도와 신뢰도 기준과는 전혀 다른 새로운 논리의 타당도와 신뢰도의 준거가 활발히 논의되었다. 좋은 질적 연구로서 평가받기 위해서는 어떤 방법적 절차가 필요한 것일까?

좋은 질적 연구의 기준으로 대표적으로 거론되는 것은 링컨Lincoln과 구바Guba(1985)의 진실성(trustworthiness) 준거이다. 질적 연구에 타당도와 신뢰도 개념을 그대로 적용하는 것은 적합하지 않다고 보고 '진실성'이라는 새로운 개념을 제시하였다. 진실성은 신용성(credibility), 전이성(transferability), 의존성(dependability), 확실성(confirmability)으로 구성되는데 그 내용을 정리하면 다음 표와 같다.

진실성	
신용성	1. **장기간의 종사, 지속적인 관찰, 삼각검증법**: 연구자가 연구맥락 또는 연구참여자와 깊이 있게 관계 맺고 성실하게 관여하면서 관찰하고, 다양한 자료들을 활용하여 다각적으로 확인하는 작업 2. **동료 검증(peer debriefing)**: 연구자의 개인적 선호와 성향을 제거하기 위해 탐구 목적의 질문을 만들어가고 연구자 동료와 공유, 토론하는 절차 3. **반증사례 분석(negative case analysis)**: 지속적으로 나타나는 오류를 포함시키기 위한 가설의 재구성 작업 4. **참조자료 보관(referential adequacy)**: 자료의 조직적 구조화 및 관리 5. **연구참여자 검토(member checking)**: 연구자가 수집하고 해석한 자료의 내용을 연구참여자들이 검토하고 성찰할 수 있는 기회를 갖고 피드백을 받아 연구결과를 검증하는 과정
전이성	6. **심층적인 기술(thick description)**: 주어진 시간과 맥락 안에서 최대한 깊이 있고 자세한 묘사를 통해 유사 상황에의 적용 가능성을 높이는 글쓰기
의존성	7. **신뢰(라포) 형성과 삼각검증**: 연구자가 연구참여자와 질 높은 신뢰 관계를 형성하고 개방적인 태도로 기꺼이 연구에 참여하면서 다양한 자료를 함께 검토하는 과정
확실성	8. **연구성찰일지(self-reflection journal) 작성과 삼각검증**: 지속적으로 연구자의 느낌과 생각과 판단을 담은 일지를 작성하면서 연구자 자신의 이해 방식, 즉 연구자의 주관성에 대한 반복적 성찰과 수집된 자료들의 통합적 검토를 통해 해석의 확실성을 높여가는 절차

각각의 요소에서 확인할 수 있듯이, 엄격한 객관성에 기반한 수학적, 논리적 검증과는 다르다. 연구자가 연구참여자와의 관계 및 연구 맥락 내의 역할에서 필연적으로 가질 수밖에 없는 편견에 직면하면서, 복잡한 현상 및 관계에 대해 얼마나 성찰적이며 공정하게 다각적이고 반복적으로 검토했으며, 연구자와 연구자 참여자 모두에게 호혜적인가가 중요하다(조재식, 허창수, 김영천, 2006). 좋은 질적 연구란 진실성과 같은 새로운 검증 과정에 비춘 조건이 충족되는 연구이어야 한다.

진실성에 문제가 있는 예로는 어떤 것이 있을까? 3세 유아들의 역할놀이 경험에 대한 이해를 목표로 연구자가 거주하는 지역 유치원의 3세반인 구름반을 섭외하여 관찰을 진행하고 그 결과를 보고한 질적 연구를 떠올려 보자. 연구자가 3월

한 달 동안 주 1회씩 총 4회의 보조교사로 참여하면서 관찰했다면 충분하고 지속적인 자료를 수집했다고 보기 힘들고(1번), 담임교사와의 심층면담이나 아이들과의 면담을 시도하지 않아 연구자 관찰일지와 같은 한 종류의 자료만 있다면 자료가 다각적으로 수집되지 않은 경우에 해당한다(1번). 또한 담임교사나 구름반 유아들이 낯선 보조교사의 존재를 의식하고 경계심과 호기심에 의한 대화가 주자료가 되었다면 신뢰관계를 기반으로 한 깊이 있는 경험에 다가갔다고 보기 힘들다(7번). 연구자가 비디오 촬영과 관찰일지만 작성하고 성찰일지를 작성하지 않았다거나(8번), 담임교사에게 연구자의 관찰에 대한 해석 결과를 확인받지 않은 경우(5번)도 모두 문제가 된다. 그뿐만 아니라 유아교육 분야의 연구자에게 연구결과를 공유하고 상호 토론하는 과정을 보고하지 않았다거나(2번), 연구자의 해석으로는 전부 설명되지 않는 다른 사례가 있었음에도 자의적으로 사례들을 생략하여 연구자의 해석과는 다른 가설이 쉽게 제기된다든지(3번), 3세 유아의 역할놀이 경험이 상식적인 수준이나 이미 알려진 이론 수준에서 기술되어 있어 심층적인 기술로 인정하기 어렵다거나(6번), 수집된 자료에 대한 재접근이 불가능한 경우(4번) 등이 모두 문제가 될 수 있다. 이러한 진실성의 기준에 비추어보면 좋은 질적 연구로 평가받기 위해서는 어떤 연구 절차를 거쳐야 할지 가늠해볼 수 있다.

4. 아동 행동연구의 동향

1) 아동 행동연구의 범위

인간과 사회에 관한 과학적 연구, 즉 사회과학 영역에서의 연구라는 의미에서 보면 아동 연구란 양적 연구방법 또는 질적 연구방법을 사용하여 아동의 행동에 대한 기술, 설명, 예측과 예방, 문제 행동 수정뿐만 아니라 새로운 이해 방식을 발견하고자 하는 일련의 노력의 과정과 결과를 지칭한다. 관찰법, 실험법, 조사법, 심리검사 등의 양적 연구방법을 사용할 수도 있고 참여관찰, 심층면담, 생애사와 같은 질적 연구방법을 사용할 수 있다. 이 책은 영유아교사의 현장 실천에 초점이 두어져 있기 때문에, 관찰의 중요성을 강조하고 비중을 높여 다루고 있으나 아동 연구의 범위는 매우 넓다. 아동 연구의 범위는 연구자의 관심사에 따라 아동에 관해 연구 가능한 모든 것이라고 할 수 있으며, 넓게는 비단 사회과학 영역에만 머무르지 않는다. 최근에는 뇌과학과 공학 영역까지 확대되면서 아동 발달과 인지 영역의 연구가 점점 더 융합적인 성격으로 확장되고 있다.

그럼에도 아동 연구의 전통에서 가장 큰 비중을 차지해 왔던 분야는 단연코 아동 발달이다. 자연과학의 연구방법론을 인간과 사회에 적용하게 된 사회과학의 양적 연구방법론은 영유아기의 인지발달, 언어발달, 사회성발달, 정서발달, 신체운동발달 등에 대한 심리학적 기초 연구를 폭발적으로 발전시켰다. 실증주의 신념에 기반한 양적 연구방법론은 심리적 현상을 관찰 가능한 연구대상으로서의 '행동'으로 좁게 정의하게 됨으로써 '아동 연구'는 '아동 행동연구'라는 용어로 아동 연구의 방법과 주제를 좁혀왔다. 아동 발달을 지원하는 교육/보육 관련 주제를 다루는 응용연구로 확대된 영유아 교육보육 분야에서도 아동 연구가 아동 행동연구로 지칭되고 필수 교과목명으로 요구되는 현상은 이러한 실증주의적 연구전통이 계승된 결과이다.

이렇듯 아동을 관찰하거나 연구하거나의 일은 양적 연구방법을 타당하고 신뢰롭게 구사할 수 있는 엄격하게 훈련된 전문 연구자의 영역이자 영유아교사가 지녀야 할 직무 역량의 하나로 여겨졌다. 양적 연구방법에 관한 최소한의 기초 훈련을 통해 합당한 관찰과 행동연구를 수행하고 그 결과를 응용할 수 있는 것으로 교육과정이 설계되고 교과 내용이 요목화 되었다. 질적 연구방법론의 등장과 현장에서의 필요가 결합되어 아동관찰의 전략으로 일화기록법이 다루어지거나 아동 행동 평가를 위한 포트폴리오 평가가 덧붙여지기도 하였다.

그러나 현장에서 영유아를 관찰하고 연구를 해야 하는 영유아교사의 직무에 초점을 둘 때, 아동관찰과 행동연구가 '아동 행동연구'로 좁혀진 실증주의 전통에 지나치게 천착하여 전문 연구자의 일로 치부되거나 교실에서의 아동관찰 일지를 채우는 일화기록에 머물게 하거나 문제 행동 수정에 집중하는 방향으로 이끌어서는 안된다. 연구방법론과 연구방법을 이해하고 연구방법론의 맥락에서 연구결과를 해석하고, 현장교사로서 필요한 역할을 적절히 수행할 수 있는 역량 함양이 중요하다. 따라서 이 책에서는 아동 행동연구의 범위를, 전문 연구자가 아동의 행동에 관해 탐구하는 엄격한 과학적 연구 행위뿐만 아니라 영유아교사가 현장에서 만나는 영유아의 발달과 성장을 지원하기 위해 수행하는 모든 양적 또는 질적 성격의 탐구 행위로 확장하여 접근하고자 한다.

2) 영유아교사에 의한 행동연구

영유아교사는 유치원 또는 어린이집에서 어떻게 연구할 수 있을까? 크게는 세 가지 형태로 연구가 가능하다. 하나는 교사가 전문 연구자가 되어 연구문제를 설정하고 엄격한 절차에 따라 양적 또는 질적 연구방법 설계를 하고 자료를 수집하고 연구결과를 분석하고 결론을 도출하는 방식이다. 물론 논문으로 출간할 수도 있다. 학부에서 들은 교과 지식만으로도 특별한 재능을 발휘하고 노력을 기울인다면 전문적인 연구가 불가능한 것은 아니다. 때로는 (교사 지원제도에 입각한) 현장에서의 필요에 따라 또는 (학위논문 작성 등의) 교사 개인의 필요에 따라 전문적인 연구가 진행되기도 한다. 그러나 교사의 직무가 전문 연구자는 아니기 때문에 이러한 엄격한 수준의 전문 연구를 수행하기란 쉽지 않다. 전문 연구를 직접 수행하는 경우가 아니더라도 연구방법론과 연구방법에 대한 기초적 이해를 바탕으로 연구논문 등의 전문지식을 읽고 아동 이해와 문제 해결에 도움을 받는 것도 일종의 행동연구로 볼 수 있다.

또 다른 형태는 전문 연구자와 연구 협력자로 참여하는 방식이다. 연구 과정에서 연구문제 설정에서든 연구자료 수집에서든 연구결과 해석에서든 여러 가지 형태로 참여하고 공헌할 수 있다. 가장 빈번히 일어나는 연구 협력은 연구자료 제공이다. 연구에 필요한 언어이해력 검사를 시행하는 데 도움을 준다거나, 도와주기 행동의 빈도를 세어서 제공한다거나, 연구자가 필요한 장면을 사진으로 찍어 제공한다거나, 교사 성찰일지를 작성하여 제공한다거나, 연구자료를 제공하는 목적이나 관여 정도는 다양할 수 있다. 이 경우는 영유아가 교사가 아닌 전문 연구자가 이미 설정한 연구문제에 따라 현장에서 직접 연구자료를 수집하는데 참여하므로 연구를 주도하는 것은 전문 연주자의 몫이다. 연구자료 수집뿐만 아니라 연구문제 설정과 연구결과 해석 등에 참여하는 일은 교사에게도 연구대상 아이들을 이해하거나 자신의 실천을 되돌아볼 수 있게 하는 통찰력을 키우는데 도움이 된다. 그러나 보조교사가 적절히 배치된 경우에도 바쁜 일상에서 협력연구자로서 연구를 진행하는 것이 쉽지만은 않다.

마지막으로 영유아교사가 현장에서 자신이(또는 동료와 함께) 생성한 연구문제를 가지고 양적, 질적 탐구를 하는 경우이다. 과학적 엄격한 연구방법을 구사하고 절차를 따르는 것에 중점을 두지 않는 실행연구에 해당한다. 근래에는 교사에 의한 현장연구의 고유성이 부각되면서 교육보육 현장 고유의 맥락적 특성을 반영한 '교사 실행연구'라는 영역으로 확장되고 영유아교사의 정체성으로서 제시되고 있다(김희연, 2004). 이 경우에는 특정 문제 진단을 위해 특정 행동을 측정하는 등의 양적 탐구도 가능하지만, 교사의 주관성에 기반한 질적 연구 성격이 강해질 수밖에 없다. 현장에서의 일상의 흐름 가운데 영유아의 세계를 발견하고 교육적 지원의 방향을 찾아가기 위해 교사가 지속적으로 관찰하고 기록하고 성찰하는 노력과 결과물 일체를 의미한다. 질적 연구방법 성격의 관찰과 기록을 바탕으로 아이들을 알아가고 지원하고 문제를 해결하고자 하는 마이크로 내러티브(micro narrative) 탐구와도 유사하다. 이 책에서는 영유아교사에 의한 실행연구를 중시하는 연구 동향에 비추어 아동 행동연구가 실천 현장에서 유의미하게 작용할 수 있는 방향으로 내용이 구성되었다.

토론거리

1. 영유아와 관련된 논문을 검색하여 양적 연구방법인지 질적 연구방법인지 구분해 보고, 그 이유는 무엇인지 어떤 연구방법을 사용했는지 이야기 나누어 보자.
2. 실행연구가 무엇인지 찾아보고 다양한 정의의 차이에 대해 토론해 보자.

제4장
영유아교육과정과 관찰

교사들은 일상생활, 놀이, 활동으로 구성된 하루 일과에서 무엇을 어떻게 관찰해야 할까? 매일 매 순간 관찰하고 있을까? 무엇에 초점을 두고 관찰하고 있을까? 관찰한 내용들은 영유아의 학습과 영유아의 평가 등 교육과정 실천과 어떻게 연계되며 활용되고 있을까?

영유아교육과정은 무엇을 어떻게 가르칠 것인지를 조직해 놓은 틀로서 교사는 학습자가 교육과정을 통해 무엇을 어떻게 배우는지 평가하여 학습자를 지원하면서 교육과정을 실행해야 한다. 관찰은 학습자가 교육의 과정에서 무엇을 경험하여 어떻게 배우는지를 이해하고 평가하는 데 가장 널리 활용되고 있는 방법이다. 교육과정에서 관찰은 영유아들이 유아교육기관에서 무엇을 학습해야 하는지 학습에 대한 교육과정 지향에 따라 차이가 있는 것으로 나타난다. 이 장에서는 교육과정에 대한 학습의 지향을 학교준비도 접근과 사회적 페다고지 접근으로 구분하고, 이에 따라 각 교육과정에서 지향하는 관찰이 어떤 차이가 있는지 일부 국가들의 교육과정을 중심으로 살펴보고자 한다.

1. 학교준비도 접근의 영유아교육과정과 관찰

학교 준비도 접근방식을 채택한 국가들은 유아교육을 평생교육의 출발점으로 삼고 학습자인 영유아들이 유아교육의 효과로 얻게 되는 지식, 기능, 가치 등 성취결과에 초점을 둔다. 유아교육기관과 초등학교와의 연속성을 고려하여 영유아 교육과정의 목표나 문해, 수학, 과학적 사고 등 교과 및 학문적인 교육내용들을 기준(standard) 또는 기대되는 교육성과(outcome)로 제시한다. 교사는 유아들이 관련 기준이나 성과들을 효과적으로 성취할 수 있는 교수방법을 실행하며, 관찰을 통해 기준과 기대되는 교육성과를 어느 정도 성취했는지 파악하는 과정을 중요하게 여긴다. 대표적으로 영국의 국가수준 교육과정인 '생애초기 기초단계(Early Years Foundation Stage)'와 싱가포르의 국가수준 교육과정인 '어린 학습자 기르기(Nurturing Early Learners: A Curriculum Framework for Preschool Education in Singapore)'를 들 수 있다.

1) 영국의 영유아교육과정과 관찰

전통적으로 아동중심 교육과정을 지향해 온 것으로 알려진 영국은 1988년 교육개혁법 제정하고, 국가경쟁력 향상을 위해 국가수준 교육과정을 도입하고 교육체제의 연속성과 일관성을 강조하고 있다. 이와 함께 이루어진 영국의 교육개혁은 유아교육정책에서 교육성과(outcome), 학습목표(early learning goals), 성취기준(standard) 등을 강화하는 방향으로 시행되었다. 이는 2000년 최초로 도입된 국가수준 교육과정인 '기초단계 교육과정 지침'(Curriculum guidance for the foundation stage)과 2008년 0~5세 영유아들의 보육, 학습, 발달을 총괄하는 단일 법령체제인 '생애초기 기초단계'(Early Years Foundation Stage: EYFS, 이하 EYFS)[1]로 공고화되었다.

1) EYFS는 잉글랜드의 유아교육기관에 적용되는 교육과정이며, 스코틀랜드와 웨일즈는 다른 유아교육기준이 있다.

영국 국가수준 교육과정으로 알려진 EYFS는 영유아들이 잘 학습하며 발달하고, 건강 및 안전과 관련된 내용으로 구성되어 있다. 유아교육기관은 이러한 내용을 기반으로 유아들의 '학교 준비도'를 보장하기 위해 올바른 기초를 형성하는 광범위한 지식과 기술들을 제공해야 한다(Department of education, 2022). 특히, EYFS는 별도의 EYFS 프로파일(Early Years Foundation Stage profile)을 마련하여 만 2세경에 '발달상황 점검'(progress check)을 실시하여 조기개입의 필요성을 검토하고, 이후 만 5세 초등학교 직전 단계(reception class)를 마칠 무렵에는 유아의 놀이 및 활동에 대한 관찰기록을 기초로 1학년에게 필요한 학습준비도가 어느 정도 성취되었는지 평가한다(Standards & Testing Agency, 2022). 교사는 이러한 프로파일 작성을 위해 영유아의 경험과 놀이과정을 세심히 관찰해야 한다.

2세 영아들을 대상으로 실시하는 '발달상황 점검'은 영아의 전반적인 발달 상황을 검토하여 주요 학습 영역에서의 영아의 발달에 대한 간략한 서면을 작성해야 한다. 발달상황 점검은 영아의 강점뿐 아니라 발달상황이 기대보다 낮은 영역에 특별한 초점을 두어야 한다. 이 결과는 유아기의 학습 지원에 대한 정보로 가정 및 유아교육기관에 제공된다(Standards & Testing Agency, 2022).

5세에 실시되는 EYFS 프로파일은 EYFS의 7개 영역의 유아학습목표(Early Learning Goal: ELG)의 성취 정도를 중심으로 작성한다. EYFS의 영역은 의사소통과 언어, 신체 발달, 개인적·사회적·정서적 발달 등 학습의 역량을 키우는 3개의 기초영역(prime area)과 문해력, 수학, 세계에 대한 이해, 표현 예술과 디자인 등 기초영역을 강화하고 적용하는 4개의 구체적영역(specific area) 등 총 7개의 영역으로 구성되어 있다. 이에 준해, EYFS 프로파일은 3개의 기초영역과 4개의 구체적영역 등 총 7개 영역, 17개의 유아학습목표, 51개의 학습세부목표 등으로 구조적으로 세분화된 구성으로 짜여 있다.

〈표 4-1〉 EYFS 7개 영역과 유아학습목표

기초영역		구체적영역	
영역	유아학습목표	영역	유아학습목표
의사소통과 언어	듣기(3개) 말하기(3개)	문해력	이해력(3개) 단어읽기(3개) 쓰기(3개)
개인적·사회적·정서적 발달	자기조절(3개) 자기관리(3개) 관계형성(3개)	수학	수(3개) 수의 패턴(3개)
신체발달	대근육 운동(3개) 소근육 운동(3개)	세계에 대한 이해	과거와 현재(3개) 문화와 공동체(3개) 자연세계(3개)
		표현 예술과 디자인	창조하기(3개) 상상하고 표현하기(3개)

출처: Department for Education, United Kingdom. (2022). Early Years Foundation Stage profile 2023 handbook의 내용을 정리, 재구성하였음(유아학습목표 괄호는 세부 목표 개수임).

교사는 평소 유아들의 학습과 일상적인 활동에서 발달에 대한 관찰을 기반으로 종합적으로 평가해야 한다. 유아의 유아학습목표에 대한 성취 정도는 기대 수준 충족(expected)과 기대 수준 이하(emerging) 2수준으로 평정한다. 만약 유아가 유아학습 목표에서 1개 이상의 기대 수준 이하(emerging)를 받았다면, 교사는 학습의 어려움 및 극복 전략과 관련된 정보를 추가로 제공해야 한다(Standards & Testing Agency, 2022).

또한 교사는 개별 유아의 성공적인 1학년 학습과 활동 계획을 지원하기 위해 해당 유아의 발달 단계와 학습에 대해 초등학교 1학년 교사와의 협의를 할 수 있다. 이를 위해 교사는 효율적인 교수방법 및 개별 유아의 기술과 능력을 포함한 유아의 주요 학습 특징 3가지에 대한 설명을 선택적으로 제공할 수도 있다. 이처럼 EYFS 프로파일은 유아의 학습 준비도를 보장하기 위해 유아들의 성공적인 초등학교 전이에 필요한 개별 유아에 대한 지식과 이해 정도를 충분히 포함해야 한다.

종합해 보면, 영국의 영유아교육과정에서 관찰은 초등학교 이전 시기인 영아기와 유아기의 발달 및 학습 성취 정도를 평가하는 데 기본적인 방법으로 활용하고 있음을 알 수 있다. 관찰을 통해 얻게 된 자료들은 유아교육기관의 경험이 끝날 무렵, 미리 정해진 7개 영역, 17개의 유아학습목표, 51개의 학습세부목표 등을 어느 정도 성취했는지 평가하는 데 활용한다. 따라서 유아에 대한 교사의 관찰은 주로 구체적으로 구조화되어 있는 유아학습목표에 초점을 둘 가능성이 높다. 이 경우, 교사는 유아들의 일상생활과 놀이 및 활동에서 무엇을 어떻게 보아야 하는지 미리 결정된 틀에 따르기 때문에, 유아들이 놀이나 활동과정에서 중요한 배움의 순간을 오히려 포착하지 못하는 심각한 문제가 발생할 수도 있고(Drummond, 2012; Wood, 2014), 놀이 및 활동에 대한 다양한 상호관계적 접근을 어렵게 한다는 지적도 받는다(OECD, 2006/2008).

2) 싱가포르의 영유아교육과정과 관찰

싱가포르 국가수준 교육과정(NEL: Nurturing Early Learners)은 4~6세의 유아를 대상으로 질적인 교육과정을 설계하고 실행을 안내하기 위한 것이다. 2003년에 최초로 제정된 후, 2012년에 이어 최근 2022년에 새롭게 개정되었다. 2022년 교육과정에서는 유능한 학습자로서 유아에 대한 믿음을 강화하고, 인성 형성(charter-building)과 평생학습의 토대를 구축하기 위해 사회·정서적 역량을 강조하고 미학 및 창의적 표현을 비롯한 5개 영역의 학습 목표들을 구체화하였으며, 유아기의 이중언어를 촉진하는 데 중점을 두었다(Ministry of Education, Republic of Singapore, 2022: 12).

싱가포르는 21세기 필요한 지식과 기술들을 토대로 '바람직한 교육성과'(Desired Outcomes of Education)를 지향하며 각급 학교마다 주요 단계 교육성과(Key Stage outcome)를 연계적으로 제시하고 있다(Ministry of Education, Republic of Singapore, 2022: 16-19). 바람직한 교육성과는 자신감 있는 사람(confident persons), 능동적인 기여자(active contributors), 자기-주도적인 학습자(self-directed learners), 책임 있는

시민(concerned citizens) 등으로 교육체계의 출발점인 유아교육단계에서부터 초·중등학교에서도 지속적으로 연계된다.

이를 위해 싱가포르 영유아교육과정은 유아에 대한 믿음, 가치, 사회·정서적 역량, 학습 성향 등 4개의 핵심 개념을 중심으로 미학 및 창의적 표현, 세상에 대한 발견, 건강·안전·운동기술 발달, 언어와 문해, 수 등 5가지 학습 영역으로 구성되며 유아들에게 적절하고 의미 있는 학습 경험을 계획하고 지원함으로써 유아들의 전인적인 발달을 지향한다.

〈표 4-2〉 싱가포르 교육과정의 사회·정서적 역량 및 5개 학습 영역

사회·정서적 역량	5개 학습 영역
• 역량1: 자기-인식 발달시키기 • 역량2: 자기-관리와 자기-조절 발달시키기 • 역량3: 사회적 인식을 발달시키고 다양성에 대한 존중감 보여주기 • 역량4: 가족, 친구, 중요한 성인과 관계 형성하기 • 역량5: 자신의 행동에 책임감 갖기	• 미학 및 창의적 표현(3개)* • 세상에 대한 발견(3개), • 건강·안전·운동기술 발달(4개), • 언어와 문해력(3~4개), • 수(4개)

* 괄호 안의 학습영역의 학습목표 개수임; 언어와 문해력 영역의 학습목표는 언어와 문해력(영어) 4개, 언어와 문해력(모국어) 3개임.

유아의 전인적 발달에 영향을 주는 사회·정서적 역량은 5개의 세부 역량으로 구성되며, 5개 학습 영역은 각 영역에 해당하는 핵심적인 지식, 기술, 성향 등과 관련된 3~4개의 학습 목표들로 이루어져 있다. 이러한 학습목표들은 유치원 교육을 마치면 유아들이 무엇을 알아야 하고 무엇을 할 수 있는지에 대한 일반적인 기대를 반영한 것으로, 대부분의 유아들이 성취할 수 있는 수준으로 제시한다. 사회·정서적 역량과 학습 영역의 학습 목표 일부를 예시로 제시하면 다음과 같다.

〈표 4-3〉 사회·정서적 역량 및 학습 영역의 학습 목표 예시

구분		학습목표(지식, 기술, 성향)	유아의 학습과 발달 관찰 예시
사회·정서적 역량	역량 1: 자기-인식 발달 시키기	1.1 개인 정체성의 요소 (예: 이름, 나이, 성별, 능력, 호불호)를 식별하고 이야기한다. 1.2. 긍정적인 자아-개념을 발달시킨다. 1.3 자기-정체성을 발달함에 따라 사회-문화적 집단의 일원으로 자신을 인식한다(가족, 유아교육기관, 지역사회, 민족집단, 국가).	• 이름, 성별, 연령으로 자신을 소개한다. • 긍정적으로 자신을 설명한다 (예: 친철하고, 책임감 있고, 잘 도와주기). • 사회-문화 집단(가족, 지역사회, 문화, 유아교육기관, 국가)의 일원으로 자신에 대한 정체성을 형성한다.
미학 및 창의적 표현 영역	학습목표 1: 미술,음악, 움직임 활동에 참여하며 즐기기	1.1 미술, 음악, 움직임 활동에 흥미를 개발할 수 있는 기회를 제공한다.	• 다양한 미술, 음악 및 움직임 활동에 적극적으로 참여한다. • 다양한 미술, 음악 및 움직임 자극에 자발적으로 반응한다. • 학습 영역에서 미술, 음악 및 움직임 활동참여를 선택한다. • 미술, 음악, 움직임 활동에서 창의력과 상상력을 발휘한다. • 노래부르기와 춤추는 것을 즐긴다.

사회·정서적 역량 및 5개 학습 영역의 학습목표들은 유아들이 알아야 하고 할 수 있는 지식, 기술, 성향 등으로 서술되어 있으며, 유아의 학습과 발달을 관찰할 수 있는 상황의 예시가 함께 소개되어 있다. 이에 근거하여 교사는 다양한 교육 경험을 제공하고, 그 경험을 해 보는 유아들의 모습을 주의 깊게 관찰하여 학습과 발달의 성취 정도를 파악한다.

싱가포르 영유아교육과정에서 교사가 아동의 학습을 관찰하고 평가한다는 것은 유아들이 무엇을 알고 무엇을 할 수 있는지 발견하고 이해하기 위해 정보를 관찰하고(observing), 기록하고(documenting), 해석하는(interpreting) 계속되는 순환 과정을 뜻한다. 이 과정은 유아들의 학습 및 발달을 돕는 교육과정 계획 및 의사 결정에 대한 정보를 제공하며 다음의 단계들을 순환한다(Ministry of Education, Republic of Singapore, 2022).

1단계: 유아에 대한 정보 수집 및 기록하기

이 단계는 유아의 학습과 발달에 대한 정보를 수집하고 기록하는 단계이다. 교사는 자연스러운 상황에서 개별 유아 또는 유아 집단에 대한 관찰 계획을 세우고, 일화기록, 유아작품, 가족으로부터 얻은 정보, 정보통신기술(ICT) 자료 등을 수집하고 기록한다.

2단계: 유아 학습 평가를 위한 정보 해석하기

이 단계는 아동의 학습 목표 성취에 대해 또는 학습에서 아동의 발달 상황에 대해 의미 있는 해석과 평가를 위해 수집 및 기록한 정보들을 활용하는 단계이다. 객관적인 해석과 평가를 위해 교사는 다음과 같은 질문을 할 수 있다.

- 다양한 학습 영역과 발달에서 유아의 학습과 발달에 대한 충분한 정보가 있는가?
- 정보가 발달 패턴을 반영하는가 아니면 유아의 성취와 도전에 대한 분절된 사례인가?
- 유아의 배경과 발달 특성을 고려하였는가?
- 유아의 사회적, 문화적 맥락이 학습과 발달에 어떤 영향을 미치는가?
- 유아의 학습과 발달을 공정하게 평가하기 위한 여러 출처(유아, 또래, 가족, 다른 전문가, 유아의 작품 등)에서 얻은 증거인가?
- 유아의 학습 요구들을 형성하는 데 필요한 후속 조치는 무엇인가?

3단계: 정보 조직과 학습 포트폴리오 만들기

이 단계는 가족과의 소통을 위해, 그리고 교사의 교육과정 운영에 대한 반성적 사고를 위해 수집하고 기록한 정보들을 조직하고 학습 포트폴리오를 만드는 단계이다. 포트폴리오는 개별 유아를 위한 학습 포트폴리오와 학급 및 기관 수준의 포트폴리오를 만들 수 있다.

4단계: 가족과 정보공유하고 의사소통하기

이 단계는 유아의 학습을 지원하는 가족을 돕기 위해, 정기적으로 또는 필요할 때 유아가 유아교육기관에서의 학습 경험과 발달에 대해 가족 구성원에게 정보를 제공하는 단계이다. 교사는 각 유아의 사회·정서적 역량 및 학습 영역에서의 전반적인 발달상황에 대한 요약 보고서를 준비하고, 가족이 우려하는 내용을 메모할 수 있는 공간을 남겨둔다.

5단계: 검토하고 새로운 학습 활동 개발하기

이 단계는 1~4단계를 통해 수집되고 기록화된 정보들을 성찰하고 의미 있게 활용하여 교육과정 계획 및 실천에 대한 정보를 얻는 단계이다. 유아의 발달 상황에 대한 관찰과 이해를 바탕으로, 교사는 유아의 학습 활동과 교수전략의 효과성을 평가하고, 기존의 교육과정 계획을 조정하거나 유아의 학습과 발달을 보다 잘 지원하고 촉진하는 새로운 학습 활동을 개발한다.

싱가포르 영유아교육과정에서 관찰은 유아의 사회·정서적 역량 및 5개 학습 영역의 학습 목표들에 대한 발달 정도(progress) 및 성취를 파악하는 데 초점을 두고, 유아들이 무엇을 알고 무엇을 할 수 있는지 관찰-기록-해석하며 그 결과를 교육과정에 반영하고 있다. 특히, 교사의 관찰은 5단계의 순환적 구조를 활용하며 유아의 학습 목표 성취와 발달 정도를 관찰하여 유아평가 및 교육과정 운영 평가로 이어가고, 평가의 결과는 부모와 공유하여 유아의 학습과 발달을 지원하고, 교육과정의 성찰을 통한 새로운 학습활동 계획에 반영된다. 이러한 관찰의 특성들은 영유아교육과정에 대한 학습준비도의 특성을 그대로 보여주는 것으로, 놀이와 활동에서의 유아들의 경험들을 미리 정해놓은 교육과정 영역별 목표나 바람직한 교육성과로 범주화함으로써 유아들의 발달이나 학습에 대한 명확한 결과를 산출하는 장점이 있다. 그러나 동시에 유아들의 역동적인 배움의 특성이나 의미를 놓칠 수도 있고, 분절적으로 이해하는 편향성도 비판으로 남게 된다.

2. 사회적 페다고지 접근의 영유아교육과정과 관찰

사회적 페다고지 접근에서는 유아교육을 평생 학습의 토대일 뿐만 아니라 삶의 과정으로 여기고(OECD, 2006/2008), 학습에 대한 성향, 호기심, 자신감 등을 발달시키는 데 목표를 둔다. 이 입장을 취하고 있는 국가들의 국가수준 교육과정은 개방적이고 총체적인(holistic) 학습을 선호하며 각 유아교육기관이 처한 맥락에 적합하게 교육과정을 재구성할 수 있도록 전체적인 방향이나 지침을 제공하는 역할을 한다. 따라서 교사는 영유아의 주도적인 놀이, 활동, 개인적 탐색을 통한 배움과 같은 영유아의 자연스러운 학습 전략과 경험을 존중하며 이를 관찰하여 기록함으로써 영유아의 발달과 배움을 이해하고 지원하는 데 힘쓴다. 대표적으로 뉴질랜드의 국가수준 교육과정인 테 파리키(The New Zealand Ministry of Education, 2017)와 핀란드의 국가핵심교육과정(The Finnish National Agency for Education, 2022)을 들 수 있다.

1) 뉴질랜드의 영유아교육과정과 관찰

뉴질랜드의 국가수준 교육과정인 테 파리키(Te Whāriki)는 마오리족과의 상호관계 속에서 형성된 역사와 문화를 반영한 다양성을 근간으로 1996년 제정된 후 2017년 전면 개정하여 지금에 이르고 있다. 엮여진 매트(woven mat)라는 의미인 테 파리키는 교육의 의사결정 기초인 4가지 교육과정 원칙(principle)과 유아들이 자신감 있고 유능한 학습자로서 필요한 역량을 개발할 수 있도록 지원하는 데 초점을 둔 학습 및 발달의 5가지 요소(strand)를 영유아의 연령, 사회문화적 환경, 기관의 철학, 학부모와 교사의 관심에 따라 엮으면서 다양한 교육과정으로 구성되어 실행된다. 즉 영유아나 기관의 사회문화적 특성에 따라 나름대로의 교육과정을 계획, 실행, 평가하는 자율성을 보장하고 있다.

4가지의 교육과정 원칙은 능력부여(empowerment), 통합적 발달, 가정과 지역사회, 관계 등으로 구성되며, 교육과정의 페다고지와 실천의 모든 측면에 대한 지침으로 관찰과 평가의 실천에도 적용된다. 또한 5가지 요소는 행복감(well-being), 소속감, 기여, 의사소통, 탐구 등으로 각 요소의 내용들은 교육과정을 경험하면서 교사의 지도와 격려로 점차적으로 더 잘할 수 있는 교육성과(outcome)로 구체화된다. 이러한 교육성과는 교육과정 계획과 평가에 대한 정보를 제공하고 유아의 발달 상황에 대한 평가를 지원한다(The New Zealand Ministry of Education, 2017).

〈표 4-4〉 테 파리키(Te Whāriki)의 요소 중 '탐색' 요소

요소	교육성과	관찰할 수 있는 배움과 발달의 증거*
탐색	• 놀이하기, 상상하기, 발명하기, 실험하기 • 자신감 있게 움직이고 신체적으로 스스로에게 도전하기 • 추론과 문제 해결을 위한 다양한 전략 사용하기 • 활동에 대한 이론(working theories)을 생성하고 정련화함으로써 세계를 이해하기	• 불확실성에 대처하고, 대안을 상상하고, 결정하고, 자료들을 선택하고, 스스로 문제를 고안하는 능력과 성향 • 무언가를 시도하고, 탐구하고, 아이디어와 자료들을 가지고 놀이하고, 다른 사람들과 협력하는 것은 중요하고 배움의 가치있는 방식임을 이해하기 • 일정 기간 동안 관심이나 프로젝트를 추구할 수 있는 능력 • 세계에 대한 호기심과 다른 사람들과 관심을 공유할 수 있는 능력과 성향 • 탐구하고, 문제를 설정하고, 해결하고, 패턴을 찾고, 분류하고, 추측하고, 시행착오를 활용하고, 관찰하고, 계획하고, 비교하고, 설명하고, 성찰적인 토론에 참여하고, 이야기를 들으면서 자신감 갖기 • 세계를 이해하기 위해 모든 감각과 신체적 능력을 사용하기 등

출처: The New Zealand Ministry of Education. (2017). Te Whāriki: Early childhood curriculum, p. 47.
* 관찰할 수 있는 배움과 발달의 증거는 중략되었음.

〈표 4-4〉는 테 파리키의 5개 요소들 중 하나인 '탐색'의 내용을 보여준다. '탐색' 요소는 4개의 교육성과들로 구성되어 있으며, 유아들이 놀이와 활동을 통해 이러한 교육성과들을 어떻게 성취해 나가는지를 관찰할 수 있는 '배움과 발달의 증거' 예시들을 함께 보여줌으로써 요소 및 교육성과에 대한 이해를 돕고 있다. 테 파리키는 특정한 교육성과를 성취하도록 학습을 계획하지 않기 때문에 관찰

이나 평가할 때도 특정한 교육성과에 대한 요구를 하지 않는다(Blaiklock, 2010: 강은지, 이미화, 예은화, 2019에서 재인용). '배움과 발달의 증거'는 교사가 교육성과를 성취하도록 유아의 놀이 및 활동을 구성하는 내용이 아니라, 유아가 놀이 및 활동 과정에서 자연스럽게 보여주는 모습으로 관찰할 수 있는 배움의 진행 상황(learning in progress)인 것이다(The New Zealand Ministry of Education, 2017). 따라서 교사는 유아들의 놀이에서 배움이 일어난다는 믿음에서 출발하여 놀이나 경험과정 자체에 초점을 두어 관찰, 기록, 분석하며 유아의 배움을 이해하고 지원해야 한다.

관찰을 통한 평가방식으로는 비형식적 평가와 형식적 평가가 있다(The New Zealand Ministry of Education, 2017). 비형식적인 평가는 교사가 일상적인 경험과 사건에 참여하는 유아들에게 반응하고, 경청하고, 관찰하고, 참여하는 순간에 실행되는 것으로, 관찰과 평가의 경계가 모호하다. 이에 비해 형식적인 평가는 기록화하는(documenting) 평가로 유아들의 교육과정 참여를 관찰하여 기록으로 남기는 방식이다. 교사는 사진, 오디오나 비디오, 유아의 작품들을 수집하여 관찰한 내용들을 기록하고, 시간이 흐름에 따라 수집된 평가 정보를 분석하여 유아들이 능력(capabilities)의 변화를 파악함으로써 배움을 위한 가능한 경로를 고려하고, 이를 지원할 계획을 세울 수 있다(The New Zealand Ministry of Education, 2017).

일례로, 유아들의 학습 포트폴리오는 설명이 포함된 사진, 유아들의 미술작품, 언어의 녹음 또는 전사, 교사의 관찰과 배움 이야기(Learning Stories) 등으로 구성할 수 있다. 이 포트폴리오를 작성하며 교사는 유아의 배움 및 발달 상황(progress)과 관심을 이해하게 되며, 부모는 유아의 배움 여정에 참여하여 제안을 할 수 있는 기회를 갖게 된다. 이 과정에서 유아들은 자신의 예술 작품에 대한 이야기를 직접 쓰거나 직접 사진을 촬영하여 설명을 추가하면서 스스로 참여할 수 있다(The New Zealand Ministry of Education, 2017). 이처럼 테 파리키에서 관찰 및 평가는 교사만의 고유 업무가 아니라 배움의 공동체를 이루는 유아, 교사, 부모가 함께 참여함으로써 유아의 배움을 위한 다양한 경로를 확보하여 지속적으로 지원하는 강력한 힘으로 개념화된다.

이를 위해 뉴질랜드 교육부는 '배움을 위한 평가'(Kei Tua o te Pae/Assessment for Learning: Early Childhood Exemplars)를 2004년부터 2009년까지 총 20권을 발간하였다. '배움을 위한 평가'는 유아들의 배움에 대한 이해를 돕는 평가의 예시(Exemplars)들로 평가의 이슈와 논의를 위한 것이다. 이 예시들은 평가의 특정 형식이나 방법이 아니라 가치 있는 배움을 가시화하여, 유아, 가족, 교사, 타인을 포함한 배움 공동체가 지속적으로 유아를 위한 다양한 배움 경로를 조성할 수 있도록 돕는다. 이를 통해 평가는 배움을 설명하고, 구성하며, 장려하는 교육과정의 일부임을 보여주고 있다(The New Zealand Ministry of Education, 2004). 배움을 위한 평가는 유아들의 배움을 복잡하고 관계적이며 불확실하다고 특징짓고 국가수준에서 미리 정해진 교육내용과 관련된 교육성과를 성취했느냐의 여부를 판단하여 부족한 부분을 채우는 평가가 아니라, 유아들이 일상적인 맥락에서 사람, 장소, 사물과의 관계적인 상호작용을 통해 풍부하고 연속성 있게 배움을 이어나갈 수 있도록 어떻게 지원할 것인가에 초점을 둔 내러티브 평가라고 할 수 있다.

뉴질랜드 교육과정에서 관찰은 유아가 놀이 과정에서 드러내는 배움에 귀 기울이고, 반응하고, 기록하며 교육성과를 참조하여 그 다음 단계로 나아가기 위해 어떤 지원이 필요한지를 결정하는 배움을 위한 출발점이라고 할 수 있다. 그러나 사회문화적 평가를 표방하면서도 여전히 개인에 초점을 두고 관찰한다는 비판을 받고 있지만, 일상적인 맥락에서 유아들이 어떠한 배움을 구성해나가고 있는지에 대한 교사의 해석, 그리고 이후 배움의 가능성을 넓혀주고 있다는 데 큰 의미가 있다(이경화 외, 2020).

2) 핀란드의 영유아교육과정과 관찰

교육의 선진국으로 알려진 핀란드의 유아교육은 2000년대 이후 평생교육의 한 영역으로 인식되며 국가수준 교육과정을 제정하였다. 이후 2013년 유아교육과 보육을 통합하며, 핀란드의 유아교육은 유아의 학습과 발달의 지속성과 계속성을 도모하는 데 주안점을 두고 있다(이윤진, 2016). 핀란드의 국가수준 교육과정은

2003년 국가수준의 유아교육과 보육에 관한 지침(National Curriculum Guidelines on Early Childhood Education and Care in Finland)을 바탕으로 2018년 0세~5세 영유아를 위한 국가핵심교육과정(National Core Curriculum for Early Childhood Education and Care)이 제정되었고, 2022년에 개정되어 현재에 이르고 있다.

핀란드의 국가수준 교육과정은 교육과정의 규준(norm)으로서 지역수준 교육과정과 유아교육보육계획의 법적 근거가 된다. 핀란드의 지역수준 교육과정인 지역교육과정(local curriculum)은 유아교육기관의 제반 교육과 보육에 관여하며, 유아교육기관에서는 모든 영유아를 위한 유아교육보육계획(Early Childhood Education and Care Plan: 이하 ECEC Plan)을 구성하여 실행한다. 즉 핀란드의 교육과정 체계는 국가수준 교육과정, 지역교육과정, 유아 수준으로 이루어지며, 각 지역은 해당 지역의 지역교육과정을 개발하고 운영하며, 유아 수준에서는 유아교육보육계획(ECEC Plan)이 실행되는 셈이다. 이러한 교육과정 구성 특성 때문에 핀란드의 교육과정에서 관찰은 유아교육보육계획(ECEC Plan)에서 중요한 역할을 한다.

유아교육보육계획은 유치원이나 보육시설에서 유아를 위해 준비하는 것으로 교사는 유아의 흥미와 요구를 중심으로 계획하기 위해 적합한 방법을 모색해야 한다. 이 방법 중 하나가 부모(보호자) 및 교사의 관찰로, 교사는 유아의 발달 및 학습 단계, 또래 집단에서의 행동 능력에 관한 관찰을 토대로 유아의 지식과 기능, 강점, 흥미, 개인적인 요구를 파악하여 유아교육보육계획에 포함시켜야 한다. 이와 함께 영유아의 놀이 및 활동에 대한 관찰과 해석을 기록한 교육적 기록(pedagogical documentation), 영유아가 요청한 지원, 부모(보호자) 및 다른 전문가들과의 참여와 협력을 통해 합의된 사항들을 종합적으로 고려하여 유아의 발달, 학습, 및 행복(well-being)을 지원하는 목표를 설정하여 기술한다(The Finnish National Agency for Education, 2022).

이렇게 작성된 유아교육보육계획은 교육적 활동(pedagogical activity)을 계획하고 평가하기 위한 도구로 활용된다. 교육적 활동은 영유아와 교사간의 상호작용 및 공유된 활동으로 실행된다(The Finnish National Agency for Education, 2022). 이러한 활동은 유아들의 자유로운 놀이와 여러 유형의 활동들을 서로 보완하는 활동의 성격을 가지며, 5개의 학습영역(언어의 풍부한 세계, 표현의 다양한 형태, 나와 우리 공동체, 나의 환경을 탐색하고 상호작용하기, 성장하고 움직이고 발달하는 나)과 유아의 흥미와 요구를 고려하여 유아가 유아교육보육계획의 목표를 성취하도록 지원하기 위해 계획하여 실행한다(The Finnish National Agency for Education, 2022). 따라서 교사는 교육적 활동에서 유아의 발달 및 학습 과정을 5개 학습 영역의 내용을 성취 정도를 관찰하는 것이 아니라 유아교육보육계획의 목표를 어떻게 추구하고 있는지를 관찰하여 적절한 정보를 수집하고 기록한다.

이러한 교육적 기록(pedagogical documentation)은 유아의 교육적 활동 참여 뿐만 아니라 발달, 흥미, 사고하고 학습하는 경향, 삶에서의 사건, 개별적 요구 등 유아에 대한 구체적이고 다양한 정보들을 기록화한 것이다(The Finnish National Agency for Education, 2022). 교육적 기록을 통해 교사는 유아의 흥미와 요구에 좀 더 부합되는 교육적 활동과 학습 환경을 제공할 수 있게 된다. 이처럼 교육적 기록은 유아의 교육적 지원을 계획하고, 실행하고, 평가하여 그 다음의 전반적인 계획을 개발하는 데 필수적이다(The Finnish National Agency for Education, 2022).

또한 교육적 기록은 교육적 활동뿐 아니라 유아에 대한 전반적인 관찰-기록-해석의 지속적이며 순환적인 과정으로 이루어진다. 이 과정에서 해당 유아와 부모(보호자)가 직접 참여하여 관찰 및 기록에 대한 교육적 의미와 이해를 함께 만들어간다(The Finnish National Agency for Education, 2022). 이 과정은 핀란드 교육과정의 두드러진 특징으로 유아교육과 보육 경험을 통한 영유아의 배움과 행복의 의미를 유아와 보호자(부모)가 참여하여 함께 만들어간다는 의미이다(유은영, 2021).

이처럼 핀란드 교육과정에서 관찰은 국가수준 교육과정의 교육내용에 대한 경험이나 성취에 초점을 두기 보다는 유아의 유아교육보육계획을 수립하고 지원하는 방식으로 활용된다. 예를 들어, 교사는 유아교육보육계획를 지원하기 위해 교육적 활동을 계획, 실행하며 유아의 놀이와 배움을 관찰하여 그 결과를 반영하여 그 다음의 교육적 활동을 계획한다. 또한 교사가 관찰하여 기록한 교육적 기록의 의미 또는 해석은 미리 정해진 교육과정의 학습 영역 또는 역량에 근거한 기준들이 아니라 유아 및 부모(보호자)의 참여를 통해 함께 만들어감으로서 관찰 및 평가에서 유아에 초점을 둔 자율성이 보장되고 있음을 알 수 있다.

3. 우리나라 국가수준 교육과정과 관찰

우리나라의 국가수준 교육과정은 0~2세 영유아를 위한 보육과정과 3~5세 유아를 위한 누리과정으로 이루어진다. 3~5세 누리과정은 「2019 개정 누리과정(이하 '개정 누리과정')」이며, 0~2세 영아를 위한 보육과정은 「제 4차 어린이집 표준보육과정(이하 '4차 표준보육과정')」으로 영유아가 주도적으로 놀이하며 배우는 유아중심, 놀이중심 교육과정을 지향하고 있다.

유아중심, 놀이중심 교육과정은 유아가 자신에게 가장 적합한 방식으로 배우는 놀이를 통해 스스로의 관심과 흥미에 기반하여 배움의 과정을 주도해 갈 수 있도록 교육과정을 실행해야 함을 의미한다. 이를 위해 교사는 영유아 놀이에서의 배움과 성장을 이해하고 지원하기 위해 다음과 같은 관찰의 특성을 이해해야 한다.[2)]

첫째, 유아중심, 놀이중심 교육과정을 실행하기 위한 관찰은 놀이하며 배우는 유능한 유아에 대한 신념에서 출발한다. 영유아는 스스로 배울 수 있는 힘을 가진 존재이다. 개정 누리과정과 4차 표준보육과정에서는 교육적 비전으로 '추구하는 인간상'을 제시하고 있다. 추구하는 인간상은 배움의 주체인 영유아가 놀이하며 배우는 현재 모습이자 앞으로 배우며 성장해가는 모습이다. 즉 어떤 영유아라도 자유롭게 놀이하며 그 안에서 배움을 구성할 수 있는 역량을 지닌 존재임을 신뢰하고 영유아의 일상생활, 놀이, 활동들에서 구성해내는 배움과 그 의미를 주

2) 이 내용은 2019 개정 누리과정 해설서(교육부, 보건복지부, 2019a), 2019 개정 누리과정 놀이이해자료(교육부, 보건복지부, 2019b), 2019개정 누리과정 놀이실행자료(교육부, 보건복지부, 2019c), 제4차 어린이집 표준보육과정 해설서(보건복지부, 2020)를 참조하여 요약한 것이다.

의 깊게 살펴야 한다.

둘째, 놀이는 영유아의 배움이 가장 잘 이루어질 수 있는 방식이다. 영유아는 놀이하면서 나름의 방식대로 배운다. 놀이는 영유아의 개별 특성을 그대로 반영하며, 여러 영유아들이 함께 만드는 놀이는 각각의 배움 방식들이 섞이면서 새로운 배움과 도전으로 다채로운 놀이로 펼쳐진다. 영유아가 놀이를 통해 무엇을 경험하는지, 스스로 배우는 것이 무엇인지 이해하고자 교사 자신에게 질문을 던질 때 영유아들이 만들어내는 의미와 배움을 읽어낼 수 있다. 영유아의 놀이를 관찰한다는 것은 영유아의 시선으로 세상에 대한 영유아의 배움의 방식을 이해하는 것이며, 놀이에서 어떠한 도전이 새로운 배움으로 이어지는지 놀이와 배움의 역동성과 관계성에 주목하는 것이다.

셋째, 교사가 영유아의 일상생활 경험과 놀이를 이해하려고 할 때 영유아의 배움을 잘 지원할 수 있다. 교사는 영유아의 놀이와 배움 지원자로서 놀이에 공감하며 칭찬과 격려하는 정서적 지원뿐만 아니라 놀이를 관찰하다가 배움이 일어나도록 질문이나 제안을 건네 보는 상호작용에 기반한 언어적 지원, 공간 구성을 바꾸어주거나 새로운 자료를 제공하는 등의 환경적 지원, 놀이의 깊이를 더하고 폭을 넓혀주는 동화, 노래, 동시, 게임, 동극 등 다양한 활동들을 지원할 수 있다. 어떤 지원을 할 것인가는 영유아의 놀이를 따라가며 놀이의 흐름과 배움을 관찰하고 이해하여 결정할 때 더 효과적이다. 왜냐하면 놀이의 주체는 영유아이기 때문이다. 따라서 영유아의 놀이와 배움의 의미 및 가치를 발견하고 이를 지원하기 위해서 교사는 귀 기울이는 관찰을 할 수 있어야 한다.

넷째, 영유아의 경험과 놀이에 대한 관찰은 교육과정의 출발점이자 교육과정 실행 과정 그 자체이다. 교사는 영유아의 놀이, 일상생활, 활동을 잘 관찰하여 말, 몸짓, 표정 등에서 드러나는 놀이의 의미와 특성에 주목하여 메모나 사진 등 교사가 할 수 있는 가장 용이한 방법으로 기록한 후, 영유아의 배움을 지원하기 위한 계획을 수립하는 것이 바람직하다. 교사가 관찰과 기록을 통해 영유아들이 무엇을 왜 어떻게 놀이하고자 하는지를 이해하고 교육과정을 재구성할 수 있을 때 진정한 의미의 영유아·놀이 중심 교육과정 실행력을 갖출 수 있다. 유아중심,

놀이중심 교육과정은 교사가 영유아의 놀이와 활동을 미리 계획하는 것을 지양하고, 유아의 배움을 어떻게 지원할 것인가를 계획의 핵심으로 간주한다.

예를 들어, 유아가 바깥놀이에서 우연히 발견한 벌을 관찰하고 관심을 보인다면 벌과 관련된 경험과 놀이를 지원하기 위해 '꿀벌의 여행' 노래를 함께 불러보고, 벌에 대한 동화나 정보 책을 함께 읽어보는 활동 및 놀이를 계획할 수 있다. 이처럼 '지금 여기'에서 영유아들의 경험과 놀이에 대한 관찰은 그다음에 어떤 경험, 놀이, 활동으로 그 관심을 이어나갈지 영유아와 교사가 함께 만들어가는 교육과정의 시작이라고 할 수 있다.

다섯째, 영유아의 일상생활, 놀이, 활동에 대한 관찰은 궁극적으로는 영유아의 행복과 전인적 발달을 지원하는 데 그 목적이 있다. 영유아의 놀이, 일상생활, 활동 속에서 영유아의 고유한 특성이나 의미 있는 변화를 발견하고, 그것을 바탕으로 영유아의 배움과 성장을 돕기 위한 관찰과 기록을 할 수 있다. 예를 들어 영유아가 가장 즐기고 잘하는 것, 놀이의 특성, 흥미와 관심, 친구 관계, 놀이를 이어가기 위한 자료의 활용 등에 주목하여 영유아 놀이를 관찰하고 기록하며 이를 통해 영유아의 특성과 변화를 이해할 수 있다.

유아중심, 놀이중심 교육과정에서 제안하는 관찰은 그동안 영유아교육에서 종종 이루어졌던 영유아의 문제 행동을 관찰하거나, 미리 정해진 규준에 따른 객관성을 강조하는 관찰 또는 미리 계획된 놀이나 활동을 마친 후 목적을 달성했는지를 관찰했던 것과는 다소 차이가 있다. 유아중심, 놀이중심 교육과정을 실행하기 위한 관찰은 영유아의 일상생활 놀이, 활동에서 배움을 찾아내고 그 의미를 이해하며 지원하는 교육과정 실행의 시작이며 영유아와 함께 만들어가는 교육과정의 토대라고 볼 수 있다. 따라서 교사는 영유아의 놀이와 배움에서 정해진 답을 찾기 보다는 열린 마음으로 영유아의 놀이에 귀 기울일 때 배움의 의미를 유아들과 함께 생성해 나갈 수 있을 것이다.

토론거리

1. 영국이나 싱가포르 유치원이나 어린이집의 교사로 취업하게 되었다고 가정해 보자. 교사로서 영유아들의 놀이에서 무엇에 초점을 두어 관찰해야 할까? 그렇게 관찰한 내용들을 어떻게 해석할까? 그리고 그 해석은 영유아들에게 어떤 교육적 지원으로 이어질지 이야기해 보자.
2. 뉴질랜드나 핀란드 유치원이나 어린이집 교사라면 영유아의 놀이를 보는 관점이 1번과 어떻게 달라질까? 영유아의 놀이를 관찰할 때 무엇을 보고 이해해야 하는가? 관찰한 내용은 어떻게 활용될 수 있을까? 1번과 비교하며 이야기해 보자.

활동 1: 싱가포르 유치원 관찰 기록 이해해보기

다음은 싱가포르의 영유아교육과정에 제시된 교사의 관찰 예시이다. 싱가포르의 영유아교육과정에 바라보는 학습 및 관찰의 관점, 관찰한 내용을 기록하는 방식 등이 어떻게 나타나는지 분석해보자.

• 맥락

- 5세 유아들은 샌드위치 재료를 제공받았다. 버터, 딸기잼, 카야, 흰 빵, 통밀빵, 슬라이스 치킨햄, 오이, 상추, 토마토 등이 재료로 준비되었다. 각각의 유아들은 샌드위치 재료를 선택하기 위한 집게와 버터 나이프를 번갈아 사용해야 했다.

• 교사의 관찰 노트

- 아딜Adil은 샌드위치를 만들 차례를 기다렸다. 아딜의 차례가 되었을 때, 아딜은 어떤 종류의 샌드위치를 만들지 결정하는 데 오랜 시간이 걸렸다. 아딜은 치킨햄 샌드위치와 딸기잼 샌드위치를 만들까 말까 망설였다. 결국 아딜은 친구 중 한 명이 치킨햄을 고르는 것을 보고 치킨햄 샌드위치를 만들기로 결정했다. 아딜이 집게로 치킨 햄과 야채 조각을 집는 데 어려움을 겪었고, 고른 재료들을 빵에 얹기 전에 떨어뜨렸다. 아딜은 도움을 받으면서 치킨햄 샌드위치를 만드는 데 성공했다.

• 유아의 학습 및 발달에 대한 해석 및 평가:

- 아딜은 재료와 자원을 나눌 때 차례를 지키는 자기-조절력을 보여준다.
- 아딜은 스스로 결정을 내릴 자신감이 없었고, 친구가 하는 것을 따라하는 경향을 보였다.
- 아딜은 소근육 운동 활동(예: 손을 사용하거나 눈-손 협응으로 간단한 도구를 조작하는 것)에서 조절력과 협응력을 발달시킬 수 있는 더 많은 기회가 필요하다.

• 사후 활동(Follow-up actions)

- 아딜에게 학습 영역 시간동안 소근육 기술을 연습할 기회를 제공한다(예: 숟가락이나 집게를 사용하여 한 용기에서 다른 용기로 물체를 옮기는 간단한 도구 사용).
- 아딜이 스스로 선택할 수 있는 기회를 더 많이 제공한다(예: 미술작품(artwork)을 만들기 위한 재료 선택하기, 무엇을 가지고 누구와 놀이할지 선택하기).
- 집단 활동에서 차례를 지키는 모습을 확인하고 자기-조절력을 위한 다른 기회를 살펴보기

출처: Ministry of Education, Republic of Singapore. (2022). Nurturing early learners: A curriculum framework for preschool in Singapore. p. 119.

활동 2: 뉴질랜드 '배움을 위한 평가' 관찰 예시 이해해 보기

다음은 배움을 위한 평가 예시 중 '불확실성 인정하기' 내용과 관련된 예이다. 유아 배움의 불확실성을 교사가 어떻게 대처하며 유아의 배움을 지원하기 위해 평가하고 있는지 살펴보자. 이를 통하여 뉴질랜드의 배움을 위한 평가에서는 평가는 아이들의 삶이 펼쳐질 방향을 제안하는 교육의 일부이지만, 그 복잡하고 역동적인 여정을 알 수 없기 때문에 교사가 그 불확실성을 인지하면서 항상 민감하고도 개방적인 마음으로 평가에 임해야 함을 강조함을 알 수 있다.

- **누가 확실히 알 수 있겠는가?**

아이작Isaac은 선생님과 함께 우주에 관한 책을 읽고 있는 아이들 중 한 명이다. 아이작은 초록색 종이로 외계인을 만들기로 결심한다. "당연히 외계인은 초록색이죠."라고 말한다. 교사는 이러한 관찰을 기반으로 하여 지원방안을 고민하면서 "누가 확실히 알 수 있겠는가?"라는 질문으로 해석의 불확실성을 표현했다.

> 우주에 대한 아이작의 관심을 지속적으로 지원하고자 한다. 아이작에게(예술 영역 자원을 활용하여) 새로운 것을 시도하고, 그의 상상력을 탐구하고, 그의 아이디어를 실천하도록 격려한다. 우리는 아이작을 위해 인터넷에서 행성의 사진을 다운로드 받았고, 새 책을 샀고, 아이들이 들을 수 있는 행성에 대한 CD를 틀어주었다. 방학 기간이 흥미에 영향을 미칠 수 있으므로, 아이작이 방학을 끝내고 돌아왔을 때 여전히 흥미를 보일지 기다리고 지켜보려 한다. 약간의 교육적 자극(예를 들어 소꿉놀이 영역에 외계인 발자국을 붙여두는 것, 스타돔[Star Dome]으로 현장견학 가는 것 등)이 무언가를 촉발시키는 데 도움이 될 수도 있을 것이다. 누가 확실히 알 수 있겠는가?

- 뉴질랜드 배움을 위한 평가와 관련된 자료들은 다음 웹사이트에서 다운로드 받을 수 있다: https://www.education.govt.nz/early-childhood/teaching-and-learning/assessment-for-learning/kei-tua-o-te-pae-2/ 위의 사례에 관련된 사진 및 보다 상세한 내용을 확인해보기 바란다.

출처: The New Zealand Ministry of Education. (2004). Kei Tua o te Pae/Assessment for learning: Early childhood exemplars.

제 2 부

관찰의 방법론

제5장 관찰의 원리와 과정
제6장 영유아교사의 일상적 관찰방법
제7장 영유아교사의 특별한 목적이 있는 관찰방법

제 5 장
관찰의 원리와 과정

영유아들의 놀이, 일상생활, 활동 등이 다양하고 복잡하게 이루어지고 더구나 금방금방 변하는데 도대체 무엇에 주목하고 어떻게 봐야 할 것인가? 관찰자의 시선은 어디로 향해야 하는 걸까? 영유아교사는 의미 있는 관찰을 위하여 무엇을 준비하고 어떻게 실천해 나가야 할까?

이제 영유아교사를 위한 관찰의 원리와 과정을 살펴보자. 먼저 영유아의 놀이, 일상생활, 활동에서 이루어지는 관찰과 분석의 단위를 알아보고, 영유아의 성장과 배움을 지원하는 환경을 관찰할 때 주목할 측면을 돌아본다. 이어서 관찰의 주요 유형을 살펴보고 영유아교육 현장에서 관찰을 실천해가기 위한 전반적인 과정을 소개한다.

1. 관찰 및 분석의 단위

1) 영유아관찰

영유아교육에서의 관찰 혹은 관찰기록에 기초한 분석은 단위를 달리하여 이루어질 수 있다. 초점을 어디에 두는가에 따른 관찰과 분석의 단위에 관한 선행 이론(이진희, 2020; Fleer, 2002; Gipps, 1999; James, 2008; Rogoff, 1995)을 토대로, 여기에서는 개인 중심의 관찰 및 분석 단위와 관계 중심의 관찰 및 분석 단위로 크게 구분하여 제시한다. 이때 관찰과 분석의 단위가 서로 다를 수 있는데, 예컨대 관계 중심으로 관찰한 이후, 분석 시에는 개인에 중심을 두고 살펴볼 수 있다.

(1) 개인 중심의 관찰 및 분석

영유아교사는 관찰을 통하여 영유아의 전반적인 발달 상황이나 고유한 심리적 특성, 적응 상태, 변화 과정을 이해하고 지원하는 과정에서 기쁨과 성취감을 느낀다. 유치원이나 어린이집의 연중 시기, 영유아의 특성, 학부모의 요청 등에 따라 개인 중심의 관찰 및 분석이 필요할 수 있다.

학기 초에는 영유아의 사전 경험, 기질, 성향, 반응양식 등 고유한 특성이나 특별한 요구를 파악할 필요가 있다. 예컨대 대부분의 영유아는 며칠, 혹은 몇 주 안에 적응이 이루어지지만, 몇 개월이 지나도 지속적으로 분리불안을 보이는 영유아의 경우에는 개인 중심의 관찰과 분석을 통하여 원인을 파악하고 가정과 협력하여 지원하는 것이 요구된다. 또한 학기 말, 혹은 학년말에 개별 영유아의 성장과 배움을 종합하는 과정에서 관찰기록을 되돌아보는 개인 중심의 분석이 이루어지며, 이는 학부모 상담이나 생활기록부 작성 등과 연계된다.

영아의 경우 수유, 간식, 배변 등의 일상생활이나 주요한 발달상황을 개별로 관찰하고 점검하여 건강하게 성장하고 있는지를 파악한다. 발달 과정에서 영아가 끊임없이 노력하여 처음으로 서거나 걷게 된 날, 처음으로 문장으로 표현한 내용 등을 관찰하고 학부모에게 전하면서 아이의 성장을 함께 지켜보며 기뻐하는 것이 중요하다. 또한 발달 지연이나 지체 등의 '위험 신호(red flags)'가 감지된다면 더 세밀한 관찰이 필요하다.

자녀의 성장에 대하여 교사가 특히 관심을 기울여 관찰해주기를 바라는 부모의 요구를 확인하여 반영하는 것도 가정과의 연계를 통한 영유아 이해와 지원, 그리고 부모참여와 협력에 큰 도움이 된다. 예컨대 자녀의 키가 작아서 고민하는 학부모는 유치원이나 어린이집에서의 식습관은 어떠한지, 또래들과 비교하여 신체적 성장이 어떠한지 궁금해한다. 평소 자녀가 자신이 원하는 바를 제대로 표현하지 못하고 자꾸 울곤 하는 상황을 걱정하는 학부모는 자녀의 언어적 의사표현에 각별한 관심을 가질 수 있다. 동생의 출생이나 이사 등 특별한 가정 상황에 따른 학부모의 요청에 따라 정서적 안녕에 대한 개인 중심 관찰이 이루어질 수도 있다. 관찰기록을 토대로 가정과 소통하고 연계하여 영유아의 행복과 성장에 기여할 수 있을 것이다.

이렇듯 교사는 개인 중심의 관찰이 필요한 경우를 인식하는 것이 중요하다. 또한 상황에 따라 관찰 및 분석 모두 개별 영유아에 초점을 맞출 수도 있고, 앞에서 제시한 바와 같이, 관찰은 놀이나 활동이 함께 이루어진 공동체(예컨대 단짝 친구와 둘이서, 네다섯 명의 소집단으로, 혹은 학급 전체로)를 중심으로 하되, 이후 분석 과정에서 개인으로 초점을 옮길 수도 있다는 사실에 유념할 필요가 있다.

(2) 관계 중심의 관찰 및 분석

아이들은 얽혀있는 관계 속에서 놀이하고 배우며 성장한다. 즉 영유아는 사회문화적으로 가치 있는 공동의 사건에 능동적으로 참여하면서 자신의 힘과 역량, 정체성을 부단히 키워간다. 배움이란 결코 홀로 습득하여 각자의 머릿속에 소유하는 것이 아니라 '관계' 속에서 이루어지기에, 관찰 역시 다양하고 역동적인 관계에 주목하여야 한다. 이러한 관계에는 영유아와 영유아, 영유아와 교사 사이의 상호작용, 부모와 지역사회 구성원과의 관계 등이 포함된다. 또한 사람과의 관계뿐만 아니라 놀잇감, 놀이기구, 재활용품, 자연물, 사물, 건물, 대중매체 등 아이들이 삶 속에서 마주치는 물질, 자연과 문화와의 관계도 포함된다. 이렇듯 배움의 관계성에 주목하는 관찰을 '사회문화적 관찰', 혹은 '관계 중심의 관찰'이라 부른다.

관계 중심의 관찰은 영유아교실에서 서로 얽히면서 이루어지는 다양한 상황과 사건, 현상에 주목한다. 영유아의 놀이와 배움은 우연적이고 역동적이며 새로운 마주침과 배치의 관계 속에서 부단히 생성되고 변화해간다. 이렇듯 관계에 주목하여 관찰함으로써 교실 안팎의 역동적이고 다채로운 사건 혹은 현상을 맥락과 흐름 속에서 이해하고 그 결을 따라가며 지원해주는 다양한 방안을 떠올릴 수 있게 된다. 단짝친구와 둘이서, 혹은 대여섯 명의 영유아가 함께, 때로는 전체 학급으로 관심을 갖게 된 사물이나 현상, 사건을 관찰함으로써 퍼즐을 맞추듯이 영유아의 놀이와 배움이 가지는 역동적인 관계성을 이해해갈 수 있다.

아울러 앞에서 강조한 바와 같이, 관계 중심으로 관찰된 놀이, 일상생활, 활동을 이후 필요에 따라 개인 중심의 분석을 통하여 새롭게 들여다보며 이해할 수 있다. 즉 관계 중심의 관찰기록 속에서 드러나는 개인의 고유성과 변화, 상호작용과 변화 등을 더 의미 있고 적절하게 분석할 수 있다. 함께하는 놀이와 배움의 과정에서 영유아들이 저마다 어떻게 성장해 가는지, 어떤 관계를 맺고 상호작용하는지, 어떠한 마주침 속에서 경험을 재구성해 가는지를 맥락 속에서 자연스럽고도 더 깊이 있게 이해하고 지원할 수 있다.

2) 환경관찰

영유아의 놀이와 배움을 이해하고 적절히 지원하기 위해서는 사회적 관계뿐만 아니라 물리적 환경과의 관계에 대한 관찰과 지원이 필요하다. 환경관찰은 앞에서 설명한 영유아관찰, 특히 관계 중심의 관찰과 동시에 이루어지지만, 때에 따라서는 환경 자체에 대한 관찰이 별도도 이루어질 수도 있다. 환경관찰은 영유아교육기관의 공간 구성과 물질의 배치를 살펴보는 동시에, 시간의 흐름에 따른 변화에 주목하여야 한다.

먼저 공간은 우리에게 이곳이 어떤 곳인지, 여기에서 무엇을 할 수 있는지,

우리에게 어떤 반응을 기대하는지를 말해준다. 공간은 살아 있어서, 그 공간을 살아가는 사람들의 삶과 경험을 담아내고 서로 영향을 주고받으며 변화한다. 교사는 영유아교육기관의 공간이 어떻게 구성되어 어떻게 경험되는지를 관찰하는 것이 필요하다. 낯선 영유아교실을 방문한 예비교사나 자신의 교실을 연구하여 변화시켜 보고자 하는 교사는 먼저 교실의 사진을 찍거나 도면을 그려보는 것이 도움이 된다. 교실 도면을 그릴 때 교실의 모양, 크기와 높이에 따라 비율에 맞추어 교실의 형태를 그리고서, 문과 창문, 전기 콘센트와 수도의 위치를 표시하고 자료장, 책상, 의자 등을 그려 넣어 다음의 공간설계 요소를 분석해볼 수 있다.

- 단순성과 복합성의 조화
- 안전과 도전
- 동선과 이동의 용이함
- 공간의 융통성과 빈 공간
- 심미적 아름다움과 편안함
- 햇빛과 조명
- 관계의 공간과 사적 공간
- 보관 공간과 관리 체계

무엇보다 영유아교실의 환경이 그 속에 들어서는 사람들을 환영하는지, 아이들과 교사로 하여금 '이곳에 있고 싶다.'는 열망(Walsh, 2015)을 가지게 해주는지를 관찰하는 것이 중요하다. 더구나 영유아교실이라는 공간은 고정된 것이 아니라 시간의 흐름에 따라 아이들과 교사가 감각과 경험, 흥미와 관심사를 엮어가며 서로 연결시키고 새롭게 만들어내면서 지속적으로 변화시켜가는 곳이다. 따라서 기본적인 공간 배치뿐만 아니라 시간의 흐름에 따른 공간의 발견, 생성, 변화를 지켜보아야 한다. 영유아교실이라는 공간에서는 다양한 놀이와 배움이 동시적으로 이루어지면서 서로 영향을 주고받다. 캠핑놀이, 미장원놀이, 팽이놀이 등 이질적인 주제의 놀이들이 각각 공간을 차지하며 공존하기도 하고, 하나의 놀이가 여러 모양으로 나뉘고 변화하면서 이어지기도 한다. 관찰 중에 혹은 관찰기록을 되돌아보면서 공존하는 놀이 공간을 그림으로 시각화해보는 것도 도움이 된다.

또한 교실환경 속에서 아이들이 발견하거나 만들어내는 물질(재료, 인공물, 자연물, 재활용품 등)의 역할에 주목할 필요가 있다. 각각의 물질은 사용된 수량, 크기와 부피, 길이와 두께, 강도와 색, 채도와 명도, 원재료의 종류 등의 물리적 속성, 친숙성과 새로움, 복합성과 단순성, 흥미와 경험의 연계성 등에 따라 다채로운 탐색과 놀이, 배움을 이끌기 때문이다. 교사는 영유아들이 영유아교육기관에 존재하는 물질과의 만남을 통하여 무엇에 주목하는지, 구체적으로 어떤 특성에 관심을 가지고 탐색하는지, 세상을 이해해가는 동시에 창조하며 변화시켜 가는지(Lewin-Benham, 2011), 영유아들의 시선으로 함께 바라본다. 교실 속에서 영유아들이 어디에 위치하고 어떻게 이동하며 어떠한 놀이와 배움을 이어가는지 들여다보는 영유아교사는 교육적 환경을 관찰하고 새로운 시도를 하며 성찰하는 연구자이다.

3) 관찰의 단위 넘나들기

전통적인 발달심리학 연구는 일반적으로 개별 영유아나 환경적 요인에만 각각 초점을 맞추어 관찰하고 분석하는 한계를 가진다. 비고츠키Vygotsky는 개인과 사회문화적 환경이 서로 분리 불가능한 관계를 가지므로, 관찰 및 분석의 단위는 관찰하고자 하는 사건이나 현상의 본질적 의미를 잃지 않는 수준에 있어야 한다고 강조한 바 있다(Rogoff, 1995). 현상을 제대로 이해하기 위해서는 사람, 공간, 시간, 물질, 의미 등의 '얽힘'(Barad, 2007)을 관찰해야 한다.

특히 영유아교실에서 놀이기반 교육과정을 실행함에 있어서는 놀이와 배움이라는 사건(event)이 펼쳐지는 '관계'를 관찰의 단위로 삼을 때 개인의 고유한 기여와 사회적 상호작용, 공통의 교육적 경험뿐만 아니라 나아가 시공간 구성과 물질적 배치, 환경의 변화 과정이 어떻게 서로 얽혀서 펼쳐지는지를 다양하게 분석할 수 있다. 요컨대 관습적으로 교육과정 영역이나 발달 영역별로, 개별 영유아별로 나누어서 분절적으로 관찰해오던 방법만으로는 서로 얽힌 관계와 맥락, 시간을 넘나들며 변화하는 흐름의 강도를 파악하기 힘들다.

이는 개별 영유아의 고유성이나 변화에 대한 관찰이 필요하지 않다는 의미가 결코 아니다. 영유아교사는 영유아교육기관의 상황, 연중 시기, 영유아의 요구 등에 따라 개인 중심 관찰이 이루어져야 하는 경우를 판단하여 적절히 사용할 수 있어야 한다. 아울러 관계 중심의 관찰기록을 토대로 개별 영유아를 단위로 하여 분석하는 것이 가능하다는 사실도 다시금 강조한다. 지금까지 영유아교육에서 관계 중심의 관찰이 오랫동안 간과되어 왔기에 이에 대한 이론과 방법을 익히는 것이 절실히 요구된다. 관계 중심의 관찰은 놀이의 시작과 변화 과정뿐만 아니라 참여하는 영유아의 관심사와 의도, 주변에서 다른 놀이를 하는 영유아들과 주고받는 영향, 공간과 물질의 배치에 따른 반응과 재구성 등을 함께 볼 수 있기에, 교육적 활용이 다양하다.

종합하면, 영유아교사는 다양한 관찰 및 분석의 초점을 넘나들 수 있는 방법 및 절차를 이해하고 실천할 수 있어야 한다. 역동적이고 복잡한 영유아교실이라는 시공간에서는 관찰 및 분석의 단위를 유연하게 활용하는 것이 필요하다. 교사는 영유아교실이라는 사회적, 물리적 환경 속에서 놀이와 배움에 능동적으로 참여하면서 영유아, 영유아교육과정, 발달과 배움의 이론과 실천을 이어간다.

2. 관찰의 유형

일반적으로 관찰의 유형은 관찰하려는 장면이나 상황의 통제 여부에 따라 비구조적 관찰(혹은 자연적 관찰)과 구조적 관찰(혹은 통제된 관찰)로, 관찰자가 관찰 장면의 일부로 참여하느냐의 여부에 따라 참여 관찰과 비참여 관찰로 구분된다.

1) 비구조적 관찰과 구조적 관찰

(1) 비구조적(자연적) 관찰

비구조적 관찰(unstructured observation)은 의도적으로 통제되거나 조작되지 않은 자연스럽고 일상적인 상황에서 이루어지는 행동, 현상, 사건을 있는 그대로 관찰하는 유형이다. 이는 자연적 관찰(naturalistic observation)이라고도 불린다. 비구조적 관찰은 교육학이나 사회학 등 다양한 분야에서 복잡하고 역동적인 현상이나 사건을 이해하고자 할 때 활용된다.

비구조적 관찰은 탐색적 연구과정에서 많이 사용하며, 관찰자가 특정 현상에 대한 가설이나 이론을 발견하거나 형성하는 데 도움을 준다. 비구조적 관찰은 자연스럽게 일상적으로 이루어지는 다양한 현상을 특별한 제한 없이 관찰할 수 있기 때문에 관찰자가 예상하지 못한 행동, 현상, 사건을 발견할 수 있다는 장점이 있다. 또한 관찰자가 관심을 가진 상황의 전체 맥락을 깊이 있게 이해하고 역동적인 관계성과 변화를 찾아내는 데에도 유용하다. 계획 및 준비 과정에 시간이 소요되지 않는 것도 중요한 장점이다. 반면 우연적으로 이루어진 행동, 현상, 사건을 관찰한 자료들로부터 의미 있는 자료들을 선별하고 교차하여 다시 보면서 해석하는 데 시간과 노력이 요구된다는 단점이 있다.

영유아교육에서는 미리 예측하거나 조작할 수 없는 우연한 탐색과 상호작용, 놀이가 전개되므로 비구조적 관찰이 매우 유용하다. 즉 자연스럽게 이루어지는 비구조적 관찰은 놀이자료나 또래, 문화 행사, 자연 현상 등과의 만남이 촉발한 영유아들의 반응, 우연히 펼쳐지는 놀이와 배움의 사건이 가지는 맥락과 시간에 따른 변화 과정을 다각도로 살펴볼 수 있게 한다.

(2) 구조적(통제된) 관찰

구조적 관찰(structured observation)은 미리 설정해 놓은 특정한 상황에서 나타나는 구체적 행동에 초점을 두고 체계적으로 관찰하는 유형이다. 관찰하고자 하는 행동, 관찰할 시간과 공간 등의 관찰 장면, 관찰 내용을 기록하는 방법과 절차 등이 미리 구조화된다. 구조적 관찰은 통제적 관찰(controlled observation)이라고도 불린다. 심리학 실험에서 흔히 사용되는 유형으로, 마시멜로우 실험이나 애착 실험에서처럼 특정한 구체적 상황을 제시하고 영유아의 만족지연이나 애착 정도를 관찰하여 인과 관계나 상관관계를 설명하는 연구를 예로 들 수 있다.

구조적 관찰은 관찰의 목적과 무엇을 언제 어떻게 관찰할지의 방법 및 절차가 체계적으로 구체화될 수 있는 경우, 교사의 교육적 필요 혹은 학부모의 요구에 따라 영유아의 특정 행동이나 발달 정도를 파악하는 데 적절한 정보를 제공할 수 있다. 대개 교육과정 영역별 목표나 발달 영역별 과업의 달성 여부나 정도를 관찰의 내용으로 한다. 미리 계획된 절차에 따라 이루어지기 때문에 자료 수집 및 분석이 쉽고 효율적이다. 또한 일반적으로 수량화된 정보를 도출하여 엄밀성과 정확성을 인정받는다는 장점이 있다.

반면 통제된 상황이 아닌 자연스러운 사회문화적 맥락 속에서 우연적으로 이루어지는 행동, 사건, 현상을 관찰하기 어려운 단점이 있다. 또한 수량화된 정보는 피상적인 정보를 제공하는 데 제한되기 쉬우며 관찰한 행동, 사건, 현상의 관계나 이유 등에 대한 통찰을 제공하지 못한다. 영유아교사는 구조적 관찰과 비구조적 관찰을 필요에 따라 혼합하여 활용할 수 있다.

2) 참여 관찰과 비참여 관찰

(1) 참여 관찰

참여 관찰(participant observation)은 관찰자가 관찰 상황 속에 구성원으로 참여하여 함께 생활하면서 그 상황의 일부로서 관찰하는 유형이다. 일반적으로 참여 관찰은 비구조적 관찰의 형태로 이루어지며, 문화인류학을 비롯하여 질적 연구 방법을 활용하는 사회과학 연구에서 대표적으로 활용되는 관찰 유형이다. 관찰자가 관찰 상황에 참여하여 행동, 현상, 사건의 추이나 주변 상황 등을 맥락 속에서 지속적으로 살핌으로써 더 깊이 있고 폭넓게 이해할 수 있다는 장점을 가진다. 반면 관찰자의 참여로 인하여 놓치거나 보지 못하게 되는 부분이 생기며 관찰의 정확성에 대한 우려가 제기된다는 단점이 있다.

영유아교사들은 대부분 비구조적 관찰, 참여 관찰에 적합한 상황에 있으며, 놀이와 배움의 맥락과 상황, 변화 과정을 자연스럽게 이해하는 데 유능하다. 영유아교사는 교실과 놀이터에서 아이들과 함께 놀이와 배움에 참여하여 교육과정을 실행하는 역할을 수행하는 동시에, 놀이, 일상생활, 활동의 상황 속에서 의미 있고 적절하다고 판단되는 행동, 현상, 사건에 자연스럽게 주목하여 기록으로 남기고 이해해가는 관찰자로서의 역할을 동시에 수행한다.

(2) 비참여 관찰

비참여 관찰(non-participant observation)은 관찰자가 관찰하고자 하는 활동이나 현상에 참여하거나 개입하지 않고 물리적, 심리적 거리를 유지한 채 관찰하는 유형이다. 일반적으로 비참여 관찰은 구조적 관찰의 형태로 이루어지며, 실험심리학이나 아동학 등에서 양적 연구를 위하여 많이 활용해온 관찰 방법이다. 비참여 관찰은 관찰자가 관찰에 전념할 수 있고 계획에 따라 체계적으로 관찰하여 특정한 이론을 설명할 수 있는 장점이 있다(황해익, 최혜진, 권유선, 2020). 반면, 맥락이나 우연적 상황을 포착하기 힘들고, 관찰 시의 거리와 위치에 따라 관찰하고자 하는 행동이나 상호작용 등을 잘 보거나 들을 수 없다는 단점이 있다.

연구의 목적을 중시하는 대학부설 영유아교육기관에는 일방경(one-way mirror)을 통해서 영유아들을 관찰할 수 있는 작은 공간이 교실에 인접하여 마련되어 있는 경우도 있다. 교실 안에 성인 연구자가 들어갈 수 있는 크기의 관찰 상자를 두고서 작은 구멍을 통하여 아이들이 연구자를 의식하거나 상호작용하지 않은 채 영유아의 행동을 관찰하는 방법이 시도된 적도 있다고 한다(Lenz Taguchi, 2009/2018). 현대의 디지털 환경에서는 교실 내에 설치된 CCTV를 통하여 혹은 비디오카메라를 배치하여 비참여 관찰을 실시하기도 한다.

3) 영유아교육에서의 관찰

비구조적 관찰과 구조적 관찰, 참여 관찰과 비참여 관찰이 뚜렷하게 구분되는 경우도 있지만, 영유아교육의 현장에서 그 경계가 불분명하거나 서로 혼합되는 상황도 자주 있다. 또한 관점이나 이론에 따라 하나의 관찰기록 방법을 서로 다르게 바라보기도 한다. 예컨대 어떤 교재에서는 일화기록(법)을 영역별, 영유아별로 특정한 행동 등에 초점을 두는 구조적 관찰로 분류하는 반면, 어떤 교재에서는 우연히 이루어지는 행동이나 사건을 관찰하는 비구조적 관찰로 분류하기도 한다. 학자(예컨대 Marion, 2004)에 따라서는 미리 계획된(preplanned) 일화기록과 자연발생적(spontaneous) 일화기록을 구분하기도 한다.

따라서 관찰방법을 지나치게 형식적으로 범주화하는 작업은 위험할 수 있다. 이 책의 6장과 7장에서는 영유아교사들이 교육과정의 일부로서 활용하는 관찰을 '일상적 관찰'로, 구체적으로 계획되어 미리 구조화된 관찰을 '특별한 목적이 있는 관찰'로 제시한다. 영유아교사의 일상적 관찰은 우연히 이루어지는 놀이와 배움의 순간을 포착하게 되면서 자연스럽게 이루어지므로, 비구조적 관찰이 주를 이룬다. 또한 이러한 일상적 관찰은 영유아들과 놀이와 배움을 함께하는 상황 속에서 교육과정을 실행하면서 지속적으로 다양한 상호작용을 하면서 이루어지므로 대체로 참여관찰의 형식을 띤다. 그러나 놀이 및 활동이 영유아 중심으로 활발하게 이루어질 때에는 교사가 옆으로 비켜서서 직접 상호작용하거나 적극적으로 참여하지 않고서 비참여 관찰을 실시할 수 있게 된다.

학기 초 영유아의 전반적 이해를 위해서라든가, 적응이나 친구 관계 등에 어려움을 겪는 등 개별적으로 관심을 기울여야 하는 영유아의 구체적인 요구나 상황이 있을 경우는 특별한 목적이 있는 관찰을 일상적 관찰과 병행하여 실시할 수 있다. 미리 계획한 특별한 목적과 절차 및 방법을 가지고 이루어지는 관찰은 구조적 관찰, 비참여 관찰의 형식을 취하는 경우가 많다.

3. 관찰의 과정

관찰은 전반적으로 크게 계획하기, 관찰 및 기록하기, 정리하기, 분석 혹은 해석하기, 활용하기의 과정으로 이루어진다. 관찰의 목적이나 유형에 따라 세부적으로 차이가 있을 수 있다.

1) 관찰 계획하기

영유아교실에서 일상적으로 이루어지는 관찰과 특별한 목적이 있는 관찰의 계획은 그 구체성과 구조화 정도에서 차이가 있다. 일상적 관찰은 자연스럽게 이루어지는 영유아들의 삶, 놀이와 배움이라는 현상 혹은 사건을 관찰하므로 미리 상세하게 구조화하여 계획하지 않는다. 그렇다고 하여 일상적 관찰에 전혀 계획이 없다는 의미는 아니다. 구성원들이 관찰의 방향성을 협의하여 여유롭고 느슨하게 계획하되, 상황에 반응하며 계획을 변화시켜가는 유연성을 특징으로 한다. 즉 계획은 실천을 옭아매는 틀이 아니라 실천을 돕는 도구이며, 따라서 실천 속에서 변화시켜가는 것이 필요하고 바람직하다.

영유아교사들이 관찰의 목적과 방향성을 가늠하면서 다음과 같이 협의하고 계획할 수 있다.

- 우리는 궁극적으로 무엇을 위하여 관찰하고자 하는가? 우리는 어디로 나아가고자 하는가?
- 그 목적을 추구해가기 위한 관찰은 어떠해야 할까?
- 어떤 상황에서 어떤 관찰기록방법이 유용할까?
- 관찰 과정에 어떻게 영유아를 참여시킬 수 있을까?
- 어떻게 학부모와 소통하고 협력할 수 있을까? 학부모의 참여가 가능할까?
- 언제 어떻게 교사들이 관찰기록의 의미에 대한 대화를 나눌 수 있을까?

영유아들의 고유성과 변화, 서로 얽혀 이루어지는 놀이와 배움, 유능한 영유아의 현재 모습과 함께 추구하여 지속적으로 되어갈 미래의 모습을 이야기 나누면서 영유아교육을 위한 관찰의 역할과 방법에 대하여 구성원들이 협의하는 과정이 중요하다. 국가수준 영유아교육과정이나 표준보육과정에 대한 이해를 바탕으로 기관별로, 혹은 학급별로 관찰에서 무엇에 주목할 것인지, 어떻게 기록할지, 어떻게 해석하고 활용할지 등에 대한 개괄적 구상이 이루어질 수 있다. 예컨대 놀이와 배움에 주목하여 교육계획안이나 보육일지에 통합하여 기록하는 방안, 교사의 필요에 따라 별도의 자율적인 관찰기록지나 교사 저널을 활용하는 등의 계획을 세울 수 있다. 무엇보다 이러한 관찰 계획은 실제 상황을 반영하여 유연하게 변화할 수 있어야 한다.

반면, 특별한 목적을 위하여 무엇을 관찰할지가 분명한 경우, 관찰 목적, 관찰 대상 및 관찰할 행동, 관찰 장면, 관찰 행동의 기록방법, 매체활용 여부 등을 상세하게 계획한다.

- **관찰 목적의 설정:** 체계적으로 구조화된 관찰계획을 수립하기 위해서는 무엇보다 어떤 목적으로 관찰할지를 명확하게 정해야 한다. 예컨대 특정 교육목표나 발달과업의 달성 여부를 점검하는 것이 목적인지, 특별한 요구나 어려움을 가진 영유아를 선별하는 것이 목적인지, 구체적 지원방안에 따른 영유아의 변화 양상을 파악하는 것이 목적인지 등을 정한다.
- **관찰 대상 및 행동의 정의:** 누구의 어떤 행동을 관찰할지 구체화한다. 목적에 따라 관찰하고자 하는 행동의 조작적 정의가 이루어진다. 예컨대 놀이 발달을 인지적 수준에서는 기능놀이, 구성놀이, 극놀이, 규칙이 있는 게임으로, 사회적 수준에서는 단독놀이, 병행놀이, 집단놀이로 나누고, 각각의 유형을 어떻게 조작적으로 정의할지를 결정한다.
- **관찰 장면의 선정:** 조작적으로 정의한 행동을 보기 위하여 언제 어디에서 어떤 간격으로 관찰할지 등을 계획한다. 예컨대 관찰자가 자유놀이 시간에 교실 안의 역할놀이가 주로 이루어지는 공간에서 혹은 일방경 너머에서 개입하지 않은 채 남아 3명, 여아 3명씩을 정하여 역할놀이의 가상성이나 수용언어/표현언어, 사회적 관계 등 목적으로 삼아 조작적으로 정의한 행동을 관찰하는 등의 계획을 세울 수 있다.

- **관찰 행동의 기록방법 선정:** 구조적 관찰에서는 관찰한 것을 어떻게 기록할지를 미리 구체적으로 정한다. 서술형으로 기록할지 약호형으로 기록할지, 빈도를 기록할지, 평정 점수를 부여할지 등을 정하고 기록방법에 적합한 양식을 선택하거나 기존 양식을 수정하는 방안을 계획한다. 관찰기록방법에 따라서 관찰결과를 분석하는 방법도 연동되어 정해진다.
- **매체활용 여부의 결정:** 미처 놓칠 수 있는 행동을 관찰하기 위하여 매체를 활용할지의 여부를 결정하는 것도 필요하다. 움직임과 변화를 볼 수 있도록 카메라, 녹음기, 비디오 등의 매체를 활용할 수 있다. 보관과 공유가 가능한 매체에 담긴 관찰기록을 여러 명이 관찰하여 관찰자 간 일치도를 구하여 신뢰도를 높일지의 여부를 계획하기도 한다.

2) 관찰 및 기록하기

관찰 계획 시에 기록방법이나 매체활용 여부 등이 미리 정해지는 경우에는 구체적 계획에 기초하여 관찰 및 기록이 그대로 이루어진다. 예컨대 행동목록법, 평정척도법, 시간표집법, 사건표집법 등에 따라 적절한 형식에 맞추어 기록양식을 개발 혹은 수정하여 관찰기록에 적용한다.

반면 일상적 관찰은 영유아의 놀이, 일상생활, 활동 속에서 발현하는 의미 있는 행동, 사건, 현상에 교사가 '주목하기(noticing)'로부터 시작된다. 아래에 제시된 한 선생님이 들려주는 이야기에서처럼 영유아교사들이 무엇에 주목하는가는 교사의 경험과 신념, 교실의 상황, 영유아들의 반응에 따라 다양할 것이다.

선생님이 들려주는 이야기: 교사는 무엇에 주목하는가?

최경화 선생님은 영유아들을 관찰할 때 자신이 무엇에 주목하고 기록으로 남기는지를 다음과 같이 소개하고 있다.

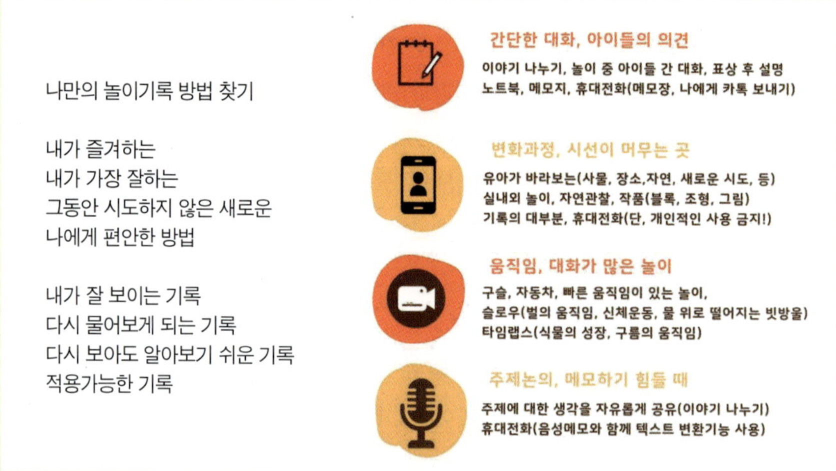

즉 아이들의 목소리에 귀 기울여 대화나 의견을 기록하고, 변화가 관찰되는 순간, 아이들의 시선이 머무는 곳, 움직임과 대화가 많은 놀이, 아이들이 주제를 논의하면서 아이디어와 활발한 토론이 이루어질 때에 주목한다. 그리고 자신만의 방법을 찾아 자신에게 편안하면서도 새롭고, 놀이가 잘 보이고 다시 돌아보고 싶게 만들고 알아보기 쉬우면서 적용 가능한 기록을 실천하고 있다. 영유아교사들이 무엇에 주목하여 관찰하고 기록하는지에 대한 다양한 연구가 이루어진다면 도움이 될 것이다.

더구나 정해진 기간 동안 낯선 영유아교실을 방문하여 관찰을 실습하는 예비교사의 경우 무엇을 관찰할지에 대한 두려움과 어려움이 더욱 클 수 있다. 아래와 같이 관찰 경험을 되돌아본 학부생의 이야기가 도움이 되기를 바란다.

> 유아들의 복잡하고 역동적인 놀이 속에서 어떤 점을 주목하여 관찰할지가 무척이나 어려웠다. 그래서 보이고 들리는 유아들의 말과 행동을 모두 기록하려 노력했고, 모두 받아 적어야 한다는 부담감을 가지고 있었다. 또한 지금 내가 기록하는 것들이 의미가 있는 것인지에 대한 고민이 많이 되었다. 지금 기록하는 아이들의 놀이가 그저 스쳐 지나가는 놀이는 아닐지, 이 놀이를 기록하고 평가하는 의미가 있을지, 도움이 될지 했던 마음이 컸던 것

> 같다. 놀이를 관찰하고 평가한다는 것이 얼마나 어려운 일인지를 깨달을 수 있었던 순간이다. 그렇지만 관찰과 평가가 어려운 일인 동시에 얼마나 중요하고, 즐거운 일인지도 깨달을 수 있었다. 관찰의 둘째 날부터는 유아들의 모든 말과 행동을 받아 적겠다는 마음을 내려놓고 유아들의 놀이에 함께 참여하면서 키워드를 중심으로 기록했다. 앞선 관찰에서는 놀이 속에서 의미 있는 배움을 찾겠다는 생각만으로 관찰했기 때문에, 놀이를 바라보는 시선에 고정관념이 있었고 부담감이 가득했었다. 그렇지만 이런 부담감을 내려놓고 관찰했을 때, 비로소 기록의 즐거움을 느낄 수 있었고, 놀이 속에서 반짝이는 의미들을 찾아낼 수 있었다. 또한 즐거운 과정에서 이루어진 기록을 반복해서 보면 볼수록 새로운 의미를 발견할 수 있었다. 관찰과 평가의 경험은 유아뿐만 아니라 나에게도 소중한 보물이 되었다.

교사가 아이들과의 일상 속에서 주목하여 포착한 행동, 사건, 현상에 대한 관찰은 6장을 살펴보면 알 수 있듯이 영유아교실과 놀이터, 현장학습지 등에서 대체로 서술식으로 이루어지거나 디지털 기기를 활용하여 기록된다. 교사가 관찰하는 모든 것이 기록으로 옮겨지지는 않으며, 교육과정의 실행 과정 중에 이루어지는 교육적 판단에 따라 기록된다. 현장에서 미처 기록하지 못했던 것의 중요성을 이후에 발견하게 되면 기억에 기초하여 기록으로 옮기는 것도 가능하다.

이때 교사가 선호하는 기록방식이나 직무환경, 상호작용 유형 등에 따라 관찰 장면에서 주요한 대화나 키워드를 적기에 편한 접착식 메모지, 작은 수첩, A5 사이즈의 리갈패드 등을 활용한 1차 기록지와 이후에 보다 구체적인 상황, 맥락이나 당시 교사의 생각이나 느낌, 질문 등을 보완하여 정리하는 2차 기록지 양식을 구분하는 것도 도움이 될 수 있다. 접착식 메모지나 리갈패드 등에 1차로 기록한 것을 관찰기록지 양식에 그대로 붙일 수도 있다. 디지털 기기를 활용하여 핸드폰의 메모장 혹은 음성녹음 텍스트변환 기능 등으로 1차 기록을 하기도 한다. 교사의 평소 기록스타일에 따라 구성한 기록지 자체에 처음부터 기록하고 시간이 나는 대로 기록을 보완하거나(다른 색의 필기구 사용도 가능), 이후 놀이와 배움에 대한 해석, 흐름, 지원방안 등을 담을 수도 있다.

교사의 관찰기록 양식은 교육적 신념과 현장실천에 적합하면서 스스로 즐겁게 기록하고 싶은 마음이 들도록 구성되어야 한다. 이를 위하여 먼저 교사가 평소 자신의 일상적 기록을 어떤 식으로 하는지를 되돌아보는 것이 필요하다. 기록방법으로 사진이나 동영상을 선호하는지, 키워드나 해시태그 등의 간단하고 선명한 기록이 더 와닿는지, 대화를 중심으로 기록해둘 때 기억이 더 잘 떠오르는지, 표로 된 형식을 좋아하는지 자유롭게 열린 구성을 선호하는지를 살펴본다. 기록지의 크기와 구성, 항목을 표현하는 어휘 등을 자신만의 스타일에 맞게 개발하고, 필요에 따라 수정해가거나 혹은 다양한 양식을 함께 사용할 수도 있다.

최종 관찰기록지에는 관찰 일자와 장소, 관찰한 영유아들의 이름, 관찰 내용, 교사의 해석, 고민, 궁금증, 가능한 지원 방안 등이 포함될 수 있으며, 다시 보면서 기록이나 해석을 보완할 수 있는 칸이나 자유롭게 기록할 수 있는 공간을 둘 수도 있다. 기관에서 일일 교육계획안이나 보육일지를 작성한다면, 교육계획안이나 보육일지 자체가 관찰기록지 기능을 함께할 수 있게 구성할 수 있다. 반면 여기에는 관찰했던 주요 내용을 간단히 작성하고, 더 자세한 기록이 필요한 경우 별도의 관찰기록지에 작성하여 첨부할 수 있다. 이러한 관찰기록을 토대로 가정에 정기적으로 보내는 놀이 소개나 교사저널 등을 작성하게 된다.

영유아의 디지털 기기 친숙도와 요구 등에 따라 관찰기록의 과정에 영유아들을 능동적으로 참여하도록 하는 방안도 적극 고려해본다. 자신이나 친구들의 놀이, 일상생활, 활동에서 아이들이 주목하는 대상, 중요하게 생각하는 과정이나 결과물 등을 사진이나 동영상으로 촬영하는 것 자체가 아이들에게 의미 있는 배움과 소통의 기회가 될 수 있다. 유치원이나 어린이집에서 이루어진 놀이와 배움이 가정에서 어떻게 연계되는지를 살펴보기 위하여 학부모들이 관찰기록의 과정에 참여하는 방안도 필요에 따라 적절히 활용한다.

3) 관찰기록 정리하기

관찰은 바쁜 일상 속에서 기록하기 힘든 날도 있지만 하루에도 여러 개의 관찰기록이 누적될 수도 있다. 따라서 누적된 기록들을 교사가 효율적으로 처리하고 의미 있게 해석할 수 있는 규모로 줄이는 과정이 실제적으로 필요하며 중요하다.

관찰의 과정에서 정리하기의 중요성이 간과되는 경우가 있다. 그러나 모든 관찰기록이 해석이나 활용으로 이어질 수는 없으며, 관찰기록을 정리하고 보관하는 과정이 필요하다. 이렇게 관찰기록을 필터링하는 과정에서 교육적 판단과 의사결정이 자연스럽게 이루어진다.

즉 영유아들과 놀이, 일상생활, 활동을 함께 하면서 수시로 관찰한 기록을 정기적으로 검토하여 선별하고 정리함으로써 놀이와 배움, 영유아의 고유성과 변화 등을 이해하는 데 필요한 정보를 얻을 수 있다. 특히 디지털로 기록된 사진이나 동영상의 경우 정리해두지 않고 쌓아두게 되면 과도하게 많아져 관찰한 순간에 포착했던 의미를 놓치게 되기 쉽다. 매일 아이들의 하원 이후 혹은 일주일에 한 번씩 등 정기적으로 관찰기록 자료들을 훑어보면서 정리하는 일은 얼핏 사소한 듯 보이지만 실로 중요한 역할을 한다.

놀이주제나 주요 행사(현장견학, 소풍 등)별로, 혹은 교사에게 의미 있는 여타 방식으로 폴더를 만들어 정리할 수 있다. 디지털화되어 있지 않은 메모 등의 관찰기록은 놀이주제별로 혹은 시기별로 각기 다른 바인더나 폴더 등을 활용하여 정리한다. 또한 수기기록을 사진으로 찍거나 컴퓨터 문서작업으로 디지털화하여 정리할 수 있다. 다양한 구조화된 초점이 정해져있는 관찰기록의 경우 영유아별로 정리해두는 것이 도움이 된다.

컴퓨터 활용에 익숙하다면 놀이기록을 지원하는 컴퓨터 프로그램(「관찰을 담다」, 육아정책연구소 i-누리 포털사이트 배움누리 중 '유아관찰기록' 참조)이나 공유와 협업이 가능한 온라인 애플리케이션(Notion, Padlet 등)을 활용하는 것도 도움이 될 것이다. 교사의 판단과 의사결정에 따라서 관찰기록을 선별하여 정리해두되, 나머지 관찰기록도 별도로 보관함으로써 이후에 다시 검토하여 연관성, 패턴, 변화의 흐름 등을 발견할 수 있도록 한다.

사례: 관찰기록 정리하기

다음은 대구광역시유아교육진흥원(2020)의 「유아 · 놀이 중심 교육과정 놀이운영 사례집: 함께 살며, 놀이하며, 배우다」에서 유치원 선생님들과의 면담 등을 토대로 사진을 정리하는 방법을 소개한 것이다.

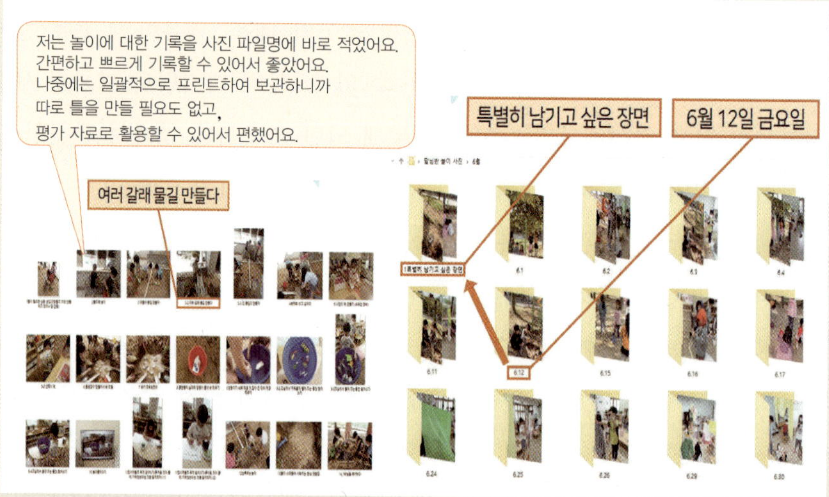

왼쪽은 사진 파일명을 나 유아의 표현 등의 키워드로 작성하는 방법이다. 이러한 사진들을 함께 프린트하면 별도의 도구나 틀이 없이 그 자체로 놀이의 흐름을 파악할 수 있는 유용한 관찰기록이 되며 평가 자료로도 활용할 수 있다. 오른쪽은 폴더 이름을 관찰 날짜로 기록하되, 한 달에 한 번씩, 그 달에 관찰한 중요한 순간들을 담은 사진들을 복사하여 '특별히 남기고 싶은 장면'이라는 폴더에 별도로 보관한 경우이다.

10장의 강보배 선생님은 사진을 정리하는 방법을 실험하며 자신만의 방법을 찾아갔다.

2020년 사진 폴더 조직화
(날짜를 중심으로)

2021년 사진 폴더 조직화
(대표적인 사건과 제목을 중심으로)

최경화 선생님도 이러한 도전과 변화를 거쳐 관찰기록, 일지, 사진을 찾아보기 쉽도록 정리한다(11장 참조). 두 선생님 모두 폴더 이름에 날짜와 함께 놀이의 주제나 관심사를 바로 기록하는 방식으로 한눈에 보기 쉽게 정리한 것을 볼 수 있다.

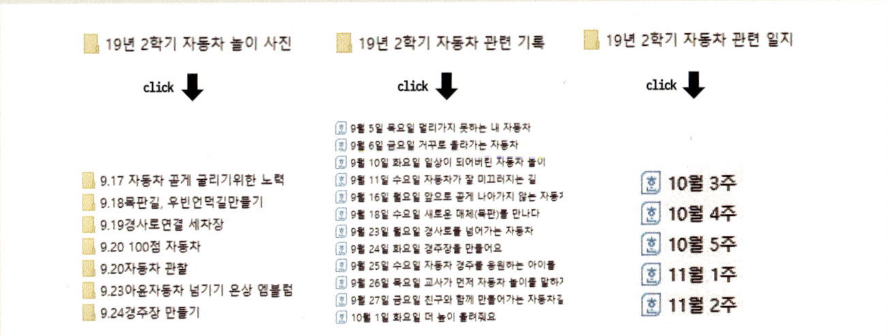

4) 관찰기록 해석하기

영유아교사가 정리한 관찰기록 자료들로부터 의미를 읽어내는 과정이 가장 어려울 수 있다. 구조적 관찰에 기초한 자료의 경우에는 일반적으로 관찰하고자 한 행동의 빈도나 평정점수, 변화 경향 등을 양적으로 분석한다. 교육과정 목표나 발달 지표 등의 준거(criterion)와 비교하거나, 연령별 평균과 표준편차가 제공되어 있는 경우 규준(norm)과 비교하거나 혹은 학습자 자신의 변화를 기준으로 자기참조적(ipsative) 비교가 이루어지기도 한다. 반면에 개방적인 일상적 관찰기록의 경우 영유아교사의 해석, 읽어내는 놀이와 배움의 의미는 언제나 잠정적이고 불완전하다. 질적인 관찰기록을 다시 보면서 곰곰이 생각해보고 또 함께 보면서 열린 대화를 통하여 새롭고 다양한 관점을 아우르며 의미를 발견해가는 과정이 중요하다.

(1) 관찰기록 다시 보기

관찰기록의 의미를 해석하는 것은 교사의 경험과 교육적 가치, 다학제적 접근, 교육과정에 대한 이해를 바탕으로 교육과정 실행을 위한 지혜와 용기가 필요한 과정이다. 영유아교사는 관찰기록을 다시 보면서 관찰 당시 교사의 시선에서 즉각적으로 분석하고 판단했던 것을 넘어서서 영유아의 놀이와 배움이 가진 의미를 실제 맥락 속에서, 영유아의 시선으로 읽어내고자 한다. 따라서 관찰기록 다시 보기는 영유아의 경험을 '재방문(revisit)'하는 과정으로, 함께 만들어가는 교육과정 실행에 필요불가결한 한 부분이다. 시간의 흐름에 따라 자연스럽게 누적된 일련의 관찰기록들을 서로 연계하여 다시 보면서, 처음에 보지 못했던 것을 발견하기도 하고, 나아가 눈으로는 볼 수 없는 것을 사유하고 성찰하게 된다(Walsh, 2015). 무수한 점들 속에서 반짝이는 점들을 이어 이리저리 선을 그어보며 놀이와 배움의 흐름과 가치를 발견하는 것은 교사에게 기쁨과 보람을 준다.

교사는 관찰기록 다시 보기를 통하여 누가 누구와 무엇을 하고 있는지, 아이들은 무엇에 흥미를 느끼고 있으며 어떤 경험이나 감각이 영향을 주고 있는지, 이 관찰 장면에 얽혀있는 물질, 시간, 공간 등은 어떻게 배치되어 있는지, 아이들은 더 즐겁고 도전적인 놀이를 만들어가기 위하여 무엇을 하려고 하며 무엇을 필요로 하는지, 어떤 새로운 배치(놀이 자료, 시간, 공간, 경험 연계 등)를 시도하면 놀이가 더 풍부해질지, 이러한 교사의 해석에는 어떤 경험이나 관점이 얽혀있는지 등을 곰곰이 생각하게 된다. 관찰기록에 담긴 고유한 상황과 맥락 속에서 아이들의 과거, 현재, 미래 그리고 교사의 과거, 현재, 미래가 함께 만나기 때문이다.

또한 기록 속에서 관찰 당시에는 미처 주목하지 못하였던 새로운 측면이 발견된다면 이에 주목하여 영유아들과 관심사, 의도 등에 대하여 함께 이야기를 나누거나 더 세밀하게 관찰하며 지원하는 과정이 이어진다. 이러한 과정을 통하여 교사는 영유아들이 세상과 만나 적극적으로 탐색하고 다양하게 표현하며 재구성해가는 과정을 담은 관찰기록 속에서 가치와 의미를 발견하는 동시에 교사의 교육적 지원이 영유아들의 관심사와 의도에 적절하였는지에 대하여 끊임없이 고민하는 것이다. 교사의 교육적 판단이 관찰기록 다시 읽기와 교육과정 실행 과정 속에서 유기적으로 조정된다.

관찰기록 다시 보기는 관계 속에서 아이들마다의 고유한 경험과 표현, 흥미와 노력, 배움에의 성향 등을 파악하게 해준다. 영유아의 고유한 특성에 대하여 교사가 가졌던 잠정적인 가설들을 수정해가며 영유아의 성장과 변화를 이해하게 된다. 2장에서 소개한 '존중(respect)'이라는 단어의 어원이 거듭 다시 보면서 진정으로 이해해가는 과정을 뜻하듯이, 관찰기록 다시 보기를 통하여 영유아의 긍정적 잠재성과 가능성을 거듭 발견하면서 지원해 줄 수 있다. 눈에 보이는 행동 이면에 담긴 영유아의 의도와 목적 등을 읽고자 노력하는 동시에 교사의 잠정적 해석이 가지는 한계와 오류 가능성을 겸허하게 받아들이는 것은 곧 아동존중 정신의 실천이다.

교육과정 운영 및 영유아 이해를 위하여 관찰기록을 다시 보는 과정에서 관찰한 현상 자체와 맥락에 먼저 주목하고 영유아가 어떻게 참여하고 서로 영향을 주고받으면서 배움을 구성해 가는지를 살펴보는 것이 깊이 있는 해석에 도움을 준다는 점을 다시 강조해둔다. 관찰 순간에 그 장면에 주목하게 된 이유, 당시의 생각이나 감정을 간단하게 기록해두는 것이 도움이 된다. 관찰할 때 가능한 고정관념이나 편견을 개입하지 않고 있는 그대로의 현상에 주목하는 것이 중요하지만, 관찰은 항상 주관적 선택과 주의집중의 과정이기 때문에 이러한 주관성의 근거나 배경을 되돌아보면서 다르게 해석해 볼 수 있는 가능성에 열려있는 마음이 필요하다.

(2) 관찰기록 함께 보기

관찰한 바를 기록으로 남기는 사회적 행위는 대화와 소통을 촉진한다(Ferraris, 2013). 교사의 관찰기록 자료의 일부를 공유하여 다른 사람들과 '함께 보기'를 실시함으로써 맥락에 대한 이해나 해석의 폭과 깊이가 풍부해진다. 관찰기록의 의미를 함께 읽어내는 과정에는 구성원들의 상호 신뢰와 능동적 참여가 필요하다.

아동관찰은 결코 홀로 걷는 외로운 일이 아니라 구성원들이 같이 대화하고 고민하며 교육과정을 공동으로 실행해가는 교사의 여정에 동반자 역할을 한다.

먼저 영유아들과의 관찰기록 함께 보기는 교사로 하여금 아이들의 의도와 관심사를 확인하거나 새롭게 파악할 수 있게 해준다. 교사가 영유아를 관찰할 때 알 수 없던 측면, 예컨대 이전 경험이나 행동의 의도, 이유 등에 대하여 영유아들에게 물어보는 과정은 교사의 해석을 돕는다. 또한 영유아들은 사진 등의 관찰기록을 함께 보면서 자신들의 놀이와 배움을 되돌아보고 더 재미있고 신나는 놀이와 배움을 위한 재료나 시공간 등을 요청할 수 있다.

학부모와의 관찰기록 함께 보기가 이루어질 때, 영유아교육의 '소비자'가 아니라 진정한 교육적 동반자로서의 관계를 만들어가는 여정이 가능해진다. 관찰기록의 공유를 통하여 영유아들의 놀이와 배움을 가시화함으로써 학부모와 교사는 아이들을 더 깊이 있게 이해하게 되고 비전이나 가치를 공유하면서 다양한 아이디어들을 생성할 수 있다. 학부모들이 영유아교육기관에서 관찰이 가지는 중요성과 과정 등을 이해함으로써 교사의 관찰기록에 들어가는 노력과 시간에 감사해하기도 하고 서로 신뢰하며 협력하는 관계가 가능해진다.

특히 유치원이나 어린이집의 교육철학, 문화와 역사를 공유하는 동료교사들과 관찰기록을 함께 보는 시간은 다양하고 깊이 있는 해석의 문을 열어준다. 정기적인 전체 교사협의회 시간 혹은 소규모로 이루어지는 전문적 학습공동체를 활용하여, 영유아들의 놀이와 배움에 관한 관찰기록을 함께 보면서 의미를 다각도로 해석해보고 지원방안에 대한 협의를 할 수 있다. 또한 교사들이 각자의 경험과 관점을 교류함으로써 정서적 교감과 상호지지도 이루어지게 된다.

이러한 관찰의 과정을 다시 살펴보면, 영유아의 놀이와 배움에서 교사가 주목하여 관찰한 것이 모두 기록으로 남는 것은 아니다. 기록으로 남은 것이 모두 활용되는 것도 아니다. 영유아교실에서 이루어지는 수많은 상시적 관찰에서 교사가 중요하다고 판단하여 주목한 관찰 내용이 기록되고, 이는 다시 정리하기의 과정에서 선별된다. 정리된 관찰기록을 거듭 다시 보고 다른 사람들과 함께 보는 과정을 거치면서 관찰한 현상의 의미와 가치가 점점 더 드러난다. 이어지고 끊어지고 다시 이어지는 놀이와 배움, 흥미와 문제구성 등의 흐름을 살펴보면서 해석을 다듬으면서 관찰현상의 관계성과 역동성을 더욱 폭 넓고 깊이 있게 이해하게 된다.

5) 관찰기록 활용하기: 교육실천 이어가기

관찰하기, 기록하기, 정리하기, 다시 보기, 함께 보기를 이어가며 영유아교사들이 포착한 놀이와 배움의 의미는 자연스럽게 유능한 영유아에 대한 이해, 함께 만들어가는 교육과정의 운영, 영유아교육을 실험하며 변화시켜가는 연구에 활용된다. 최근 영유아의 놀이와 일상생활, 활동을 관찰하여 배움의 의미를 자신의 언어로 풀어낸 현장 사례들이 활발하게 생성, 공유되고 있다. 관찰결과의 활용은 제3부: 관찰 및 행동연구의 활용과 제4부: 교육과정 속 관찰 및 행동연구의 실제에서 더 구체적으로 살펴본다.

여기에서는 관찰은 요식적이고 의례적인 서류작업으로 남기기 위한 것이 아니라 실제로 의미 있는 교육실천에 중요하고 유기적인 한 부분임을 강조해두고자 한다. 관찰에 기초하여 영유아들의 진지한 흥미와 관심사, 세상에 대한 가설, 문제의 구성과 시행착오, 다양한 시도와 해결의 과정 등을 이해한 것이 교육과정 실행으로 연계될 때 진정한 학습자 중심 교육실천이 가능하다. 관찰에 따라 아이들의 시선이 어디로 향해 있으며 어떤 질문을 던지고 있는지, 무엇을 새롭게 시도하고 있는지를 파악함으로써 놀이와 배움을 더욱 풍부해질 수 있는 환경 구성, 놀이자료의 배치, 이야기 나누기, 지역사회로의 현장 학습이나 전문가 초청 등이 적절하게 이루어질 수 있다. 관찰은 교육실천을 위하여 활용될 때 의미를 가지는 것이다.

사례: 관찰기록을 활용하여 교육실천 이어가기

윤진주 선생님은 만 3세 학급으로 올라오면서 아이들이 승용차, 경찰차, 소방차, 스포츠카 등 다양한 교통수단 장난감들에 매혹되어 교실 곳곳에서 자동차놀이를 하다가 자연스럽게 주차장을 만드는 모습을 보았다. 그러던 어느 날 "어? 그런데 내가 본 주차장은 이런 모양이 아니야! 주차장이 왜 삐뚤어? 우리집 주차장은 이렇게 안 생겼어!"라고 말하는 한 유아의 목소리에 귀 기울이게 된다.

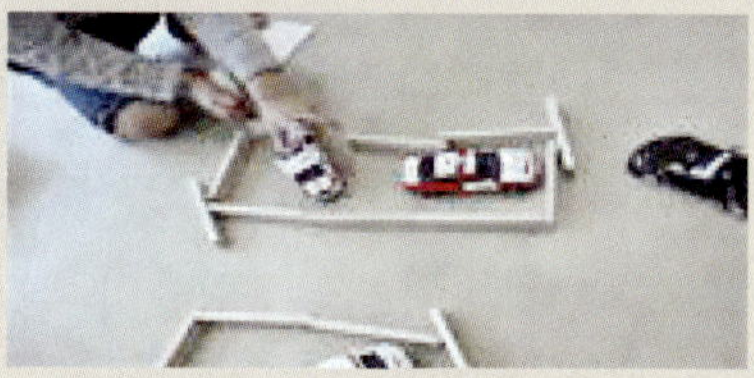

아이들이 만든 주차장을 자세히 들여다보니 오각형 모양인 것도 있고 각 칸의 크기가 달랐다. 모두 떨어져 교실 곳곳에 흩어져 있기도 했고 한 개의 주차선 안에는 2대의 차가 주차되어 있기도 하다는 사실을 발견하게 되었다.

이 순간의 관찰은 주차장에 나가서 아이들이 직접 주차 선을 따라 걸어보기도 하고 주차 칸을 실로 재어보기도 하는 경험으로 연계된다. 아이들의 관찰은 카프라 블록으로 장난감 자동차 크기에 맞는 주차장 만들기, 2층 주차장 만들기, 흰색 테이프로 바퀴를 안 들고 지나갈 수 있는 납작한 주차선 만들기 등으로 이어져가며 아이들의 경험을 재구성하고 확장하였다.

몇 달 동안 이어진 자동차놀이를 윤진주 선생님은 다음과 같이 돌아보며 해석하였다.

> 놀이는 언제나 표현하는 것이기 때문에 생활을 표현하는 것 자체에서 그 즐거움을 발견할 수 있다. 어른들의 자동차 생활을 표현하는 아이들의 자동차 놀이가 그런 예이다.
>
> 우리 아이들은 놀이 속이든, 생활 속이든 늘 자동차와 함께한다. 주차장, 도로, 횡단보도, 신호등, 표지판…. 놀이 속에서 발견한 문제점들을 친구들과 함께 고민하는 경험을 통해 나의 생활을 구체적으로 반영한 놀이는 아이들에게 더욱 의미 있고, 흥미로운 놀이가 되었다.

관찰기록 자료들 속에서 빛나는 순간, 아이들의 흥미와 관심사, 반복되며 강해지는 놀이의 힘, 함께 얽혀 더욱 유능해지는 역량들을 이해하며 교육과정을 공동구성해나가는 과정이 중요하다. 아이들의 세상과의 새로운 만남, 놀이를 통한 문화의 전유와 창조, 함께하는 배움에 같이 참여하면서 아이들의 생각, 가설, 느낌 등을 궁금해하고 질문하고 대화하며 배움의 가치를 찾아가는 여정 자체가 곧 배움이기 때문이다. 영유아 삶 속에서의 경험, 현재의 관심사, 가고자 하는 방향 등을 이해하고자 노력하는 관찰은 교사의 신념과 고민, 생각과 느낌, 교육적 가치와 상상력을 녹여내어 실천해가는 과정 속에서 뫼비우스의 띠처럼 연결되어 있다. 영유아교육에서 관찰과 실천이 유연하고 순환적으로 이어지면서 아이들의 삶과 앎에 대한 지지와 지원에 기여한다.

토론거리

1. 영유아교실에서 관찰자로서 무엇에, 어떤 순간에 특히 주목하는지 이야기 나누어보자. 관찰에서 이러한 '주목하기'가 교사의 경험, 가치관, 교육적 신념을 반영하는지 생각해보자.
2. 바쁜 영유아교육 현장에서 기록 함께 보기가 가능할까? 하나의 관찰기록(사진이나 메모 등)을 조원들과 함께 보면서 각자의 해석을 나누어보자. 이러한 해석에 어떤 이론, 개념, 경험, 가치, 감정 등이 반영되어 있는지, 다양한 해석이 어떤 도움을 주는지 토론해보자.

활동 1: 놀이의 공간과 동선 그려보기

영유아 및 놀이들 사이의 관계를 관찰하기 위하여 교실의 기본 배치를 그리고서 놀이 공간들과 주요 동선을 그려볼 수 있다. 이진희, 장윤미(2022)는 관찰자의 방문으로 스카프라는 물질을 새롭게 발견한 4, 5세 유아들이 유령의 집, 샤워, 비, 공룡, 펭귄 얼음집 등으로 다양하게 놀이를 펼쳐가는 과정을 다음의 그림으로 시각화를 시도하였다.

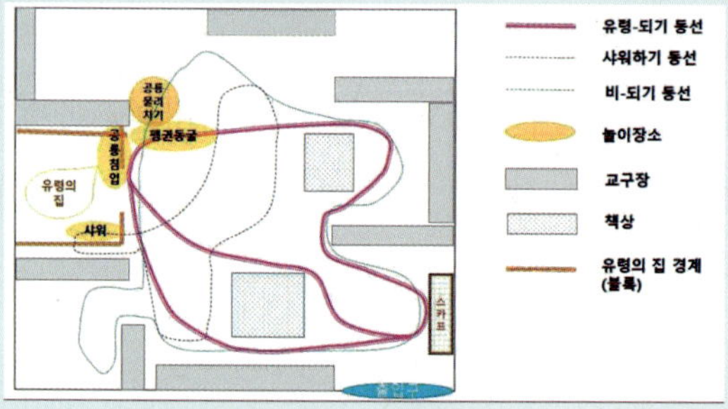

출처: 이진희, 장윤미(2022). 철학 이론을 회절하며 유아놀이 관찰 데이터 읽기: 스카프와의 마주침. p. 55.

20분가량 영유아교실에서 이루어지는 놀이를 관찰하고(동영상으로 촬영하여 되돌려보는 것도 좋다) 놀이 공간과 동선을 그려보자. 지속적 시간 속에서 끊임없이 만들어지고 사라지기도 하고 연결되기도 하는 놀이들의 공간과 동선을 한 장면으로 표현하기는 상당히 어렵다. 그렇지만 관찰자가 주목했던 놀이들을 이어서 그 흐름을 하나의 지도로 그려보자.

이렇게 환경을 시각화해보는 것은 놀이와 배움을 이해하는 데 어떤 도움이 될 수 있을까? 아이들의 흥미와 관심사, 활용하는 놀이자료, 놀이들이 서로 만나고 나뉘는 지점 등을 볼 수 있었는가? 무엇을 더하여 보완할 수 있을까?

활동 2: 관찰과 분석의 단위 넘나들기

다음은 만 5세 교실에서 두 달 정도 이루어진 여러 가게 놀이 중 낚시 체험장 놀이의 사진이다. 다섯 명의 아이 중 파란색 옷을 입고 앉아있는 남아가 주인이다. 이 남아가 "낚시 체험장으로 오세요, 한판에 이천 원, 세 판에 오천 원! 큰 거 잡으면 보너스!"를 외치며 낚시 체험장 놀이를 생성시키자, 몇몇 친구들이 관심을 보이며 다가오고 있는 장면을 담임교사가 찍은 사진이다.

1. 무엇을 관찰할 것인가? 내가 이 장면에 있다면 무엇에 주목하여 관찰하고 기록으로 남겼을지 생각해보자. 학급교사로서 지금 이 장면을 관찰할 때 개별 영유아를 중심으로 관찰할 것인가, 혹은 관계 중심으로 관찰할 것인가? 어떨 때 그 관찰 단위를 선택하겠는가?

하루에 몇 명씩 언어발달이나 사회성 등을 정해두고 개인 중심의 관찰을 한다면, 아마도 새로운 놀이를 만들어 낚시에 필요한 물건을 파는 파란 셔츠의 남아의 주도성에 먼저 눈길이 갔을 것이다. 혹은 가게 주인으로서 손님 역할을 하는 원피스 입은 여아와의 언어적 상호작용에 주목하였을 것이다. 반면 관계 중심으로 관찰할 때는 이 사진에서 문 가까이 서서 놀이를 물끄러미 바라보고 있는 남아나 벽에 기대어 가까이 서있는 줄무늬 옷의 남아를 포함한 모든 아이들의 표정과 위치, 교실에서 낚시 체험장 놀이가 이루어지고 잇는 공간의 위치와 크기, 낚시 체험장 판의 색과 모양, 책상 위에 놓인 가짜 돈 등도 함께 포착하였을 것이다.

2. 관찰기록의 분석은 어떻게 할 것인가? 다시 낚시 체험장 사진으로 돌아가서, 관찰의 단위를 개인 혹은 관계로 선택했을 때 분석의 단위는 어떻게 이루어질지 이야기 나누어보자. 관찰기록을 분석하여 놀이를 이해하고 지원하는 데 어떤 관찰단위가 더 유용했을까? 관계 중심의 관찰 단위를 선택하여 기록하였다면 이를 기초로 어떠한 개인 중심의 분석을 할 수 있을까? 반면 개인 중심의 관찰을 하였다면 관계 중심의 분석을 할 수 있을까? 무엇을 놓칠 수 있었을까?

예컨대 문 앞에 서 있는 남아를 생각해보자.

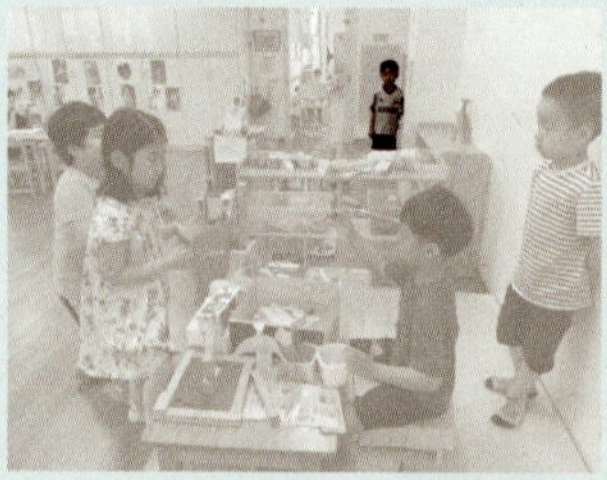

개별 영유아를 중심으로 관찰한다면 처음의 놀이 사진에서 이 남아는 어쩌면 주목받지 못했을 수 있다. 혹은 주목하였더라도 아이의 표정이나 자세를 통해 "놀이에 참여하지 못하고 소극적인 모습을 보인다."라고 해석해버릴 가능성도 있다. 하지만 놀이의 상황과 흐름을 파악할 수 있는 관계 중심으로 관찰했다면, 낚시 체험장 놀이를 시작한 아이와 그 놀이에 관심을 가지며 다가오는 친구들의 모습에 머물고 있는 시선을 발견하게 된다. 어쩌면 '나도 함께 놀고 싶다.'라는 강렬한 마음이 표현되고 있었던 것일까? 실제로 문 앞에 서 있던 남아는 잠시 뒤 낚시 체험장 놀이 속으로 자연스럽게 스며들어왔다. 문 앞에 서 있던 남아는 친구들의 놀이에 참여하기 위한 순간을 열정적으로 찾고 있었던 것일지도 모른다.

관계 중심의 관찰이 이루어질 경우 개인 중심 분석을 통한 영유아 이해뿐만 아니라 놀이의 흐름과 변화, 인접하여 이루어지는 놀이들과 주고받는 영향, 놀이 자료의 고유한 특성, 더 재미있게 놀이할 수 있는 지원방안 등에 대한 다양한 관계 중심의 분석이 가능하지 않을까?

제6장
영유아교사의 일상적 관찰방법

영유아들과 매순간 분주하게 하루를 보내는 교사에게 어떤 관찰방법이 실천 가능하고 적합할까? 관찰을 위한 관찰, 기록을 위한 기록으로 남는 것이 아니라 교사에게 정말 의미 있는 관찰기록을 하는 동시에, 지나치게 부담을 가지지 않고 실천 가능한 방법이 있을까? 관찰과 기록이 영유아들과의 상호작용이나 교육과정 실행을 방해하지는 않으면서도 진정성을 가지려면 어떻게 해야 할까?

관찰방법 중에서 영유아교사가 활용할 수 있는 일상적 관찰방법을 살펴보자. 이러한 관찰방법들은 무엇인가에 주목하여 귀 기울이는 관찰 자체의 방법인 동시에 기록방법과도 연계된다. 일상적 관찰방법은 기록이 관찰 순간에 이루어지는지, 혹은 관찰 이후에 이루어지는지, 영유아들의 놀이와 배움에 참여하면서 관찰하는지, 혹은 관찰에 집중할 수 있는지, 그리고 기록의 상세성과 길이에 따라 차이가 있다. 일상적인 관찰기록 방법에 이어서 이와 관련된 어려움과 가능성을 알아보자.

1. 교육의 과정에서 이루어지는 일상적 관찰기록

영유아교실 안팎에서 일상적으로 이루어지는 관찰은 교사가 교육과정 실행 속에서의 의미 있는 순간을 포착하는 순간에 기록되기도 하고, 관찰 이후에 보다 여유 있는 시간에 기록으로 옮겨지기도 한다. 일반적으로 글로 서술하는 방법, 혹은 디지털 기기를 활용하거나 그림이나 도표 등으로 시각화하여 기록으로 남기는 방법 등으로 이루어진다. 교사가 미처 관찰하지 못했던 영유아의 그림이나 끄적거림, 블록 구성물 등의 결과물을 관찰하여 기록으로 남기는 방법도 있을 수 있다. 명료한 이해를 위하여 구분하여 제시한 아래의 방법들(예컨대 간단히 기록하는 관찰과 사진으로 남기는 관찰 등)은 영유아교육의 실제에서는 교사의 필요와 상황에 맞게 혼합되어 활용된다는 사실을 염두에 두어야 할 것이다.

1) 글로 쓰는 관찰기록

(1) 간단히 기록하는 관찰

가장 널리 사용되는 방법은 영유아교사가 작은 수첩이나 메모지, 포스트 잇 등의 소지하기 간편한 필기구를 들고 다니며 아이들의 놀이와 배움에 참여하면서 자연스럽게 관찰하다가 중요하다고 판단되는 순간을 간단한 기록으로 남기는 방법이다. 이러한 방법을 간단히 기록하는 관찰(jotted notes observation)이라 한다(Palaiologou, 2019).

간단히 기록하는 관찰에서는 혼자서, 단짝과, 소그룹으로, 혹은 전체 학급에서 이루어지는 놀이, 일상생활, 활동 등에서 포착된 영유아의 혼잣말이나 교사나 또래들과 주고받은 대화, 키워드 등을 빠르게, 간단한 메모 방식으로 기록한다. 핸드폰의 메모장이나 음성녹음 텍스트변환 기능을 활용하여 간편하게 기록할 수도 있다. 관찰 상황(예컨대 단독놀이를 즐기는 영유아)에 따라 개별 기록이 이루어질 수도 있지만, 대체로 함께 놀이하는 소집단이나 때로는 학급 전체를 관찰하여 기록하게 된다. 관찰의 순간에 일차적으로 기록이 간단하게 이루어지고, 이후에 관찰했던 사건이나 현상에 대한 설명, 교사의 해석 등을 보완할 수 있다. 관찰된 영유아들의 이름을 적어두는 것이 이후에 의도, 흥미, 상호작용, 흐름 등을 파악하는 데 유용하다.

사례: 접착식 메모지에 기록한 관찰

다음은 윤진주 선생님이 영유아의 행동과 반응, 놀이 등을 관찰하면서 접착식 메모지에 간단히 기록해둔 관찰 사례이다.

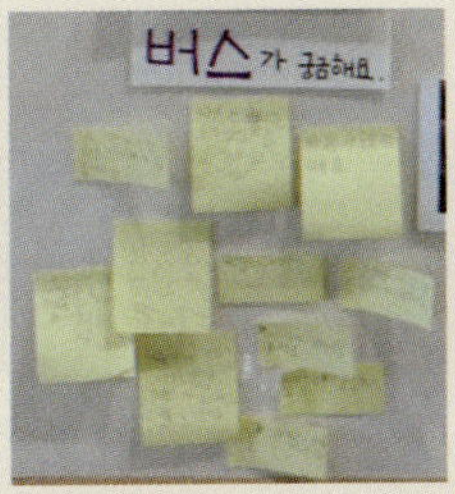

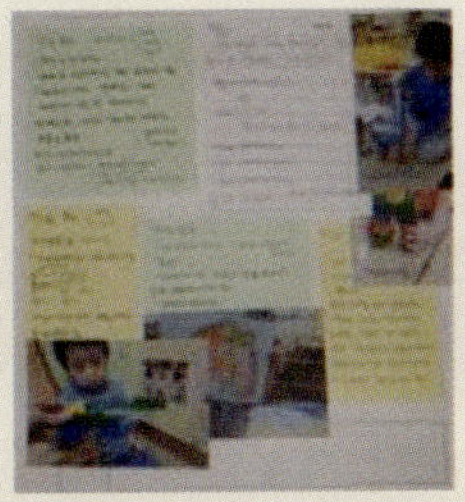

왼쪽은 우연히 버스와 버스 번호에 관심을 가지게 된 아이들이 궁금한 점을 이야기 나눈 대화를 접착식 메모지에 빠르게 기록하여 화이트보드에 붙여둔 것으로, 이후에 전체를 사진으로 찍거나 컴퓨터로 옮겨 기록할 수 있다. 오른쪽은 여러 개의 간단히 기록한 관찰 자료를 한 장의 종이에 붙여가며 패턴이나 연속성을 찾아간 예시다. 이렇게 A4 용지에 놀이별로 접착식 메모지를 붙여 정리하며 사진을 첨가하기도 하고, 필요에 따라 일부는 복사하여 개별 영유아의 파일에 정리하여 둘 수도 있다.

다음은 강주연 선생님이 올해 유치원 모래놀이터에 새롭게 수로가 생기면서 모래와 물놀이를 함께 하는 유아들을 관찰하면서 간단히 기록한 사례다. 바깥 모래놀이터에 수로가 설치되면서 아이들이 모래와 물의 만남에 관심을 보이자, 선생님은 아이들이 모래와 물로 펼쳐가는 놀이의 과정에서 주요한 대화나 사건을 간단하게 메모해두었다.

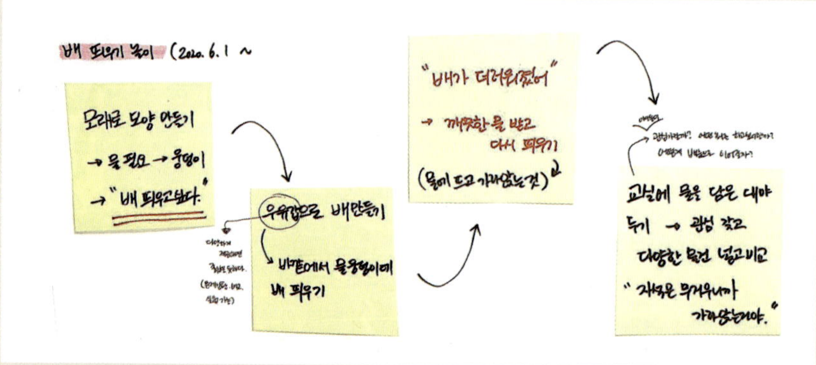

간단하게 기록했던 관찰자료로부터 선생님은 모래놀이터에 물웅덩이가 생기면서 우연히 곰돌이 모양찍기 틀이 가라앉지 않고 물에 뜨는 것에 놀라면서 배를 띄워보고 싶다고 한 아이들의 말에 주목하였다. 다음날 선생님은 세숫대야와 우유갑을 비롯한 다양한 물체들을 교실 한 곳에 배치하였다. 이를 발견한 아이들은 물체가 뜨는지, 가라앉는지 실험하고, 어떤 것이 튼튼하게 오래 뜨는 배가 될 수 있을지 이야기 나누기도 하면서, 모래놀이터 물웅덩이에 배를 띄워보는 놀이를 신나게 이어갔다.

강주연 선생님은 물에 뜨고 가라앉는 물체의 특성을 알아보는 활동을 교사가 계획하여 제시했었던 과거에는 아이들이 관심을 보였다가 곧 다른 놀이를 하러 갔던 반면, 유아들이 주도하며 배 띄우기에 대한 관심을 발현시킨 순간을 관찰하여 지원해주었더니 몇 주 동안이나 놀이가 이어진 것에서 놀이중심 배움의 중요성을 깨달을 수 있었다고 하였다.

이렇게 간단히 기록한 관찰은 영유아교사가 교사로서의 다양한 역할들을 수행하면서 동시에 관찰자의 역할을 효율적으로 수행할 수 있게 해주는 방법이다. 이는 간편하면서도 핵심을 놓치지 않고 관찰한 바를 기록해둘 수 있다는 장점이 있다. 또한 간단한 메모로 이루어진 기록이 누적되면서 특이성이나 유사점, 변화의 흐름 등을 발견할 수 있다.

반면 간단히 기록하는 관찰의 경우 빠뜨린 내용이 기억나지 않거나 주변의 상황 등을 파악하기 어려운 단점이 있다. 관찰 상황을 간단히 기록한 접착식 메모지를 관찰이 이루어졌던 장소에 바로 붙여 두면 이후에 기억을 떠오려 보완하는 일이 보다 용이할 수 있다. 사진 등의 디지털 기기를 함께 활용하여 간단히 기록하는 관찰을 보완하는 방안도 널리 쓰이고 있다.

(2) 기억을 토대로 한 관찰

영유아들과 함께 놀이와 배움에 참여하는 교사들에게는 관찰 순간을 바로 기록으로 남기는 것이 불가능한 경우가 많다. 기억을 토대로 한 관찰(observation from memory)은 관찰한 사건이나 현상이 발생한 이후에 기록하는 관찰방법이다. 기억을 토대로 한 관찰 역시 미리 무엇을 관찰할지 결정해두지 않으며 자연스럽게 발생한 사건이나 현상에 주목한다. 현장에서 흔히 사용되는 자연발생적 일화기록(spontaneous anecdotal record)도 기억을 토대로 한 관찰에 포함될 수 있다. 반면 하루에 몇 명씩 특정한 행동을 기록하는 방식으로 이루어지는 미리 계획된 일화기록법(preplanned anecdotal record)과는 차이가 있다.

일시, 장소와 함께 관찰 장면에 누가 포함되는지, 어떤 일이 있었는지 등을 가능한 기억해내어 기록한다. 기억한 사건이나 현상이 중요하다고 여겨진 이유에 대한 교사의 생각을 추가한다. 물론 기억의 정확성을 높이기 위해서는 관찰 후 가능한 빨리 기록하는 것이 좋다. 그런데 관찰 순간에 기록으로 남겨둬야겠다는 판단이 설 때도 있는 반면, 한동안 주목하지 못하고 잊혔다가 시간이 지나면서 그 순간의 중요성을 깨닫게 될 수도 있다. 즉 이후의 놀이와 배움의 흐름 속에서 관계성과 맥락 등을 파악하게 되면서 이전에 관찰했던 행동, 사건, 현상이 기억나게 되는 경우에도 기억을 토대로 관찰기록으로 남겨 유용하게 활용할 수 있다.

기억을 토대로 한 관찰은 비교적 쉽게 기록할 수 있으며 맥락을 파악하는 데 활용될 수 있다는 장점이 있다. 교사가 아이들과의 상호작용이나 놀이의 흐름에 온전히 참여하며 관찰할 수 있게 해주기 때문에 관찰의 충실성을 높일 수 있다. 반면 기억을 토대로 한 관찰은 영유아들의 표현을 바로 기록해두지 않기에 부분적이거나 부정확할 수 있다는 단점이 있다. 그렇지만 사실상 영유아들의 말을 그대로 받아 적는 것이 항상 가능하지도 않고 반드시 필요한 것은 아니다. 아이들의 생각, 의도, 주된 관심사 등이 드러나게 재구성하는 것이 가능하며 그 자체로 의미 있게 작용한다.

교사의 기억에 편향, 왜곡, 망각 등이 있을 수 있다는 사실을 경계하면서, 가능하다면 아이들에게 사진 등의 관찰기록을 공유하여 당시의 상황이나 이유, 생각이나 느낌 등을 물어보는 것이 도움이 된다. 관찰기록을 영유아들과 함께 되돌아봄으로써 기록과 해석 모두를 보완할 수 있을 뿐만 아니라 영유아의 자기 주도적 배움도 이루어질 수 있다.

사례: 캠핑놀이에 대한 기억을 토대로 한 관찰

예나와 예은이가 등원 길에 나뭇가지를 주어 와서 모닥불을 피우는 놀이를 하는 모습을 관찰한 권미정 선생님은 문득 며칠 전에 예나와 예은이가 음식 모형들을 늘어놓고 놀이하다가 교사가 지나갈 때 "우리 지금 캠핑해요~"라고 말했던 것을 기억해내고 캠핑놀이가 이어지고 있음에 주목하여 기록으로 남겼다.

관찰유아(들): 예나, 예은	관찰일자: 6월 21일 오후 자유놀이 시간
며칠 전, 예나와 예은이가 빈 종이상자를 펼친 후 그 위에 앉아 음식을 차리고 놀이하고 있었다. 예은이가 "지금 크리스마스야. 소원을 빌자."라고 하며 예쁜 선물을 가져다달라고 산타할아버지에게 소원을 말하자, 예나는 "그래! 캠핑이야."라고 말했다. 궁금해진 교사가 무슨 놀이를 하고 있냐고 물어봤더니 둘은 "우리 지금 캠핑해요~"라고 큰 목소리로 함께 대답했다. 쌍둥이인 예나와 예은이가 최근 가족들과 캠핑을 갔던 경험이 있었던 걸까, 캠핑놀이를 계속 할 것인가, 크리스마스 놀이와 캠핑놀이의 관계가 무엇일까 궁금하다. 캠핑은 소원을 비는 것이 아니라고 오개념을 수정해주고 싶은 생각이 잠시 들었었지만 그대로 지켜보기로 했었다. 예나와 예은이가 캠핑놀이를 계속 한다면 더 재미있고 실감나게 놀이하기 위하여 무엇이 필요한지 물어보고 지원해주려 한다. 다른 아이들도 캠핑놀이에 관심을 가지게 될지 살펴봐야겠다.	

이 사례는 며칠 전에 있었던 두 유아의 캠핑놀이를 며칠 후의 모닥불 피우기 놀이를 계기로 떠올리고서 기록으로 남긴 것이다. 이렇듯 기억을 토대로 한 관찰은 다른 관련되는 행동, 사건, 현상이 촉매제가 되어 사후에 그 의미나 중요성을 깨닫게 되면서 기록으로 남겨져 놀이와 배움을 이해하고 지원하는 데 활용될 수 있다.

(3) 자세히 기록하는 관찰

자세히 기록하는 관찰(full observation)은 어떤 대상이나 행동을 관찰할지 미리 계획하는 표본식 기록법과 달리 중요한 놀이 상황이나 우연한 사건, 의미 있는 변화 등이 발생하는 순간을 감지하여 가능한 한 충실하게 관찰하고 자세하게 기록하는 방법이다. 다양한 상황과 요구가 공존하는 영유아교실에서 자세히 기록하는 관찰이 자주 이루어지기는 힘들다. 그러나 영유아들이 주도하여 놀이와 배움이 활발하게 이루어지는 상황에서는 교사가 한걸음 물러서서 관찰에 집중하여 자세하게 들여다보며 기록할 수 있는 여건이 마련되는 순간들이 있다. 또한 팀티칭이 이루어지는 교실에서는 한 명의 교사가 아이들과 상호작용하고 다른 교사가 자세하게 기록하는 관찰을 하는 것이 상대적으로 용이하다. 교사가 한 명일 경우 한 장면을 관찰하면서도 시시때때로 교실의 전체 흐름이나 즉각적 개입이 필요한 상황을 동시에 주목하는 '이중초점(dual focus)'을 가지는 것이 필요하다(McAfee & Leong, 2007/2008).

교사가 자세하게 기록하는 경우는 아이들의 눈길을 이끄는 새로운 물질이나 사건이 등장하는 순간, 아이들의 활발하고 능동적인 움직임이 두드러지는 상황, 현상이나 주변의 세계에 대한 질문과 나름의 가설과 답이 오가는 대화, 인지적 갈등이나 머뭇거림의 순간, 더 재미있는 놀이를 만들기 위하여 시행착오를 거듭하며 도전하고 해결해가는 모습 등, 영유아가 능동적으로 주도하며 적극적으로 참여하여 놀이하고 배우는 상황이 많다. 혹은 교사가 교수학습 측면에서 교실 내외의 공간, 시간, 놀이 자료 등을 새롭게 배치하여 영유아들의 반응이나 변화를 자세히 관찰하고자 하는 경우에도 자세히 기록하는 관찰이 유용할 수 있다.

자세히 기록하는 관찰은 기억이나 간단한 메모 등에 기초하여 관찰을 재구성하여 기록하는 방법에 비하여 관찰자의 눈과 귀, 감각을 충실하게 활용하여 있는 그대로 충실하게 관찰하여 자세히 기록할 수 있다는 장점이 있다. 기록지를 교실 곳곳에 마련해두거나 교사가 가지고 다님으로써 집중하여 자세히 관찰하여 기록할 필요가 있는 상황이 목격될 때 신속하게 실시할 수 있을 것이다. 교사가 예상이나 기대에 따라, 보고자 하는 대로 보고 듣고자 하는 대로 듣는 피상적 관찰이 이루어지지 않고, 실제 아이들의 말과 몸짓, 주변 환경과 사람들과 서로 주고받는 영향, 문제 발견과 해결 등을 세밀하게 살펴볼 수 있게 해주는 힘이 있다.

반면 관찰 및 기록에 집중함으로써 교사가 영유아들과의 상호작용이나 놀이 참여가 어려우며, 상황에 따라 중단되기 쉽다는 단점이 있다. 따라서 자세히 기록하는 관찰을 실시하기 위해서는 영유아교사가 아이들에게 가끔씩 교사가 상호작용을 멈추고서 관찰, 기록하는 것이 자신들의 놀이와 성장을 이해하고 지원하는 데 도움이 된다는 이야기를 미리 나누는 것이 필요하다. 교사가 지금 관찰에 집중하고 있다는 신호를 아이들에게 눈에 띄기 쉽게 표현하기 위하여, 특별한 필기구, 안경, 모자 등을 사용하여 가시화하는 경우도 있다.

사례: 유아들의 흥미, 질문, 가설을 자세히 기록하는 관찰

윤진주 선생님은 벼룩시장을 함께 준비하면서 아이들과 전통시장으로 가기 위하여 시내버스 정류장에 서 있었을 때 아이들이 서로 비슷한 버스 번호(420번과 425번, 990번과 991번)에 대하여 궁금해하면서 생각을 주고받는 모습을 관찰하였다. 그날 이후로 버스에 대한 관심이 커지는 것에 주목하고 아이들과 함께 버스 번호를 탐구하였다. 선생님은 버스 번호의 비밀을 조금씩 풀어가는 아이들의 이야기에 귀를 기울였다.

아이들은 버스 정류장에 다시 가서 표지판을 들여다보면서 시행착오를 거쳐 세 자리 버스 번호의 첫 번째 숫자는 출발지, 가운데 숫자는 지나가는 길, 마지막 숫자는 도착지일 것이라는 가설을 세우기도 하였다. 버스 차고지를 방문하여 버스의 구조, 버스 기사님의 일, 그리고 무엇보다 버스 번호에 대하여 기사님과 이야기를 나누면서 버스 번호는 대구시와 버스 회사들이 함께 정한다는 것을 알게 되었다. 다시 시청 대중교통과에 버스 번호에 대한 질문을 이메일로 보냈다. 중구,

동구, 북구 등의 지역별 고유번호가 있어서 출발지, 중간경유지, 도착지의 번호가 정해진다는 친절한 답변을 얻은 뒤 아이들에게는 궁금한 것이 더 많이 생겼다. 이때 이루어진 대화를 자세히 관찰하여 기록한 예시이다.

버스 번호의 비밀 - 대구시 구와 동에 대해 알기
상기하기
교사: 우리가 궁금한 점이 있어서 누구에게 어떤 방법으로 물어보았지/.
지홍: 이메일?
래현: 아 그.. 대구 시청
대찬: 대중교통과
차현서: 교통국. 그런데 이메일을보냈는데 답장이 왔어요
지홍: 완전히 길어가지고 우리가 보기가 힘들었어요.
교사: 그래서 선생님이 우리 누리반 친구들이 궁금해하는 질문들중에서 제일 궁금해했던 것을 보기 편하게 정리해서 왔어요
차현서: 아 그거 990이랑 991은 똑같은데 420이랑 425는 달랐어
지홍: 어 근데 아저씨가 뭐라고 했는데 기억이 잘안나
윤: 아 신기한건데
채이: 근데 나 만촌동 살아요.
소연: 나도 만촌동 사는데
최현서: 맞아. 나도 그거 집에서 해왔는데.. 아.. 어렵다.
대찬: 나 엄마가 네모 그려줘서 그 안에 글자 다 적었어요
교사: 990번과 991은 경산과 시지를 지나간다고 해요. 그런데 420번의 4는 담티, 425번의 4는 두리봉 터널이래요.
윤: 어? 우리 집 시지인데. 우리 집 앞에 990이 지나가요
차현서: 맞아 달랐어. 근데 아저씨가 그 때 뭐라고 했는데 뭐였더라?
래현: 뭐라고 했어요?
교사: 담티의 4와 두리봉터널의 4는 둘다 수성구라서 똑같은 번호 4를 쓴대요.
차현서: 아! 알았다. 담티랑 두리봉터널은 둘 다 수성구구나! 만촌동이랑 범어동도 둘다 똑같이 수성구인데.

이렇게 윤진주 선생님은 아이들의 관심이 집중되는 흥미로운 사건이 이루어지면 기록지에 최대한 있는 그대로 받아 적으려 노력하며, 때로는 위의 사례처럼 노트북을 활용하여 바로 기록하기도 한다. 동료교사가 버스 번호와 행정 구역의 비밀에 대한 아이들의 이야기 나누기를 이끌고 자신은 노트북에 바로, 가능한 자세하게 기록하였다.

2) 시각화하는 관찰기록

(1) 사진으로 기록하는 관찰

디지털 관찰(digital observation)은 관찰자가 디지털 기기를 활용하여 관찰하고 기록하는 방법인데, 그중 가장 대표적인 것이 바로 사진으로 기록하는 관찰이다. 영유아교사는 사진기를 들고 다니다가 교실안팎에서 이루어지는 놀이, 일상생

활, 활동에서 주목하게 된 순간을 포착하곤 한다. 사용하지 않게 된 핸드폰이나 태블릿 PC를 활용하여 사진을 촬영할 수도 있다.

사진은 분주한 영유아교육의 일상 속에서 글로 기록하는 것에 비하여 시간이 적게 걸리면서 많은 정보를 즉각적으로 담을 수 있는 가장 용이한 방법이다. 사진은 영유아들의 다양한 표정과 시선, 몸짓을 생생하게 담아낼 수 있는 동시에 영유아들의 눈길이 향하고 있는 물질이나 현상도 함께 포착할 수 있다는 장점을 가진다. 관찰의 순간 교사가 미처 주목하지 못하였던 영유아의 행동이나 사건 등을 사진을 다시 보면서 발견할 수 있게 해주며, 누적된 사진자료들을 통하여 놀라운 순간, 반복되는 패턴, 고유한 의미 등을 다각도로 읽어낼 수 있다. 또한 사진을 촬영하는 과정이나 함께 다시 보기의 과정에 영유아들이 참여할 수 있다는 점도 큰 장점이다. 영유아의 연령이나 관심 정도에 따라 놀이 사진을 직접 찍을 수도 있고, 교사가 보여주는 사진을 함께 보면서 어떤 일이 있었는지, 무슨 생각을 하고 어떤 감정을 느꼈는지, 더 즐거운 놀이를 만들기 위하여 무엇을 필요로 하는지 등에 대한 이야기를 나눌 수 있다.

반면 사진만으로는 당시에 오간 대화나 아이들의 생각 등을 놓칠 수 있으며, 누적되는 사진을 정리하는 데 시간과 노력이 요구된다는 단점이 있다. 사진을 출력하여 말풍선이나 메모 등을 통하여 아이들의 말이나 상황 등을 보완해두는 것이 도움이 된다. 특히 자신만의 방식으로 사진들을 분류하는 체제를 개발하여 정리하는 습관을 실천하는 것이 중요하다(5장 참조). 사진을 통한 관찰기록에 있어서는 초상권 등 영유아의 사생활 보장 권리를 유념하여야 하며, 영유아의 동의를 구하는 과정이 필요하다. 학기 초에 아이들과 함께 이야기를 나누며 교사가 사진을 촬영하는 이유를 설명하고 이해를 구하는 한편, 영유아들의 사진이 홈페이지 등을 통하여 낯선 사람에게 유출되지 않도록 주의하여야 한다. 또한 사진 촬영은 영유아들의 주의를 흩뜨려 놀이와 활동의 흐름을 중단시킬 수 있기 때문에 영유아들이 사진 촬영을 의식하지 않도록 익숙해지는 시간이 필요하다.

아울러 영유아교육에서 사진의 의미에 대하여 학부모와 소통하는 과정도 필요하다. 단순히 '추억'을 위한 사진이 아니라 교육적 역할을 하는, 즉 '배움'을 위한 사진이 어떤 것인지에 대하여 이야기 나누는 시간이 필요하다. 이를 통하여 자녀의 얼굴이 크게 정면으로 나오는 것보다는 뒷모습이나 손끝, 몸짓, 혹은 아이들의 시선이 향한 사물의 사진을 통하여 아이들의 관심사나 고유한 생각, 놀이의 흐름과 변화 등을 관찰하는 것이 교육적으로 중요하고 필요하다는 사실(이진희, 강진주, 허정민, 권미정, 2020)을 공감하고 협력하게 된다. 식목일에 씨앗을 심은 화분을 한 명씩 들고 V자를 하면서 모두 동일하게 찍은 결과 중심의 사진보다는 그 과정이 잘 드러나는 사진, 다양한 씨앗의 색깔이나 크기에서의 다양성에 호기심을 갖고 옹기종기 모여 관찰하는 뒷모습 사진, 아이들의 눈길이 향한 씨앗 자체의 사진 등이 가지는 의미를 생생하게 나눔으로써 교육적 관찰기록방법으로서 사진의 역할을 이해할 수 있게 될 것이다.

선생님이 들려주는 이야기: 무엇을 사진으로 포착할 것인가?

최경화 선생님은 사진을 찍을 때 특히 아이들의 시선에 주목한다고 한다. 즉 아이들이 바라보는 사람, 사물, 장소, 자연, 문화 현상, 실내외 놀이와 결과물을 따라가며 사진으로 포착하는 것이다.

루페로 들여다본 식물

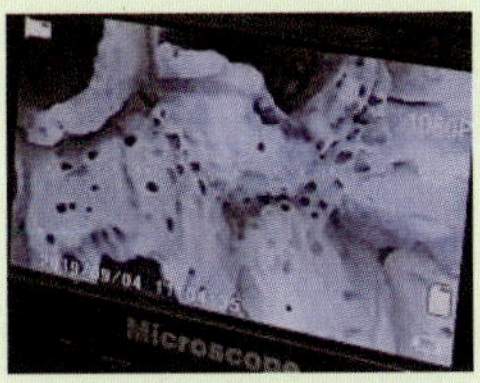

현미경으로 본 조개껍질

아이들의 시선이 향한 놀이상황

아이들의 표정과 몸짓, 위치와 관계가 잘 드러나는 순간을 포착하고 때로는 배경을 지움으로써 사진에 담은 의미를 명확하게 만들기도 한다. 때로는 얼굴이 등장하지 않는 사진을 통하여 아이들이 무엇을 궁금해하는지 오히려 더 잘 포착할 수도 있다고 한다. 또한 움직임과 변화가 많은 순간도 사진으로 담는다고 한다. 예컨대 경사로로 빠르게 굴러가는 구슬이나 자동차, 느린 몸의 움직임, 숲속 대나무가 흔들리는 모습이나 물위로 떨어지는 가는 빗방울 등을 담아 아이들이 어떤 변화에 몸과 마음이 움직이는지 이해하고자 한다. 타임랩스 기능을 활용하여 식물의 성장, 구름의 움직임, 놀이 장면의 변화를 연속적으로 포착하여 아이들과 공유함으로써 호기심을 높이고 더 풍부한 놀이와 배움을 이어가기도 한다.

(2) 동영상으로 기록하는 관찰

영유아교육에서는 순간의 모습을 담는 스틸사진뿐만 아니라 시간의 흐름에 따른 연속적 움직임, 주고받는 대화 등을 담을 수 있는 동영상(video)으로 기록하는 관찰방법도 상당히 유용하다. 동영상으로 기록하는 관찰 역시 디지털 관찰의 한 유형이다. 부피가 큰 비디오카메라의 경우 이야기 나누기가 주로 이루어지는 곳에 삼각대를 설치하여 상시적으로 배치해두었다가 동영상 관찰기록이 필요하다고 판단되는 순간 리모컨으로 촬영을 시작할 수 있게 준비해둔다. 반면 테크놀로지의 발달로 크기가 작은 비디오카메라를 비롯하여 동영상촬영이 가능한 핸드폰, 태블릿 PC 등을 활용할 수 있게 되면서, 교사가 들고 다니면서 촬영하는 경우가 더 많다.

동영상으로 기록하는 관찰은 가장 많은 정보를 담을 수 있는 방법이라는 장점을 가진다. 특히 토론이나 이야기 나누기 등 언어적 표현이 활발하게 이루어지는 상황, 역할놀이나 신체표현 등 움직임과 표정 등이 중요한 순간, 놀이 상황에서 직면한 문제를 해결하기 위한 다양한 시도가 이루어지는 과정 등은 동영상으로 기록하는 것이 놀이와 배움을 이해하는 데 큰 도움이 된다. 생생하고 풍부한 과정을 거듭 볼 수 있으며, 이를 공유하여 여러 사람의 관점으로 다양하게 해석하는 과정이 효과적으로 이루어지도록 해주는 것도 고유한 장점이다. 관찰기록 방법이 다양해지고 평가의 자율성이 강조되면서, 제목이나 짧은 기록과 함께 동영상을 플랫폼에 탑재하여 교사들이 함께 토의하고 연구하는 방식도 활발하게 시도되고 있다.

반면 동영상으로 남기고 있다는 생각에 자칫 실제 장면에서의 관찰에 소홀하게 되는 단점이 있으며, 사진과 마찬가지로 영유아에게 방해되지 않는 위치에 비디오카메라를 배치하고 아이들이 동영상 촬영에 익숙해지도록 하는 준비과정이 필요하다. 녹화가 제대로 이루어지지 않거나 소리가 잘 들리지 않는 기술적 문제가 발생할 수도 있다. 특히 동영상 자료는 기록되는 양이 방대해져서 다운로드하여 처리하는 과정이 번거로우므로 중요한 움직임이나 대화를 중심으로 촬영하는 것이 도움이 된다.

동영상 자료를 다시 돌려보는 데에도 상당한 시간이 소요된다. 동영상 자료들을 살펴보며 중요한 부분은 전사하여 서술식 기록으로 전환하기도 하는데, 이 과정에 상당한 시간과 노력이 소요되는 단점이 있다. 따라서 중요 장면을 선별하여 글로 옮기는 것이 유용하다. 교육적으로 필요한 순간을 판단하여 적절한 분량을 촬영하고 전사 기록할 필요가 있는 장면을 골라 편집해두는 것도 좋을 것이다.

사례: 동영상으로 기록하는 관찰

최경화 선생님은 교사의 상호작용이 필요한 상황에 따라서는 디지털 기기를 활용하여 동영상을 찍어두었다가 이를 돌려보면서 중요한 대화를 전사한다. 아래와 같이 아이들이 나눔 바자회에서 한 명이 가지고 갈 기부물품은 몇 개가 적절한가에 대한 토론 장면(20여 분)을 동영상으로 기록하였다.

최경화 선생님은 아이들과 교사가 함께 중요한 이야기를 나눌 때는 동영상으로 촬영하였다가 이후에 주요 순간을 전사하여 글로 옮긴다. 처음에 시도할 때는 시간이 많이 걸렸지만 점차 익숙해지면서 더 빠르고 효율적으로 전사하게 되었다고 한다. 최경화 선생님은 교사의 이러한 동영상을 활용한 기록이 힘들기도 하지만, 교사가 영유아 자신들의 이야기가 얼마나 중요하게 생각하는지, 교사가 자신들의 삶과 앎을 관심 있게 바라보는지를 느끼고 있음을 알 수 있게 해주어 더 큰 보람이 있다고 말한다.

(3) 다이어그램, 스케치 등의 이미지로 기록하는 관찰

영유아교사는 필요에 따라 아이들이 구상하며 이야기한 아이디어를 그린 스케치, 시간에 따른 변화를 볼 수 있는 흐름도, 혹은 다양한 시간과 공간, 물질 등의 얽힘을 볼 수 있는 관계도 등의 시각적 이미지 형태로 기록하기도 한다. 아이들이 구상하고 있는 계획이나 이를 표현하고 있는 과정을 스케치 형식으로 기록할 수도 있다. 더 나아가 교사가 포착한 의미를 은유적으로 표현할 수 있는 다른 사진이나 이미지 등을 활용하여 기록하는 경우도 있다.

이 방법은 사진이나 동영상을 촬영할 수 있는 상황이 안 될 경우, 혹은 관계 속에서 변화하며 이루어지는 아이들의 생각이나 표현 등의 관계를 한눈에 볼 수 있게 시각화할 수 있다는 장점이 있다. 여러 장의 사진이나 동영상 장면에서 중요한 변화를 추출하여 흐름이나 관계를 표현할 수 있어 교사의 이해와 성찰을 돕는다. 이러한 지도, 다이어그램이나 스케치 등의 이미지로 관찰을 기록하기 위해서는 놀이나 활동 등의 배경과 흐름을 알아야 하기에, 예비교사의 관찰 실습 시에는 어려울 수 있다.

시각적 이미지와 함께 아이들이 무엇을 알고 있는지, 아이들에게 떠오른 아이디어가 무엇인지, 무엇을 만들고 표현하고 싶은지, 생각과 표현이 어떻게 변해가는지를 파악하기 위하여 아이들과 관찰기록을 공유하면서 질문하고 이야기 나누는 것이 도움이 된다. 즉 교사가 그린 스케치, 흐름도 등에 대한 아이들의 생각이나 배경 설명 등을 바로 혹은 이후에 들어보고 기록할 수 있다.

사례: 아이들의 아이디어와 계획을 스케치로 이미지 기록하기

윤보라 선생님은 어린이집 2층 베란다의 공간을 발견한 아이들이 여기에서 함께 그림을 그릴 수 있는 이젤과 여러 명이 같이 앉을 수 있는 다각형 테이블을 만들자는 제안에 따라 아이들이 생각하는 아이디어를 경청하여 스케치로 표현하였다.

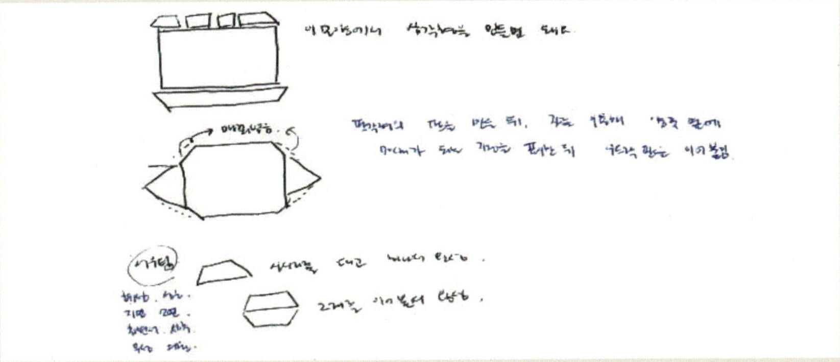

윤보라 선생님은 아이들의 아이디어를 들으면서 궁금한 점을 다시 질문하고, 치수를 함께 재어서 스케치에 추가함으로써 아이들의 의도를 더 자세하게 파악할 수 있었다. 이 스케치 자료를 바탕으로 우드락 판으로 모형화해보는 과정을 거치면서 반 아이들 모두와의 공유시간을 통해 새로운 아이디어를 보태고 수정하여, 가구 제작을 맡아줄 전문가에게 아이들의 의견을 전달하였다.

최경화 선생님은 놀이의 과정을 파악할 수 있는 동영상과 사진을 주로 활용하되, 그 내용들과 흐름을 한눈에 보기 쉽게 요약하기 위하여 오른쪽과 같이 스케치하여 보완하였다.

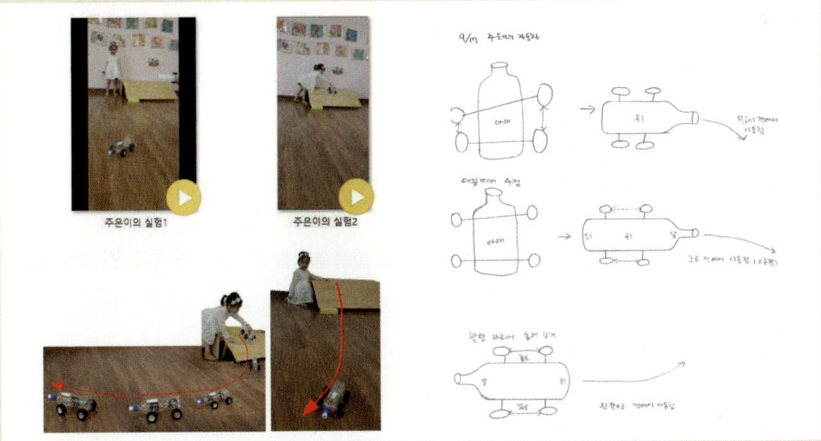

이러한 관찰기록을 통하여 빨리 가는 것만이 아니라 똑바로 곧게 나아가는 자동차, 터널을 통과하는 자동차, 오르막을 오르는 자동차 등으로 이어진 놀이를 함께 해갔던 이야기는 11장에 자세하게 소개되어 있다.

3) 결과물 관찰기록

영유아의 놀이와 활동 과정에서 자연스럽게 도출되는 결과물, 예컨대 그림이나 끄적거린 글자, 소중하게 모아온 자연물, 재활용품으로 만들어낸 놀잇감 등을 관찰의 초점으로 삼아 기록하는 방법도 있다. 결과물 관찰(product observation)은 결과물을 중심으로 관찰하여 글, 사진, 스케치 등으로 기록하는 방법이다. 영유아는 수백 가지 언어를 가지고 있으며 이렇게 아이들이 전달하는 다양한 언어를 결과물을 통하여 이해할 수 있다.

아이들의 놀이와 활동에서 나온 결과물을 자세히 들여다봄으로써 영유아의 고유한 관심사, 경험, 의도, 생각과 감정 등을 읽어낼 수 있다는 장점이 있다. 현장에서는 일반적으로 A4 혹은 A3 사이즈의 바인더에 개별 포트폴리오로 결과물을 수집하기도 한다. 영유아들의 놀이와 배움의 과정을 이해하기 위한 공동의 포트폴리오로 수집할 수도 있다. 도화지에 그린 그림 등 평면에 이루어진 이차원적 결과물은 수집과 보관이 용이한 반면, 공동으로 그린 큰 그림이나 벽화, 자연물과 재활용품 등을 활용한 삼차원의 결과물은 보관하기 어렵다는 단점이 있다. 부피가 큰 결과물의 경우 사진 촬영하여 기록하고 아이들의 요구에 따라 보관할 수 있다.

사례: 결과물에 초점을 둔 관찰

정소희 선생님은 몇 주 동안이나 이어진 유아들의 찰흙놀이를 보면서 '왜 우리 반 아이들은 찰흙놀이를 이렇게 좋아할까?', '더 다양한 놀이를 하도록 교사가 유도해야 하나?', '다른 놀이가 이루어질 수 있는 자료가 부족한 것은 아닌가?' 등의 고민을 하게 되었다. 그러던 어느 날 평소 수줍음 많은 한 여아가 조심스럽게 다가와 "선생님, 여기 와보세요."라고 말하면서 교사를 데려가 '이거 선생님이에요!"라며 자랑스럽게 자신이 만든 찰흙 결과물을 보여준다. 교사는 마음이 따뜻해지면서, 아이들의 찰흙놀이 결과물을 더 자세히 관찰해서 아이들의 마음을 읽어 보아야겠다는 생각을 하였다.

그런데 아이들이 반복하여 만들고 부수고 또 만들어간 찰흙놀이 결과물을 더 자세히 들여다보자, 찰흙으로 입체구성물을 세우고자 노력하다가 자꾸 부서지자 이쑤시개를 활용한 유아, 도넛 모양으로 동그랗고 예쁘게 만들어서 색을 혼합하고 싶어 하는 유아, 찰흙이 끊어지지 않게 길게 이어서 자신의 키만큼 길게 만들려는 유아 등 다양한 관심사와 의도가 관찰되었다. 결과물 관찰 기록을 통하여 정소희 선생님은 선생님과 친구들을 입체물로 표현한 작품들을 전시할 수 있는 공간을 마련해주고, 길게 이어 늘어뜨린 찰흙을 자신의 키와 비교해볼 수 있도록 전신거울을 제공하기도 하고, 찰흙에 물감을 섞어 더 실감나고 다채로운 도넛모형을 만드는 아이디어를 아이들과 의논해볼 수 있었다.

최소라 선생님은 블록으로 미로를 만들고 있는 한 유아에게 자신의 경험을 들려주면서 미로 사진을 보여주었다. 며칠 동안 미로 만들기 놀이가 이어지자 더 복잡하고 어려운 미로를 구상할 수 있도록 종이에 그려볼 것을 제안하였다.

점차 더 많은 아이들이 미로 그리기에 관심을 갖게 되었다. 아이들의 미로 그림을 관찰함으로써 교사는 자를 사용하는 등 더 정확하게 선을 긋기 위한 아이들의 문제해결 과정을 관찰할 수 있었고, 사각형을 벗어나 피자조각, 얼굴, 다람쥐, 집 모양 등의 창의적인 표현을 발견하였다.

결과물에 초점을 두고 수집된 관찰기록은 자칫 감상적인 작품집에 머물고 제대로 활용되지 않을 수 있는 단점을 가질 수 있다. 따라서 수집한 날짜와 참여한 영유아의 이름을 기록하고 상황에 대한 설명이나 교사의 해석을 보완하는 과정이 필요하다. 또한 결과물을 영유아들과 함께 보면서 무엇을 표현하고자 의도했는지, 무슨 생각을 했고 어떤 문제를 해결하려 했는지 등의 이야기를 나누어 기록에 첨가하는 것이 도움이 된다. 영유아의 성장과 배움에 어떤 의미가 있다고 생각하는지에 대한 교사의 교육적 판단을 첨가함으로써 교수학습 및 평가의 과정에 유기적으로 기여할 수 있다.

2. 일상적 관찰방법의 어려움과 가능성

일상적 관찰방법은 영유아와 지속적으로 상호작용하며 함께 생활하는 영유아교사들에게 널리 활용되는 방법이다. 관찰의 목표나 대상, 절차 등이 구조화되어 있지 않은 상태에서, 영유아들과의 삶 속에서 일상적으로 관찰하면서 교사들이 느낄 수 있는 어려움과 이를 극복할 수 있는 가능성을 짚어보고자 한다.

1) 본질적 어려움과 가능성

먼저 영유아교사의 일상적 관찰은 무엇을 관찰하고 기록으로 남겨야 하는지, 관찰한 바를 과연 제대로 해석하였는가에 대한 불안감을 수반한다. 그러나 곰곰이 생각해보면 관찰이란 항상 관찰자의 선택에 의한 것으로, 부분적이고 잠정적일 수밖에 없다. 이러한 관찰의 주관성과 해석의 잠정성은 실은 구조적 관찰이든 비구조적 관찰이든, 참여관찰이든 비참여관찰이든 모든 관찰에서 마찬가지다 (Barad, 2007). 일상적인 영유아교사의 관찰은 영유아들의 삶과 앎, 놀이와 배움이 이루어지는 여정을 이해하려는 지속적인 노력으로서, 결코 완전하거나 불변의 진리가 아닌 부분적이고 잠정적인 이론을 생성하고 변화해가는 과정이다. 따라서 관찰기록을 다시, 함께 보면서 가치를 발견하고 의미를 부여하는 해석의 과정 자체가 소중함을 명심한다. 불확실성은 교사가 교육실제와 신념을 겸허하게 되돌아보는 동시에 교육이란 혼자서 걷는 길이 아니라 영유아, 학부모, 동료교사 등과 함께 걷는 길이라는 희망과 기쁨을 준다.

관계적 페다고지를 강조하는 레지오 에밀리아의 교사들이 중요하게 생각하는 두 가지가 불확실성과 경이로움이다(Moss, 2018/2021). 이는 서로 연관되는데, 왜냐하면 불확실성을 인정하고 그 가치를 인지할 때 미처 예상하지 못한 것을 발견할 수 있고, 이에 경이로움을 느낄 수 있기 때문이다. 즉 불확실성은 이미 알고 있거나 기대하는 것에 영유아교사의 시선을 집중시키지 않고 영유아가 마주치는 시간, 공간, 물질, 의미 등이 얽힌 현상을 제대로 볼 수 있게 해준다. 영유아교사는 관찰의 어려움을 단순화시키거나 외부에서 제시하는 기준에 의존하지 않고 아이들의 삶과 앎의 가치를 그 자체로 인정하고 존중함으로써 이해의 지평을 확대하고 새로운 의미를 구축해갈 수 있다(유혜령, 2012).

2) 방법론적 어려움과 가능성

일상적 관찰의 경우 방법론적 측면에서 무엇보다 기록에 대한 교사의 부담감이 있다. 행동목록법이나 평정척도법처럼 준비과정에는 시간이 소요되지만 기록은 손쉽고 빠르게 이루어지는 특별한 목적이 있는 관찰에 비하여, 일상적 관찰에서는 별다른 준비는 필요 없는 반면 상당부분 글로 써서 기록을 남겨야 하는 경우가 많다. 서술식 관찰기록이 어려운 경우에는 사진 혹은 동영상으로 남겨두지만 디지털 시청각 자료 등을 다운로드하여 분류하고 정리하고 전사하거나 설명을 첨가하는 데에도 적지 않은 시간이 소요되는 어려움도 있다.

영유아교사에 의하여 이루어지는 관찰은 교실을 방문하는 연구자들과는 참여의 정도나 책임의 무게가 다를 수밖에 없다. 따라서 영유아교실에서의 관찰과 기록은 무엇보다 실천 가능한 것이어야 한다. 많은 것을 지나치게 상세하게 남기려는 관찰기록이나 영유아 개별로 피상적으로 작성하는 형식적 관찰기록이 되지 않으면서 교사의 교육과정 수행을 방해하지 않으면서 놀이의 흐름을 따라가는 관찰기록이어야 한다. 자신에게 용이하면서 상황에 적합한 방법들을 자율적으로 찾아나가는 것이 중요하며, 관찰방법별로 기록이나 정리에 소요되는 시간을 비교하여 상황에 따라 취사선택하는 것이 필요하다.

관찰 과정 전반을 나름의 방법으로 체계화하여 관리하는 것이 도움이 된다. 상황별로 필요한 기록양식을 개발하거나 재구성하여 활용하고, 어디에 어떤 양식을 어떻게 비치하는 것이 가장 접근성이 높을지, 누적되는 관찰기록을 언제 어떻게 정리하고 분류하며 다시 볼 것인지를 고민하여 실천을 통해 노하우를 쌓아가는 작업이 중요하다. 아울러 의미 있는 일상적 관찰의 실천을 위한 행정적 지원과 상호신뢰가 필요하다.

3) 외부요인으로 인한 실제적 어려움과 가능성

마지막으로 영유아교사의 일상적 관찰의 과정과 활용 측면에서 외부적 요인들로 인한 실제적 어려움이 있을 수 있다. 대표적으로 어린이집 선생님들의 경우 자신의 실천이 의무평가제의 평가기준에 부합하는지를 늘 고민한다. 예컨대 보육과정평가 영역에서 "개별 영유아의 반응과 행동을 관찰하여 기록함"이라는 지표에 혼란스러워한다. 관계 속에서 이루어지는 놀이, 일상생활, 활동 등을 그대로 관찰하고 기록하는 것과 개별 영유아의 반응이나 행동을 중심으로 관찰하고 기록하는 것을 동시에 하기는 어렵기 때문이다. 관찰기록은 관계 중심으로 하고서 개인 중심의 분석을 실시하는 것을 기관평가에서 인정받을 수 있을 때 놀이와 배움의 역동적인 흐름을 온전하게 이해할 수 있을 것이다. 교사의 자율성을 존중하고 새로운 시도를 격려해주는 기관평가로의 변화가 요구된다.

일상적으로 자연스럽게 이루어지는 관찰기록의 경우에도 그 횟수나 길이에 대한 운영자의 요구와 기대로 인하여 교사들이 어려움을 경험하기도 한다. 동료교사들과의 공유 과정에서 스스로 글쓰기의 역량이나 분량에 대하여 비교하고 경쟁하게 되면서 심리적 부담을 느낄 수도 있다. 교사마다의 철학과 가치, 신념, 교수학습의 실제, 기록 스타일 등에 따라 다양성을 존중하고 함께 배워가는 공동체 문화를 형성하는 것이 무엇보다 중요하다.

또한 일상적 관찰에서 자주 사용되는 사진이나 동영상 촬영에 있어서 자녀의 얼굴이 중심이 되기를 바라는 학부모의 요구와 교사와 아이들에게 의미 있는 사진의 특성이 충돌하기도 한다. 영유아교육기관에서 사진은 단순히 추억을 담는 기념사진이 아니다. 때로는 아이들의 뒷모습만 나오기도 하고 때로는 아이들의 시선이 향해있는 사물이나 자연을 담을 때 교육적으로 의미 있는 순간을 포착할 수 있다. 따라서 좋은 유아교육과 보육을 함께 만들어가는 과정에서 사진이나 동영상 자료의 역할과 의미를 이해할 수 있도록 학부모와의 대화가 필요하다. 교육적 관찰의 중요성을 인지할 때 진정한 부모참여 및 협력이 이루어질 수 있다.

이러한 관찰의 본질적, 방법론적, 실제적 어려움을 딛고서 교육과정의 공동주체들과 함께 협력함으로써 놀이를 기반으로 하는 교육과정의 수행 과정에서 일상적 관찰이 가치 있는 의미를 가질 수 있다. 진정으로 귀 기울이며 이해해가는 관찰은 다양한 경험과 기억을 가지고 오는 영유아들이 영유아교실에서 가지는 새로운 경험 속에서 또 무엇을 어떻게 경험하고 생각하고 표현하면서 변화해 나가는지를 발견할 수 있는 렌즈를 제공한다. 이러한 관찰은 마치 '소설 읽기'(Fawcett & Watson, 2016)처럼 재미있고 놀랍고 감탄스러운 교육적 경험을 이어가도록 해줄 것이다.

토론거리

1. 각자 평소에 어떤 방식으로 어떤 기록을 남기는지 이야기 나누어보자. 가장 편하면서도 의미 있는, 다시 볼 때 정말 마음에 와닿는 기록은 무엇이었는가? 그 기록방법을 영유아교실에서의 관찰기록에도 적용할 수 있을까?
2. 관찰기록에서 무엇이 가장 큰 부담감(심리적, 시간적, 체력적 부담 등)으로 다가오는지 토론해보자. 어떻게 그러한 부담감을 줄일 수 있을까?

활동1: 교사 인터뷰로 관찰기록의 실제 알아보기

다양한 연령이나 경력을 가진 유치원 및 어린이집의 선생님들과 인터뷰를 실시해보자. 먼저 인터뷰의 목적을 알려드리고 참여 동의를 구한다. 질문할 내용을 미리 알려드림으로써 충분히 생각해보고 도움이 될만한 자료를 준비할 수 있도록 해드리는 것이 좋다. 현장에서 활용하고 있는 일상적 관찰기록방법에 대하여 궁금한 점을 알아보자. 예컨대 아래와 같은 질문을 할 수 있을 것이다.

- 선생님께서 언제 어떤 순간에 특히 주목하여 관찰하시는지, 어떻게 기록하시는지 궁금합니다.
- 관찰기록을 통하여 아이들의 놀이와 배움의 유능성에 대하여 감탄하셨던 순간들이 많으셨을 것 같은데 가장 기억에 남는 사례를 소개해주세요.
- 관찰기록을 교육계획안이나 보육일지와 연계하여 활용할 수 있을까요? 교사의 자율성이 어떤 방식으로 구현되는지, 어떤 과정이 필요한지 궁금합니다.
- 바쁜 일상 속에서 관찰, 기록, 정리 등을 언제 어떻게 하시는가요? 선생님만의 노하우가 궁금합니다.
- 관찰기록과 관련하여 교사들 간의 협력 과정이 궁금합니다. 학년초 협의나 평소 공유 과정이 어떻게 이루어지는가요?
- 관찰기록에 영유아나 학부모가 어떤 방식으로 참여할 수 있을까요? 어떤 점이 어려운지, 어떻게 해결해 가셨는지, 어떤 보람된 순간을 경험하셨는지 궁금합니다.

이때 가능하다면 어린이집의 보육일지와 영유아관찰기록지, 유치원의 교육계획안(월안, 주안 혹은 일안) 속 놀이관찰, 별도의 놀이 관찰기록지 등 실제 사례 혹은 양식을 구해보도록 한다.

활동2: 일상적 관찰을 위한 나만의 관찰기록지 만들어보기

비구조적 관찰을 기록하기 위하여 내가 좋아하는 언어적 표현과 디자인 배치로 나만의 관찰기록지를 만들어보자. 이 양식은 교사의 의도나 선호 등이 명확할 경우 그대로 최종적인 기록지가 될 수도 있고, 짧게 메모하거나 사진 등으로 남긴 1차 기록을 정리하는 2차 양식일 수도 있다. 즐겁게 기록하고 싶은 마음이 생기는 기록양식을 만들어보자.

놀이와 배움에 대한 나의 철학을 담을 수 있는 언어, 종이 크기, 사진의 포함 여부, 관계나 흐름의 시각화, 무엇이든 기록할 수 있는 자유로운 공간 등을 생각하여 기록양식을 가시화해보자. 다음은 「함께-하는 유아평가: 경계를 넘나들며 대화 이어 가기」(이진희 외, 2020)에 소개된 예비유아교사들의 기록양식 중 일부이다.

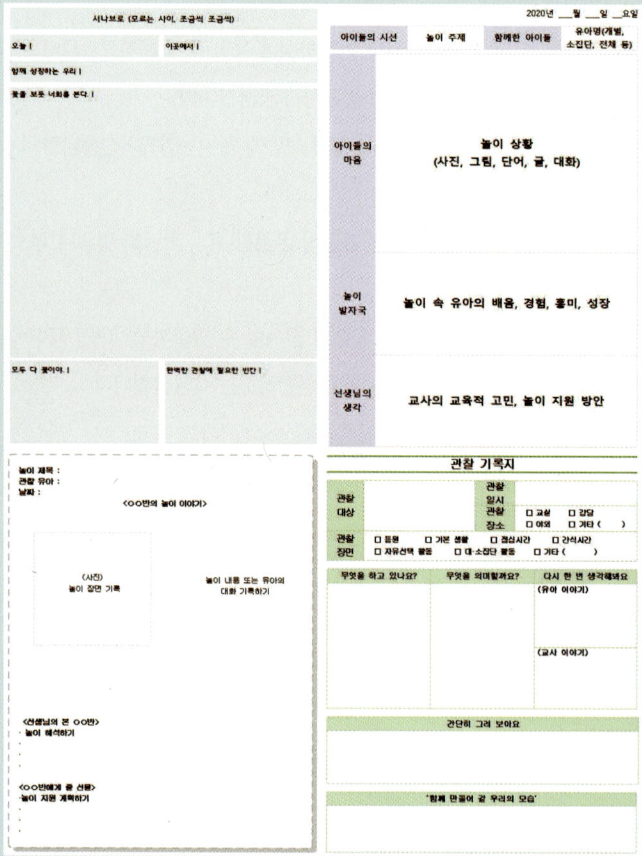

○○○→
학급의 모든
영유아들 이름
(관찰된 아이들
이름에 동그라미
혹은 체크표시로
빠르게 기록가능)

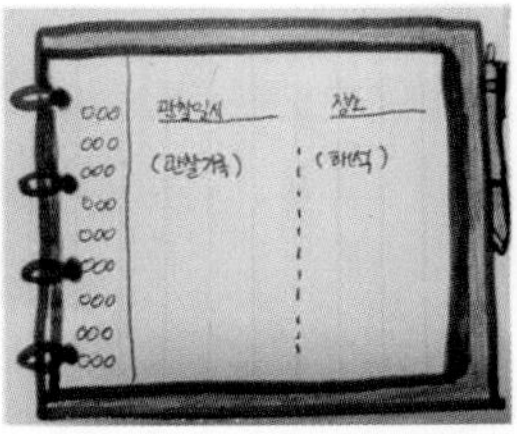

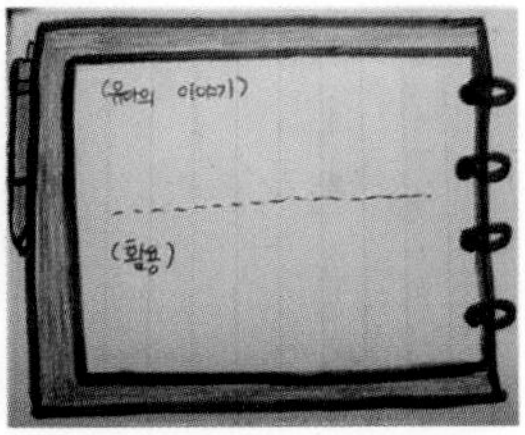

아울러 관찰기록에 대한 해석 부분을 어디에 어떻게 배치하는 것이 다양한 관점과 새로운 해석을 가능하게 해줄지 실험해보자. 관찰내용과 해석을 상하로, 혹은 좌우로 배치할 수도 있고 칸을 구분하지 않고 함께 포함시킬 수도 있으며, 관찰기록을 중심으로 적고 해석은 다른 용지에 적어 다시 보기, 함께 보기와 함께 누적시켜갈 수도 있을 것이다.

제7장
영유아교사의 특별한 목적이 있는 관찰방법

특별한 목적이 있는 관찰방법이란 무엇일까? 특별히 초점을 맞추어 관찰할 필요가 있는 상황이 언제일까? 어떤 상황에서 이러한 방법이 영유아교사에게 어떻게 도움이 될까?

6장의 일상적 관찰 방법과는 달리 7장에서 다루게 될 특별한(specific) 목적이 있는 관찰 방법은 관찰할 개별 영유아를 미리 지정하고 정해진 목적을 처음부터 설정하고 관찰기록 및 분석의 마지막까지 그 목적에 따라서 관찰하는 것이다. 따라서 관찰일지 양식에서도, 목적에 따른 소폭 변경이 가능하지만, 대부분 전형적인 양식을 따르게 된다. 그리고 관찰 전에 관찰일지 양식을 미리 설정하고 관찰하게 된다. 일반적으로 관찰일지 양식에서는 관찰 영유아 1명을 지정하게 되어 있고, 미리 관찰할 내용과 관찰 지침이 결정되어 있다. 6장에서는 영유아교육기관에서 일상적으로 영유아의 배움과 성장을 맥락적 상황에 따라 기록하고 따라가기 위해 이루어지는 다양한 관찰 방식을 소개했다면 7장에서는 개별 영유아를 지정하고 특별한 목적에 맞추어 행동을 탈맥락화하여 객관적으로 관찰하는 방법을 소개한다.

1. 교육의 과정에서 이루어지는 특별한 목적이 있는 관찰

특별한 목적이 있는 관찰방법은 대부분 발달심리학에 근거한 전통적 방식의 관찰방법으로 관찰 전에 개별 관찰 대상을 미리 설정하고 관찰방법도 미리 결정하고 처음 설정한 목표에 맞추어 이루어지는 관찰방법이다. 이 관찰방법은 현장 연구자로서도 활용할 수 있으며 교사로서도 활용 가능하다. 오랫동안 현장에서 가장 많이 활용되었던 방법이지만 2019 개정 누리과정 실행 이후에는 개인 중심의 관찰보다는 관계 중심의 관찰이 강조되면서 활용 빈도가 줄고 있고 일상적 관찰 방법이 현장에서 늘어나는 추세다. 그러나 아직도 개별 영유아를 특별한 목적을 가지고 이해하고자 할 때 일상적 관찰 방법과 더불어 같이 사용할 수 있다.

특별한 목적의 예를 들자면, 교육과정 영역에 따른 개별 영유아의 발달 상황을 관찰하기 위한 목적, 중간에 입소한 개별 영유아의 적응을 관찰하기 위한 목적, 공격적 행동을 보이는 개별 영유아를 관찰하기 위한 목적, 개별 영유아의 식습관을 관찰하기 위한 목적, 개별 영유아의 놀이 유형을 관찰하기 위한 목적 등 대체로 영유아의 문제 행동 또는 문제 상황에 집중해서 이루어지는 경우가 많다. 서로 다른 특별한 목적에 따라 다양한 방식의 관찰법이 가능하다. 특별한 목적이 있는 관찰 방법에는 크게 내러티브 중심으로 한 서술식 관찰법과 행동의 빈도 또는 행동의 강도 정도 등의 범주 중심으로 한 범주형 관찰법 두 가지로 나눌 수 있고 그 하위에 더 다양한 관찰법들이 있다. 이 장에서 소개되는 예시들은 현장 사례와 교사들의 이야기를 바탕으로 구성한 것이다.

1) 서술식 관찰법

(1) 표본식 기록법

표본식 기록법(specimen record)은 관찰대상, 관찰장소, 관찰시간 등을 미리 정한 뒤 그 상황에서 일어나는 행동이나 사건 내용을 기록하고 그것이 일어나는 환경적 배경까지지도 상세하게 이야기식으로 서술하는 방법으로 연속 기록법(running record)이라고도 부른다. 서술식이라는 부분에서 일화기록법과 비슷할 수 있지만 표본식 기록법은 기억에 의존하기보다 그 시간에 관찰한 영유아의 행동을 자세히 기록한다는 점이 차이점이다. 또한 일화기록은 이미 경험한 사건을 중심으로 행동을 선택하여 기술한다면 표본식 기록법은 정해진 시간 내에 나타나는 영유아의 모든 행동을 자세하고 완전하게 기록하려고 노력한다.

표본식 기록법을 진행하기 위해서는 관찰자는 관찰기록지와 시계를 준비해야 한다. 일반적으로 미리 준비된 관찰기록지에 관찰 전에 관찰날짜, 시간, 관찰 영유아의 이름, 생년월일(혹은 연령이나 월령), 성별 및 관찰자의 이름을 미리 적어 놓아 바로 영유아의 행동과 말을 적을 수 있도록 한다. 관찰을 시작하면 관찰 대상 영유아가 어떤 장소에서 어떤 장면 즉 상황에서 관찰이 되는지 적는다. 1회 관찰은 10분 내외가 적당하며 최대 30분을 초과하지 않는다. 그 시간에 어떤 행동을 하였는지를 적기 위해 관찰일지에 시간을 적고 행동을 기록한다(예 3분 45초 영철이는 민수가 가지고 놀고 있는 파란 블록을 응시한다). 시간의 순서대로 관찰대상의 모든 말과 행동을 적는다. 관찰자의 주관적인 해석이나 판단이 아니라 객관적인 행동만을 기록해야 한다. 관찰대상과 상호작용하고 있는 다른 사람들의 말과 행동도 기록한다. 말은 되도록 큰따옴표를 사용하여 직접 인용 형식으로 기록한다.

관찰이 끝난 후 관찰기록 파트와 구별하여 해석이나 교사지원, 교수계획 등의 파트를 기록한다. 관찰기록에는 최대한 객관적으로 본 것을 기술하고 해석 등의 파트에서 다양한 자료를 활용하여 관찰한 내용을 분석한다.

사례 : 표본식 기록법의 활용

영유아가 어떤 상황에서 특별히 힘들어하거나 혹은 점차 변화된 모습을 보이는지 관찰하여 지원해 주는 특별한 목적을 염두에 두고 표본식 기록법을 활용할 수 있으나, 담임교사가 한 명인 상황에서 사용하기는 쉽지 않다. 교사가 2명 혹은 3명 있는 학급에서는 상황에 따라 유용하게 활용할 수 있을 것이다. 다음은 어린이집 입소 후 2개월이 지났지만, 아직 적응에 다소 어려움을 겪고 있는 1세반 영아를 표본식 기록법으로 관찰한 경우다. 아래의 사례에서는 교사가 동료교사와 그 영아의 등원 모습을 표본식으로 기록하였다. 해석을 관찰내용의 아래쪽에 적을 수도 있고 오른편에 칸을 하나 더 만들어 관찰내용에 해당하는 해석을 적을 수도 있다.

관찰영아: 박연우 **연령:** 17개월 **성별:** 여
관찰자: 박혜란 **관찰일자:** 21.05.19. **관찰장면:** 등원

시간	관찰내용
8:10	연우가 아빠에게 안겨 어린이집에 도착한다. 현관문을 들어서면서 고개를 바깥으로 돌렸다가 아빠의 품에 다시 얼굴을 묻는다. 아빠가 활기찬 목소리로 "연우, 재미있게 지내고 있으면 아빠가 이따가 데리러 올게!"라고 말하고, 등을 토닥이면서 연우를 바닥에 내려놓는다. 연우는 다시 팔을 뻗으며 아빠에게 안아달라는 몸짓을 한다. 아빠가 연우의 어깨를 토닥이며 선생님(황정빈 교사)과 인사를 나눈다. 선생님이 연우의 이름을 부르며 팔을 벌리자 연우가 잠시 멈칫거리다가 안긴다.
8:13	연우가 교실 앞 사물함에 연우의 가방을 정리해두는 아빠의 모습을 지켜보고 있다. 아빠가 작별 인사를 하며 가려고 하자, 달려가 아빠의 다리에 매달린다. 황선생님이 "연우야, 다솜반 친구들이 연우를 기다리고 있어~. 얼른 들어가서 인사할까?"라고 말하며 손을 내밀자, 잠시 망설이다가 선생님의 손을 잡는다. 인사하고 가는 아빠를 계속 쳐다본다.
8:18	황선생님이 연우가 평소 좋아하는 소꿉놀이 영역으로 연우를 데려가자, 연우는 잠깐 둘러보지만, 선생님의 손을 놓지 않는다. 선생님이 살며시 연우의 손을 놓고 바닥에 앉자 연우는 후다닥 선생님의 무릎 위에 앉는다. 연우를 무릎 위에 앉혀둔 채 선생님이 음식모형 놀잇감에 손을 겨우 뻗어 앞에 늘어놓은 후, 연우를 무릎 위에서 내려와 바닥에 함께 앉게 한다. 연우가 울기 시작한다. 선생님은 부드러운 목소리로 연우가 좋아하는 피자 모형을 들고서 "우리, 피자 먹을까?"라고 말하며 놀이에 참여하도록 시도한다. 연우는 계속 울고 있다. 선생님이 다시 무릎 위에 앉혀주자 울음을 그친다. 연우는 한 번씩 고개를 돌려 교실 문을 바라본다.

8:26	상민이가 엄마와 함께 등원한다. 상민이는 뒤돌아보지 않고 곧바로 블록영역으로 향한다. 여전히 황선생님의 무릎에 앉아 있던 연우가 다시 울기 시작한다. 이번에는 3분 정도 울음이 지속된다. 선생님이 안아주며, 등원한 다른 친구들이 무슨 놀이를 하고 있는지 이야기해주자 점차 울음을 그친다.
관찰해석	
연우는 어머니의 근무지가 멀어서 아버지와 함께 등원한다. 4월 초까지는 울며 매달리는 연우를 내려놓지 못하고 힘들어하시던 아버지가 교사와의 면담 이후 점차 크고 활기찬 목소리로 어린이집에서 즐거운 일들이 있을 것이라는 기대감을 전하신다. 오후에 아빠가 데리러 올 것이라는 사실을 확인해주는 것이 연우의 등원에 도움이 되고 있음을 알 수 있다. 교사가 연우가 좋아하는 소꿉놀이 영역으로 데려가 하루의 시작을 지원하고 있는데, 혼자서 놀잇감을 탐색하거나 놀이에 참여하기까지는 조금 더 기다려줄 필요가 있다. 등원하는 다른 친구들의 부모님이 보일 때마다 엄마·아빠를 떠올리며 힘들어하는 것으로 보인다.	
교사지원	
가정과의 소통 및 협력을 지속하여 연우의 아침 등원을 지원하는 동시에, 연우가 좋아하는 소꿉놀이 영역의 위치를 교실 문에서 떨어진 곳으로 재배치해보려 한다. 등원하는 다른 부모님들을 보면서 울음을 터뜨리는 상황이 줄어들 수 있지 않을까? 아울러 연우가 친구들의 놀이에 관심을 보이기 시작하고 있으므로, 등원 시 소꿉놀이 영역에 다른 친구가 있다면 교사가 그 친구가 하고 있는 놀이에 대하여 이야기하면서 자연스럽게 참여시키도록 하는 방안을 시도해볼 수 있을 것 같다.	

표본식 기록법의 장점은 관찰 영유아의 그 장면에서 모든 것을 기록하기 때문에 많은 정보를 수집할 수 있고 대상의 발달 정보를 유추할 수 있어서 대상의 문제 행동을 해결할 수도 있다. 또한 표본식 기록법은 있는 그대로 기록하면 되어서 관찰자가 특별한 기술이나 도구 사용에 대한 훈련을 받지 않아도 된다. 또한 표본식 기록법은 비교적 관찰된 행동의 전후 상황 맥락을 알 수 있고 따라서 영유아가 왜 이런 행동을 하는지 쉽게 이해할 수 있다.

그러나 단점은 다른 평가방식에 비해(특히 범주형 관찰법에 비해서) 기록하고 평가하는 데 시간이 많이 걸린다. 특별한 훈련이 필요하지 않아 관찰을 기록하는 정보 수집은 분석에 비해서 상대적으로 쉬울 수 있으나 분석은 쉽지 않다. 방대한 정보를 정리하고 분석 평가하는 것은 숙련된 노하우와 학문적 이해가 있어야 해서 쉬운 일이 아니다. 관찰자가 최대한 객관적 이려고 노력하고 기록하고 분석하지만, 해석에 있어서는 관찰자 개인의 성장배경과 학문적 경향 등 주관적인 해석과 추론의 영향을 많이 받을 수밖에 없다는 단점을 인정해야 한다. 또한 자세히 기록해야 하기 때문에 한 명의 영유아밖에 관찰하지 못한다는 단점을 가지고 있다(서현아 외, 2021; 이정환, 박은혜, 2009; 전남련, 김인자, 백향기, 황연옥, 2016; 황해익, 송연숙, 정혜영, 유수경, 2013).

(2) 일화기록법

일화기록법(anecdotal record)은 관찰자와 대상 영유아와 관련하여서 중요하다고 생각하는 사건에 대한 간단한 진술이다. 언제 어디서 무슨 일이 일어났는지 시간의 흐름에 따라 기록하게 되는데 그 사건이 일어나는 그 순간 관찰한 의미 있는 내용을 간단히 몇 가지로 메모해 두고 추후에 기록할 수도 있고 그 순간 관찰만 하고 온전히 기억에 의존하여서 기술할 수도 있다. 사건을 본 직후 일화를 기록하는 것이 가장 좋지만, 상황이 허락하지 않는다면 사건 직후 핵심 단어 등 주요 내용을 기록하여 두는 것이 도움이 될 수 있다. 대부분 일화기록법의 관찰 내용은 대부분 과거형으로 기술한다. 최근에는 관찰기록의 객관성과 현재성을 살리고자 현재형으로 바꾸어 기술하기도 한다. 일화기록법 또한 표본식 기록법과 마찬가지로 기록 파트와 해석 파트로 나누고 기록 파트에서는 최대한 객관적으로 기록하려고 노력하고 해석 파트에서 관찰자의 주관을 추가하게 된다(이은해, 이미리, 박소연, 2006).

일화기록법에는 표본식 기록법과 마찬가지로 날짜, 장소 및 상황, 관찰대상 영유아의 이름, 생년월일(혹은 연령이나 월령), 성별의 개인정보가 포함된다. 앞에서도 언급했듯이 사건을 본 직후 아직 기억이 생생할 때 일화를 기록하는 것이 가장 좋다. 사건에서 대상 영유아의 행동과 반응의 순서대로 기록하는 것이 좋고 주관적일 수 있는 단어나 모호한 단어는 피하는 것이 좋고 일관성 있는 단어 사용이 좋다. 영유아의 행동에 대한 다른 영유아의 반응과 교사의 반응이나 행동을 포함할 수 있다.

일화기록법은 6장의 기억을 토대로 한 관찰과 유사하게 느껴질 수 있으나, 일화기록법은 관찰 전 관찰대상인 개별 영유아를 지정하고 있고 대략적 관찰 내용이 미리 계획되어 있다는 데 차이점이 있다. 사건을 미리 계획할 수는 없지만 2019 개정 누리과정 전에 영유아교육 현장에서는 5개 교육과정 영역 (신체운동 건강, 사회관계, 의사소통, 자연탐구, 예술경험) 중 한 영역을 관찰하고자 대략적 관찰 영역을 계획하고 관찰자인 교사가 마음먹고 계획하고 있다가 대상 영유아가 그 영역과 관련된 사건에 참여할 때 그 사건을 중심으로 일화기록이 이루어지는 경우가 많았다. 누리과정 개정 후에는 좀 더 통합적으로 관찰하고자 한다. 따라서 6장의 기억을 토대로 한 관찰과 같이 개별 영유아가 아닌 관찰대상도 집단으로 변경되었고 좀 더 자연스러운 일상 상황에서 영유아들이 함께 무엇을 하고자 하고, 하고 있는지 관찰하게 되었다. 6장의 일상적 관찰 방법은 교육과정 영역과 무관하여도 영유아들이 의미 있게 놀이를 진행하고 있는 사건이라면 기록되었다. 그리고 관찰자의 주관성을 인정하여 관찰자의 주관적, 정서적 표현을 인정하고 관찰자를 그 맥락의 일부로서 받아들이게 되었다. 또한 교육과정에 따라 분석하기보다 아이들의 관계성 안에서 놀이흐름을 따라가고 이 안에서 아이들이 무엇을 하고자 하는지를 파악하려고 하였다. 이 과정에서 교육과정 영역은 자연스럽게 통합되게 된다. 이와 같이 6장의 기억을 토대로 한 관찰은 발달심리학에 기반을 둔 전통적 일화기록법과는 차이가 있다고 본서에서는 규정하고자 한다.

사례 : 일화기록법의 활용

영유아가 놀이 참여하기, 놀잇감 공유하기, 자신의 차례 기다리기 등에 어려움을 가진 경우 어떤 상황에서 힘들어하는지, 혹은 긍정적인 변화를 보이는지에 초점을 맞추어 일화기록법을 적용할 수 있을 것이다. 다음은 모래놀이 상황에서 차례를 기다리는 행동을 일화로 기록한 사례이다.

관찰유아: 이지원	**관찰자:** 박은빈(3세반 교사)
관찰일시: 22.06.1. 오전 10:30	**관찰장면:** 모래놀이
관찰내용	
네 명의 아이가 모래놀이를 하고 있었다. 모래놀이터에는 물 양동이 1개, 크기가 다른 플라스틱 그릇 3개, 냄비 1개, 프라이팬 2개, 작은 삽 4개, 찍기 틀 세트가 준비되어 있었다. 은서가 "나는 생일케이크 만든다~ 이것 봐!"하면서 크기가 가장 큰 플라스틱 그릇에 물이 섞인 모래를 담아 케이크를 만들자, 은서의 옆에 있던 아이들 두 명이 "나도, 나도" 하면서 재빨리 그릇으로 손을 내밀어 가져갔다. 지원이가 고개를 들어 다른 아이들이 그릇을 하나씩 가지고 있는 모습을 보면서 잠시 행동을 멈추고 있었다. 그러다가 은서 옆으로 다가가서 작은 목소리로 "나도 생일케이크 만들래. 너 다하고 나면 그거, 내가 써도 돼?". 라며 그릇을 가리켰다. 지원이는 은서 옆에 쪼그리고 앉아서 은서가 생일케이크 하나를 더 만드는 모습을 지켜보고 있다가, 은서가 건넨 그릇을 받아들고서 자기가 놀던 자리로 돌아왔다.	
해석 및 교사지원	
유치원 적응 기간을 지나 5월 중순까지도 친구들과 놀잇감을 함께 나누어 사용하는 것에 어려움을 보이며 포기하고 다른 곳으로 가거나 때로는 울음으로 의사를 표현하던 지원이가 오늘은 친구들의 놀이 상황을 지켜보면서 친구에게 자기 의사를 언어로 표현하며 자신의 차례를 기다리는 모습을 보였다. 아이들의 생일케이크 놀이를 지원할 수 있도록 더 많은 수량의 그릇을 제공할 수도 있겠지만, 계속해서 쓰지 않는 그릇의 수량은 그대로 유지하여 지원이가 차례 기다리기와 놀잇감 공유하기를 연습하는 기회로 삼을 수 있을 것 같다. 이와 함께 그릇으로 만든 케이크를 장식할 수 있는 재료를 더 다양하게 제공하면 생일케이크 만들기 놀이가 더 풍부해질 수 있을 것으로 기대한다.	

일화기록법의 장점은 표본식 기록법 등 다른 서술식 기록법에 비해서 시간이 많이 걸리지 않는다는 것이다. 그리고 표본식 기록법과 마찬가지로 관찰자가 특별한 훈련을 받을 필요가 없다. 또한 미리 계획된 대략적 내용이 있지만 구체적으로는 예기치 않은 사건을 기록할 수 있게 된다는 점, 즉 표본식 기록법이나 다른 범주형 관찰법에 비해 발현성과 우연성을 반영할 수 있다는 것이 장점이다. 사건에 대한 기록이다 보니 대상 영유아의 강점, 흥미, 행동변화 등 질적인 정보를 많이 얻을 수 있고 교사가 대상 영유아를 위한 지원방안을 세울 수도 있다.

반면 아무리 객관적이려고 노력해도, 관찰자의 주관성이 개입된다는 것이 단점이다. 관찰자가 관심 있고 의미 있다고 여겨지는 사건이 선택되어 기록되게 되어 관찰자의 주관성이 크게 영향을 미치게 되고 또한 관찰자의 기억에 의존해 기술하다 보니 주관적일 수밖에 없다. 따라서 교사가 의도하지는 않았지만, 사건의 상황을 오해할 수 있고 이 내용을 기록한다면 영유아에 대해서 잘못된 인상을 기록으로 남겨 다른 사람에게 그 영유아에 대한 오해를 불러일으킬 수 있다(서현아 외, 2021; 이정환, 박은혜, 2009; 전남련 외, 2016; 황해익 외, 2013).

(3) ABC 서술식 사건표집법

ABC 서술식 사건표집법(ABC event sampling method)이란 관찰자가 관찰하고자 하는 특정 행동이나 사건이 나타나기를 기다렸다가 그 행동이나 사건이 나타나면 일정한 형식에 따라 이야기형식으로 기록을 남기는 방법이다. 관찰하고자 하는 행동이나 사건이 일어나기 직전에 발생한 상황(Antecedent: A), 행동이나 사건 그 자체(Behavior: B), 행동이나 사건이 일어나 직후의 결과(Consequence: C)를 순서대로 기록하는 방법이다. 어떤 행동의 원인을 알기 위해 적합한 관찰법이다. ABC 서술식 사건표집법은 각 기록이 세 개의 열로 나누어지기 때문에 행동 패턴이 분명해져 관찰대상의 행동의 원인과 결과를 분석하는 데 효과적이다. 영유아 부정적 행동뿐만 아니라 긍정적 행동에 있어서도 적용 가능하다.

ABC 서술식 사건표집법을 하기 위해서는 먼저 목표행동(예 물기, 때리기 등)을 선택해야 한다. 자세하게 기록하기 위해 녹음기나 비디오를 사용할 수도 있다.

목표 행동에 대한 ABC 서술식 사건표집법에 따라 최종 기술하기 위해서 3번 이상의 사건이 기록되어야 한다. 일정한 패턴을 파악하기 위한 과정이라고 할 수 있다. 관찰일지는 쉽고 관찰시간 사건 전 상황, 사건, 사건 후 행동을 충분히 기록할 수 있는 여백이 있어야 한다. 관찰자가 설정한 기간이 끝나도 다양한 상황에서 관찰대상의 행동을 수집하고 대상 행동의 패턴과 원인에 대한 가설을 세우고 적용해보면서 지원방안을 계획할 수 있다.

사례 : ABC 서술식 사건표집법의 활용

0-1세 혼합연령학급의 13개월 나은이는 친구들을 무는 행동이 계속 나타나고 있다. 학기 초에는 그러지 않았는데 적응 기간이 지나고 이런 행동이 나타나기 시작했다. 나은이가 아직 자기 말로 충분히 의사를 표현하지 못해서 자신의 하고 싶은 것을 관철시키기 위해서 나타내는 공격성이라고 교사는 단정 지을 수도 있겠지만 교사는 나은이에게 귀 기울여 이 상황을 이해하려고 노력하였다. 그래서 무는 행동이 일어나기 전과 그 후를 살펴볼 수 있는 ABC 서술식 사건표집법을 통해 관찰을 진행했다. 특별한 목적이 있을 때 이와 같은 관찰 방식이 효과적으로 활용될 수 있다.

관찰영아: 송나은　**연령:** 2020. 03. 05.　**성별:** 여
관찰자: 박소윤　**관찰일자:** 2021. 04. 14-21.　**관찰장면:** 물기 행동

날짜	선행 사건 (A)	행동 (B)	결과 (C)
21.4.14 수	나은이가 재훈이와 소영이랑 휴지 뽑기 놀이에 몰입하고 있다. 친구들과 신나서 뽑고 또 뽑고 하늘로 날리고 이것을 잡으러 다니며 점프하고 있다. 모두 같이 누워있고 선생님이 휴지 뭉치를 위에서 눈이 내리듯이 뿌려주신다.	누워서 옆에 뒹굴며 친구들과 웃고 깔깔대며 휴지를 잡으려고 손을 뻗기도 한다. 그러다가 옆에 누워 같이 놀고 있는 재훈이의 팔을 문다.	세게 물지는 않았지만 재훈이는 놀라서 울고 선생님은 재훈이를 달래고 나은이는 이해할 수 없다는 표정으로 이를 지켜본다. 나은이에게 재훈에게 사과하도록 한다.

날짜	선행 사건 (A)	행동 (B)	결과 (C)
21.4.16 금	나은이가 친구들과 동그랗게 손을 잡고 강강술래같이 빙빙 돌고 있다. 아이들은 서로 보고 웃으며 돌고 있다. 그리고 다 같이 쓰러지면서 몸이 엉킨다. 다행히 주변에 위험한 장들은 교사가 다 미리 옮겨두었고 바닥에는 매트가 깔려 있다.	나은이가 아이들과 몸을 뒤엉키며 웃고 있는데 또 옆에 가까이 있는 제인이의 뺨을 문다.	제인이는 놀라서 울고 얼굴이어서 자국도 남았다. 나은이는 제인이와 교사의 행동을 지켜본다. 그리고 제인이에게 다시 가까이 가려고 하지만 제인이가 거부한다. 나은이에게 제인에게 사과하도록 한다.
21.4.20 화	나은이가 창문에 붙여둔 노끈을 뽑으며 놀이하고 있다. 다른 아이들도 이 뽑기 놀이에 몰입하고 있다. 노끈이 바스락거리는 소리에 귀를 기울이며 만지작거리면서 노끈이 여러 개로 갈라지는 것을 발견하며 좋아한다. 선생님과 나은이는 서로 노끈의 끝을 잡고 서로 분리하고 또 분리해서 여러 개의 끈을 만든다. 나은이는 교사 무릎에 누워있고 교사는 색색의 끈 뭉치로 나은이의 몸을 감싸주고 폭 안아준다. 나은이가 웃는다.	나은이가 웃으며 얼굴을 돌리더니 교사의 조금 나온 맨다리를 문다.	역시나 세게 물지는 않았지만, 교사는 너무 갑작스러운 나은이의 물기 행동에 놀라서 "악!"하고 소리를 질렀고 나은이도 깜짝 놀란다. 나은이에게 선생님이 아프다고 사과하도록 한다.

관찰해석
관찰 결과, 세 사례 모두 나은이는 놀다가 기분이 좋거나 흥분하면 깨물고 있는 것을 알 수 있었다. 부모 면담 시 이야기를 물었더니 가정에서 아빠가 기분이 좋으면 나은이의 배나 얼굴 등을 깨무는데 이 행동을 흉내 내서 어린이집에서도 무는 행동을 하는 것 같다고 했다.

교사지원 및 가정과의 협력
앞으로 나은이가 기분이 좋아 흥분하는 순간을 포착하여 위험한 상황을 예방하는 동시에, 친구들에게 나은이가 무는 행동이 자신을 싫어하거나 화를 내는 것이 아니라는 것을 이야기해주는 것이 도움이 될 것 같다. 이와 함께, 가정과 어린이집에서 나은이가 기분 좋을 때는 어떻게 해야 하는지에 대하여 이야기를 나누고 부모님과 협력하여 언어나 행동으로 모델링하면서 변화과정을 지켜보고자 한다.

ABC 서술식 사건표집법의 장점은 사건이 일어난 전후 상황이 기록되어 행동이 나타난 배경을 알 수 있다는 것이다. 따라서 자연스러운 상황에서 원인과 결과를 알 수 있다. 범주형 관찰법 중 하나인 시간표집법과 달리 자주 일어나지 않는 행동을 관찰하는 상황에서도 사용될 수 있으며 비교적 목표 행동에 제한이 없다. 또한 개별 영유아를 관찰하는 것이고 원인과 결과를 분석하기에 개별 영유아를 위한 지원방안을 세우는 것에 도움이 될 수 있다. 개인에 대한 비교적 풍부한 질적 정보를 제공할 수 있다.

단점은 다른 서술식 관찰방법과 마찬가지로 관찰하면서 시간과 노력이 많이 든다. ABC 서술식 사건표집법 또한 다른 서술식 관찰방법과 마찬가지로 주관성이 높을 수밖에 없다. 원인과 결과를 자신이 미리 생각했던 방향으로 분석할 수 있다. 이렇듯 수량화가 되지 않아 자료에 대한 신뢰도에 의문을 제기할 수 있다. ABC 서술식 사건표집법은 일화기록법보다는 사건의 전체를 분석적으로 알 수 있으나 표본식 기록법에 비해서 사건이 일어나 전후의 연속성이 분절되어 기록되어 연속성이 깨어지기 쉽다. 또한 시간적으로 공간적으로 관찰 전 상황이나 행동이 관찰 대상 행동과 많이 떨어져 있을 경우에는 분석의 오류가 생길 수 있다 (서현아 외, 2021; 이정환, 박은혜, 2009; 전남련 외, 2016; 황해익 외, 2013).

2) 범주형 관찰법

전반적으로 범주형 관찰법은 서술식 관찰법에 비해 관찰시간이 덜 들고 기록하는 것에 대한 부담감을 줄일 수 있다. 물론 관찰을 준비하는 데 있어서는 범주형 관찰법이 시간이 더 들 수 있고 특별한 훈련이 필요한 경우도 많다. 적합한 관찰일지 양식도 결정해야 하고 관찰일지양식을 사용하기 위해 훈련이 필요한 경우가 종종 있을 수 있다.

(1) 행동목록법

행동목록법(checklist)이란 영유아의 어떤 행동양상이나 특정 기술을 나타내는지 관찰하여 출현 유무를 확인하는 방법이다. 행동의 유무를 확인하는 효율적인 방법이지만 그 행동의 빈도, 수준, 지속 시간과 같은 구체적인 정보는 제공하지 못하고, 출현하는 행동을 자세하게 설명해주지 못한다. 관찰하고자 하는 대상의 현재 상태를 평가하고자 할 때 사용된다. 즉 어떤 행동의 출현 유무를 파악하여 대상의 현재 상태를 파악하고자 한다. 따라서 현장에서 관찰할 내용을 바로 기록하게 된다. 즉 관찰과 평정이 바로 이루어진다. 그 행동이 관찰이 되면 예, 관찰되지 않으면 아니요로 평가한다. 일반적으로 어린이집이나 유치원에서 학기 초와 말에 교육과정 영역에서 변화가 있는지, 발달이 있는지 살펴보기 위해 많이 사용한다.

사례 : 행동목록법의 활용

영유아교사가 관찰이 필요하다고 생각하는 행동목록을 개발하거나 기존 체크리스트를 재구성하여 사용할 수 있다. 아래의 예시는 차례 기다리기 행동의 목록을 제작하여 예, 아니오의 형태로 기록한 것이다. 시간의 경과에 따른 변화를 알고자 할 경우에는 표를 수정하여 1, 2, 3회 등을 구분하여 관찰일자와 관찰 여부를 기록할 수 있을 것이다.

관찰유아: 김민재　　**관찰자:** 신은희
관찰일시: 2022.10.7.~10.13　　**관찰장면:** 자유놀이 시간 차례 기다리기

관찰행동	예	아니오
놀잇감을 사용할 차례를 기다릴 수 있다.	✓	
특정한 놀이에 참여할 차례를 기다릴 수 있다.	✓	
차례를 기다리는 동안 다른 놀잇감으로 놀이할 수 있다.	✓	
차례를 기다리는 동안 다른 놀이에 집중할 수 있다.		✓
차례를 기다리는 나른 친구에게 차례를 알려줄 수 있다.	✓	
자신의 차례를 다른 친구에게 양보할 수 있다.		✓

행동목록법의 장점은 좋은 행동목록법만 있다면 특별한 훈련 없이 쉽고 단기간에 관찰을 진행할 수 있다는 것과 결과를 쉽게 도출할 수 있다는 것이다. 또한 반복적으로 사용함으로써 영유아의 발달 변화를 파악할 수 있다는 것이다. 그러나 단점은 문항에 있는 행동 이외의 다른 행동은 간과할 수 있다는 점, 또한 맥락적 정보, 즉 영유아의 세부정도 및 배경정보가 포함되지 않을 수 있다는 점이다(서현아 외, 2021; 이정환, 박은혜, 2009; 전남련 외, 2016; 황해익 외, 2013).

(2) 평정척도법

평정척도법(rating scale)이란 행동목록법에서 기록한 목표 행동을 보이느냐 아니냐 뿐만 아니라 관찰된 영유아의 행동의 성취정도나 기술 수준을 평가하는 방법이다. 미리 정해진 범주에 따라 평가할 때 사용되는 관찰도구이다. 행동의 출현 유무만을 표시하는 행동목록법과 다르게 행동의 질적인 특성을 측정하고자 한다. 평정자가 일정 기간 영유아를 관찰한 뒤 그 관찰 행동이 출현하는 것을 확인하고 평정척도를 사용하게 된다. 장점은 행동의 유무뿐만 아니라 그 행동을 완성하는 수준 즉 질까지도 평가할 수 있다는 점이 있다. 관찰과 평정이 바로 이루어지는 것이 아니기 때문에 교사가 원하는 시간에 평정할 수 있는 장점이 있을 수 있다.

그러나 관찰과 평정이 바로 이루어지지 않기에 단점도 있다. 단점은 관찰자의

기억에 상대적으로 크게 영향을 받을 수 있다는 것이다. 또한 다른 척도들과 마찬가지로 행동에 대한 전후 사정이나 맥락을 충분히 설명해 주지 못한다는 것이다(서현아 외, 2021; 이정환, 박은혜, 2009; 전남련 외, 2016; 황해익 외, 2013).

평정척도법에는 다양한 방식이 사용되고 있다. 일반적으로 숫자평정척도(numerical rating scale), 기술평정척도(descriptive rating scale), 도식평정척도(graphic rating scale)로 구분된다(송연숙, 정혜영, 유수경, 2019; 황해익, 최혜진, 권유선, 2020; Marion, 2004).

- **기술평정척도:** 행동의 빈도나 질적 수준을 몇 개의 수준(대체로 3~5개)으로 나누어 간단한 단어, 구, 문장으로 기술하는 방법이다. 예컨대 만족스럽지 않음/보통/만족스러움, 전혀/가끔/종종/항상, 매우 산만함/때때로 산만함/보통임/대체로 집중함/매우 집중함, 전혀 그렇지 않다/그렇지 않다/보통이다/그렇다/매우 그렇다 등으로 구분하는 것이다.
- **숫자평정척도:** 평정하려는 행동의 특성을 숫자로 표시하는 방법이다. 대체로 3, 5, 7단계의 척도를 많이 사용하는데, 중간점수를 많이 주는 오류를 피하기 위해 짝수(예컨대 4단계)로 된 척도를 사용하기도 한다. 긍정적인 척도치일수록 높은 점수를 부여하는 데 단극척도(monopolar scale)는 1, 2, 3, 4, 5 등과 같이 나타내는 것이고 양극척도(bipolar sacle)는 −2, −1, 0, 1, 2 등과 같이 나타내는 것이다.
- **도식평정척도:** 평정척도를 시각적인 도식으로 나타내어 관찰자의 평정을 돕는 방법이다. 동일한 간격으로 이루어진 수평선, 수직선, 그림, 음영 등을 사용할 수 있는데 수평선 형태를 사용하는 것이 일반적이다.

이외에 영유아가 참여하여 스스로 평정할 수 있도록 표정(웃는 표정, 보통 표정, 찡그린 표정, 우는 표정 등)을 활용한 평정척도도 활용되고 있다. 그런데 관찰자가 이러한 평정척도를 활용하여 평정을 내리는 것은 사실상 쉽지 않다. 특히 다원적이고 복잡한 행동일 경우 더욱 판단이 어렵다. 이런 경우를 위하여 루브릭(rubric)으로 평정을 위한 명확한 준거 혹은 지침을 제공하기도 한다. 루브릭이란 정해진 평정척도의 각 수준에 해당하는 수행을 더 자세히 기술한 특징들로 구성된 것이다(McAfee & Leong, 2007/2008). 4점, 혹은 '대체로 잘한다', '만족스럽다'

등이 아니라 행동이나 태도 등을 상세하게 기술한 루브릭은 평정의 기준을 잡는 데 도움이 될 수 있다. 그러나 루브릭 역시 많은 지표 중 가장 두드러지는 일부 지표만을 제시하고 있어 한계가 있음을 유의하여야 한다.

사례 : 평정척도법의 활용

뢰번(Leuven)평정척도(Laevers, 1997, 1998, 1997, 2000: Palaiologou, 2019에서 재인용)는 대표적인 평정척도법의 하나이다. 영유아교육기관에서 중요하게 여기는 영유아의 행복(well-being)과 참여를 5수준으로 나누고 그 수준별 특성을 구체적으로 제시하고 있다.

행복

1. **매우 낮음**: 울음이나 소리 지르기 등으로 불편함의 신호를 분명하게 보낸다. 낙담, 슬픔, 무서움, 분노 등의 감정을 보일 수 있다. 환경에 반응하지 않고 접촉을 피하며 위축된다. 자신이나 다른 사람에게 공격적인 행동을 보일 수도 있다.
2. **낮음**: 자세, 표정, 행동을 통하여 편안하지 않음을 보인다. 그러나 그 정도가 1수준처럼 뚜렷하지 않거나 하루 종일 계속되지는 않는다.
3. **보통**: 자세, 표정, 행동에 감정이 거의 혹은 전혀 보이지 않는다. 슬픔이나 기쁨, 편안함 혹은 불편함을 나타내는 표시가 없다.
4. **높음**: 심리적 만족의 표시가 분명하게 보인다. 그러나 5수준과 비교할 때 이러한 신호의 강도가 덜하거나 항상 지속되지는 않는다.
5. **매우 높음**: 행복하고 활기차게 보이며, 미소 짓거나 즐거움을 표현한다. 생동감 있고 에너지가 충만하다. 행동은 자발적이며 표현적일 수 있다. 혼잣말을 하거나 소리를 내거나, 허밍 하거나 노래하면서 놀이하곤 한다. 편안해 보이며 스트레스나 긴장의 표시가 없다. 환경에 개방적이며 적극적이다. 자신감을 표현한다.

참여

1. **매우 낮음**: 행동이 단순하고 반복적이며 수동적이다. 집중하지 못하고 활기를 보이지 않는다. 허공을 쳐다보거나 다른 사람들이 하는 것을 지켜볼 수도 있다.
2. **낮음**: 놀이나 활동이 자주 중단된다. 잠시 놀이나 활동에 참여하다가도, 아무것도 하지 않고 허공을 쳐다보거나 주변에서 일어나고 있는 일에 정신을 빼앗긴다.

3. **보통:** 대체로 놀이와 활동을 지속한다. 대체로 일상적인 수준에서 행동하며 진정한 참여의 모습을 보이지 않는다. 하고 있는 놀이와 활동을 진전시켜 가지만, 충분한 에너지와 집중력을 보이지는 않고 쉽게 산만해질 수 있다.
4. **높음:** 강도 있게 놀이와 활동을 지속한다. 강도 높은 순간들이 있으며, 항상 참여하는 편이다. 쉽게 산만해지지 않는다.
5. **매우 높음:** 높은 참여도를 보이며 지속적으로, 강도 높게 놀이와 활동을 한다. 관찰 기간 동안 거의 항상 주의집중하며 창의적이고 에너지가 넘치고 인내심을 보인다.

뢰번평정척도를 활용하여 교사가 일 년 동안 2~3회 영유아의 행복과 참여 정도를 평정하여 변화를 파악해 볼 수도 있고, 하루 동안 특정한 영유아가 어떤 놀이나 활동, 혹은 시간과 공간에서 어떤 반응을 보이는지를 집중적으로 관찰하며 평정할 수 있을 것이다. 다음은 학기 초에 3세반 학급의 모든 유아의 행복과 참여를 평정한 사례이다.

유아	행복					참여				
	매우 낮음	낮음	보통	높음	매우 높음	매우 낮음	낮음	보통	높음	매우 높음
권예은				✓					✓	
김우진			✓				✓			
이서현		✓					✓			
이종현				✓					✓	
조진안			✓					✓		
진성희					✓				✓	
최유미				✓				✓		
황수진				✓				✓		
황아영					✓				✓	

평정척도는 교사가 필요에 따라 손쉽게 구성할 수 있는 장점이 있는데 평정척도 작성 시 주의사항은 다음과 같다. 첫째 한 개의 문항에 한가지 내용만 포함되어야 한다. 둘째 명확하고 간결하고 분명한 용어가 사용되어야 한다. 셋째 좋은,

나쁜 등과 같은 가치 판단적 용어는 사용하지 않는다. 넷째 적합한 범주와 단계를 결정해야 한다. 다섯째 자연스러운 일상생활 상황 안에서 관찰될 수 있는 내용으로 구성되어야 한다(서현아 외, 2021; 이정환, 박은혜, 2009; 전남련 외, 2016; 황해익 외, 2013).

평정척도법에서 평정자의 오류로는 6가지가 있을 수 있다(서현아 외, 2021; 황해익, 최혜진, 정혜영, 권유선, 2014). 첫째 관대함의 오류가 있을 수 있다. 다른 사람을 관대하게 평정하는 경향이 있을 수 있다. 둘째 중심화 경향의 오류도 있을 수 있다. 평정자는 대개 극단적으로 판단하기보다는 중간 정도로 판단하는 경향이 있을 수 있다. 셋째 후광효과(halo effect)는 사전 정보나 호감, 인상이 즉 주변정보가 평정에 영향을 주어 관찰대상을 과대 혹은 과소평가하는 것을 말한다. 후광효과에 따른 오류가 있을 수 있다. 넷째 논리적 오류에도 조심해야 한다. 즉 서로 관련이 없지만 유사하다 간주하여 문항들에 대해 유사하게 평정하는 오류를 말한다. 다섯째, 비교의 오류를 조심해야 한다. 평정자가 대상의 행동 특성을 객관적으로 평정하지 않고 대상 행동 특성이 아닌 다른 부분에 초점을 맞추어 비교하여 과대 또는 과소평가함으로써 발생하는 오류이다. 극단적으로 예를 들어, 철이와 순이의 친사회적 행동을 보이는 정도를 비교하는 데 있어서 남자와 여자의 차이에만 집중하여 비교하면서 이 두 아이의 친사회적 행동을 제대로 측정하지 못하는 경우가 될 수 있다. 성별을 넘어서 친사회적 행동을 더 많이 보이는 영유아가 있을 수 있고 덜 보이는 영유아가 있을 수 있다. 즉 여아가 남아보다 무조건 친사회적 성향을 더 보인다는 선입관에서 여아와 남아를 비교하여 판단하기보다 두 아이를 성별의 관점을 떠나서 평가할 수 있어야 한다. 여섯째 근접성의 오류를 조심한다. 평정자가 시간적으로나 공간적으로 근접해 있는 특성들에 대해 서로 비슷한 평정치를 부여함으로써 발생하는 오류이다. 평정자가 이와 같은 여섯 가지를 오류들을 인식하고 주의를 기울여야 한다.

(3) 시간표집법

시간표집법(time sampling method)이란 영유아의 특정 행동이 정해진 시간 동안 얼마나 자주 일어나는지를 알아보는 방법이다. 정해진 시간 동안 계속 영유아를 관찰하는 것이 아니라 시간 간격에 맞추어 여러 차례 영유아를 반복하여 관찰하는 것으로, 특정 행동이 얼마나 발생했는지 양적으로 측정할 수 있다. 한꺼번에 여러 명을 관찰하면서 행동 빈도의 양적인 비교가 가능할 수도 있고 한 명에만 집중하여 정해진 시간 내에 행동의 발생 빈도를 측정할 수 있는 방식이다. 한꺼번에 여러 명을 관찰하는 것을 예를 들면 자유놀이 시간에 지정된 유아의 공격적 행동(예 때리기, 뺏기, 밀치기, 소리 지르기 등)을 관찰하기 위하여 30초 관찰 후 10초 기록하는 방식으로 5분 동안 10회 관찰한다고 했을 때, 5명 영유아를 동시에 돌아가면서 10회 관찰할 수 있다. 이런 과정에서 관찰 대상 영유아의 공격적 행동이 총 몇 회 발생했고 다른 아이들에 비해서 횟수가 어떻게 다른지 설명할 수 있다. 범주형 관찰법 중 또 하나인 빈도 사건표집법에서는 한 명의 영유아에 집중하여 긴 시간을 두고 얼마나 많이 그 행동이 나타나는지 수치화한다면, 시간표집법은 지정된 시간 간격에 얼마나 자주 이 행동이 나타나는지 알 수 있으면서 또한 여러 명과 함께 이루어진다면 관찰 대상 영유아의 행동을 같이 관찰된 다른 영유아들과 비교할 수 있는 장점이 있다.

시간표집법에서는 관찰하고자 하는 행동이 분명하게 정의되어야 하고 관찰자들이 이 행동을 분명하게 이해하고 있어야 한다. 1회 관찰 시간, 기록시간과 간격을 미리 결정해야 한다. 간격을 11분 넘지 않게 하는 것이 좋다. 관찰 횟수를 결정해야 한다. 이 과정에서 적합한 관찰 대상의 수를 결정하게 된다. 관찰을 기록하는 방식도 미리 결정하여 시간표집법 관찰기록지를 구성해야 한다. 한 장에 여러 명의 관찰기록이 이루어질 수 있으면 좋다. 행동이 나타났는지 체크만 할 것인지 아니면 행동에 대한 부호체계를 만들 것인지 결정해야 한다(예 물기=물, 때리기=때 등). 시간표집법 관찰기록지에 여백을 남겨 예기치 않은 사건이나 방해 내용을 기록할 수 있도록 해야 한다.

사례: 시간표집법의 활용

ABC 서술식 사건표집법으로 관찰된 13개월 송나은의 물기 행동을 시간표집법으로 다시 한번 관찰기록하고자 한다. 같은 사례에서도 서로 다른 관찰법에 따라 서로 다른 정보가 얻을 수 있고 이것이 특별한 목적이 있는 상황에서 영유아를 새롭게 이해하는 것에 도움이 될 수 있다. 이번 관찰에서는 무는 행동이 공격적인 행동으로 간주될 수 있고, 나은이가 공격적인 행동을 다른 아이들에 비해서 얼마나 자주 하는지 관찰하기 위해서 시간표집법으로 이루어졌다. 나은이의 경우는 아니지만 한 명만 집중하는 방식으로 이루어진 관찰 예시도 같이 제시하여 시간표집법이 어떻게 다양하게 활용될 수 있는지 이해하고자 한다.

여러 명 한꺼번에 살펴본 시간표집법 예시

관찰영아: 송나은 **연령:** 2020. 03. 05. **성별:** 여
관찰자: 박소윤 **관찰일자:** 2021. 04. 16. **관찰시간/간격:** 30분/3분
관찰행동: 신체적 공격 행동(특히 친구를 무는 행동)
관찰지침: 친구 물기(물), 밀치기(밀), 친구 물건 뺏기(뺏), 친구에게 소리 지르기(소)

이름	간격										합계
나은*	1	2	3	4	5	6	7	8	9	10	2
O/X	X	물	X	X	X	X	X	X	물	X	
이름	간격										합계
재훈	1	2	3	4	5	6	7	8	9	10	3
O/X	X	소	뺏	X	X	X	X	밀	X	X	
이름	간격										합계
소영	1	2	3	4	5	6	7	8	9	10	3
O/X	X	소	X	X	X	X	X	X	소	소	

요약 및 해석

- 관찰한 모든 영아가 2회 이상 공격 행동 보임
- 재훈이와 소영이는 나은이에 대한 반응으로 소리를 지르게 됨
- 나은이는 공격적 행동을 자주 보이기보다는 무는 행동만 간헐적으로 보이고 있음
- 나은이가 언제 무는 행동을 보이는지, 나은이가 무는 것에 대한 친구들의 반응이나 그 이후의 과정을 살펴보고 지원방안을 구체화하고자 함

한 명에 집중한 시간표집법 예시											
관찰영아: 김시은 연령: 2018. 12. 25. 성별: 여 관찰자: 정은혜 관찰일자: 2020. 9. 23~25. 관찰시간/간격: 50분/5분 관찰행동: 자유놀이 시간 중 친구에게 보이는 신체적 공격 행동 관찰지침: 관찰시 신체적 공격 행동인 밀기, 때리기, 꼬집기, 차기, 물기가 나타나면 간단히 밀, 때, 꼬, 차, 물로 적고 신체적 공격 행동이 관찰되지 않을 때는 X로 표기한다.											
날짜	간격										합계
9.23	1	2	3	4	5	6	7	8	9	10	5
O/X	X	밀	X	밀	X	때	X	때	X	때	
날짜	간격										합계
9.24	1	2	3	4	5	6	7	8	9	10	5
O/X	X	밀	밀	때	X	차	X	차	X	X	
날짜	간격										합계
9.25	1	2	3	4	5	6	7	8	9	10	6
O/X	X	밀	차	X	X	X	때	꼬	차	밀	
요약 및 해석											
- 시은이는 자유놀이 시간마다 신체적 공격 행동이 나타난다. - 1일 10회 관찰 중 평균 5회 이상의 공격적 행동이 나타난다. - 공격적 행동 중 가장 많이 나타나는 행동은 밀치기와 때리기이다.											
교사지원											
- 시은이의 공격적 행동은 여러 양상으로 나타날 뿐만 아니라 그 빈도가 높으므로 신체적 공격 행동이 발생되는 원인을 지속적으로 관찰하여 파악한다. - 시은이에게 자유놀이 전 미리 공격적 행동에 대해 주의를 준다. - 시은이에게 자유놀이에서 이루어질 수 있는 친사회적 기술에 대해서도 미리 이야기를 나눈다. - 교사는 자유놀이 시 시은이를 잘 관찰하고 있다고 신체적 공격 행동이 나타나려고 하면 재빨리 개입하여 위험을 최소화한다. - 신체적 공격 행동을 스스로 인식하고 수정할 수 있도록 지도하며, 친사회적 행동이 관찰될 때 격려하고 칭찬한다.											

출처: 서현아 외(2021). 아동관찰 및 행동연구. p.105를 일부 수정함.

시간표집법의 장점은 관찰하려고 하는 행동에 대한 조작적 정의와 관찰 시간의 한계가 분명하기 때문에 다른 어떤 방법보다 신뢰도, 객관성, 대표성이 높다. 수집된 자료를 수량화가 쉽고 따라서 통계적 처리나 다른 변인과의 관계를 발견하고자 할 때 용이하다. 교사로서가 아니라 연구자로서 한꺼번에 여러 명을 관찰할 때도 효율적이다. 정해진 시간 30초씩 많은 수의 대상을 관찰할 수 있다.

단점은 미리 정해진 시간에 발생하는 행동만 기록된다는 것이다. 따라서 비교적 자주 발생하는 행동이나 관찰 가능한 외현행동에만 적합하여 그렇지 못한 관찰 내용을 적용할 수 없다. 특정행동에 초점을 맞추어 단편적으로 수집되었기에 행동의 전후 상황이나 인과관계를 밝히기 어렵다. 또한 계획단계에서 시간과 노력이 더 많이 필요하다. 왜냐하면 시간단위, 관찰횟수를 결정하고 이를 반영하는 관찰기록지를 만들어야 하기 때문이다. 또한 관찰 전에 미리 행동 범주를 조작적으로 정의했기에 그 행동에 대한 편견을 가지고 관찰할 가능성이 있다(서현아 외, 2021; 이정환, 박은혜, 2009; 전남련 외, 2016; 황해익 외, 2013).

(4) 빈도 사건표집법

빈도 사건표집법(event sampling method)이란 목표를 가지고 미리 정해진 범주의 행동이 일어날 때마다 기록하는 방법이다. 서술식 사건표집법은 관찰된 행동을 서술하고 기술하여서 질적인 정보를 제공해 준다면, 빈도 사건표집법은 행동의 양적인 정보를 제공해주는 관찰방법이다. 관찰자는 미리 정해진 범주의 행동이 나타날 때마다 체크(V) 또는 세기표(/)로 표시하면 된다. 즉, 빈도 사건표집법은 선별된 행동이나 사건이 얼마나 자주 일어나는가를 알아보는 관찰방법이다.

빈도 사건표집법도 시간표집법과 마찬가지로 관찰하고 하는 행동에 대한 조작적 정의를 명확하게 정하고 시작해야 한다. 또한 행동에 대한 범주를 명확히 해야 한다. 예를 들어 공격적 행동을 관찰하고자 한다면 꼬집기, 밀치기, 던지기 등도 같은 범주로 넣을 행동이 있고 그렇지 않은 행동들을 미리 관찰하고 생각해 보아야 한다. 친사회적 행동을 관찰하고자 한다면 양보하기, 배려하기, 미소 짓기, 칭찬하기 등도 같은 범주로 넣을 수 있는 행동을 미리 결정해 두어야 한다.

사례 : 빈도 사건표집법의 활용

ABC 서술식 사건표집법과 시간표집법으로 관찰된 13개월 송나은의 물기 행동을 빈도 사건표집법으로 다시 한번 관찰기록하고자 한다. 같은 사례에서도 서로 다른 관찰법에 따라 서로 다른 정보를 얻을 수 있고 이것이 특별한 목적이 있는 상황에서 영유아를 새롭게 이해하는 것에 도움이 될 수 있다. 이번 관찰에서는 무는 행동이 공격적인 행동으로 간주될 수 있어 나은이의 공격적인 행동의 빈도를 모두 관찰하기로 하였고 그중 무는 행동이 얼마나 나타나는지 알아보고자 하였다.

관찰영아: 송나은 **연령:** 2020. 03. 05. **성별:** 여
관찰자: 박소윤 **관찰일자:** 2021. 4. 14 – 21. **관찰시간/간격:** 하루 종일
관찰행동: 신체적 공격 행동(특히 친구를 무는 행동)
관찰지침: 물기(입을 친구에게 접촉하는 행동이 물기 전에 보이는 행동이어서 입 접촉 행동을 포함시킴), 물건 뺏기, 밀치기, 소리 지르기 행동이 나타날 때마다 계수 표기한다.

행동	4/14 수	4/15 목	4/16 금	4/19 월	4/20 화	4/21 수
물기(입 접촉)	//	//	///		/	/
뺏기						
밀치기						
소리 지르기						/
합계	2	2	3	0	1	2

해석: 나은이는 무는 행동과 소리 지르기 외에 공격적인 행동은 보이지 않았다. 4월 21일에는 소리 지르기가 한번 나타났고 이 행동마저도 신나서 소리를 지른 것인지 화가 나서 소리를 지른 것인지 애매한 상황이어서 공격적인 상황이라고 보기 어려운 상황이었다.

교사지원: 나은이는 무는 행동 외에 공격적인 행동이 나타나지 않아 나은이의 무는 행동이 나은이에게 있어서 공격적 행동일까 다시 생각해 보게 된다. 나은이의 무는 행동의 맥락을 살펴볼 필요가 있다. 무는 행동이 언제 어떻게 나타나는지를 ABC 서술식 사건표집법을 통해 추가로 파악해보고 나은이의 무는 행동을 긍정적인 방식으로 바꾸어 주는 방식을 고려해 보아야겠다.

빈도 사건표집법의 장점은 단순하고 사용하기 쉽고 쉽게 수량화해서 분석할 수 있다는 것이다. 특정 행동을 할 때만 표시하면 되므로 시간이 절약될 수 있다. 단점은 빈도 즉 얼마나 자주 일어나느냐에 관심이 있기 때문에 이 행동의 원인과 구체적 맥락 등 질적인 정보를 제공하지 못한다(서현아 외, 2021; 이정환, 박은혜, 2009; 전남련 외, 2016; 황해익 외, 2013).

2. 특별한 목적이 있는 관찰의 활용과 한계

1) 특별한 목적이 있는 관찰의 실제적 활용 사례

특별한 목적이 있는 관찰은 현장에서 다양한 방식으로 활용될 수 있다. 앞에 교실 엿보기 부분에서 실제 어린이집 유치원 사례를 소개하고 있듯이, 표본식 기록법은 현장 연구를 위한 시간을 기록하며 세밀하게 이루어지는 관찰에서 많이 사용될 수 있고 일화기록법이 현장에서 가장 많이 사용되는 방식이라고 할 수 있다. 교사의 단기기억에 의존하는 방식으로 2019 개정 누리과정 전에는 교육과정 영역 또는 발달 영역에 치중되어서 미리 목적과 목표를 설정하고 관찰하였다면 개정 누리과정 이후에는 6장 일상적 관찰과 결합된 다양한 형태로 일화기록이 활용되고 있다.

물기, 식습관 문제, 공격적인 행동 문제, 울음, 분노, 친구관계 등 영유아의 문제 행동, 문제 정서표현이 있고 부모와 다른 교사와 이 부분을 의논하기 위해서 특별한 목적이 있는 관찰방법이 활용될 수 있다. 특정 행동의 원인과 결과를 파악하기 위해서는 또 어떤 맥락에서 그 행동이 발생하는지 파악하기 위해서는 ABC 서술식 사건표집법이 적합하겠다. 여러 번의 관찰을 통해 그 행동의 반복되는 패턴을 파악하기 위한 관찰법이고 행동 패턴이나 양상을 파악하는 데 적합한 방식이다. 똑같은 문제 행동과 문제 정서 표현을 한 가지 방식으로만 관찰 가능한 것은 아니다. 똑같은 문제 행동과 문제 정서 표현도 원인 결과 파악 전에 행동과 표현의 밀도 즉 심각성을 파악하기 위해 얼마나 자주 나타나는지 알아볼 수 있다. 즉 문제가 될 만큼 심각한 상황인지 파악하여 객관적 수치를 파악하고 제3자와 객관적으로 소통하기 위해서 빈도 사건표집법이 사용될 수 있다. 같은 행동이나 정서 표현에 대해서 다른 영유아와 비교하기 위해서 또 정해진 시간에 얼마나 자주 그 행동이 보이는지 관찰하고 효과적으로 보여주기 위해서 시간표집법을 사용할 수 있다. 시간표집법은 자주 나타나는 행동이나 정서표현에만 적합하겠고 특별하게 일회적으로 나타나는 행동 관찰에는 적합하지 않겠다. 이렇듯 특별한 목적에 따라 현장에서 적합하고 필요한 다른 방식의 모색이 끊임없이 필요하다.

행동목록법은 영유아의 발달을 체크하는 데 많이 사용되어 왔고 일상적 관찰 속에서 주기적으로 탈맥락화되어 발달을 체크하는 과정은 또 다른 아이의 모습을 기록해 볼 수 있는 과정이 될 수 있겠다. 2~3개월의 간격을 두어 기록이 쌓일 수 있도록 하면 아이의 발달적 변화에 대한 기록이 될 수 있다. 행동목록법은 그 행동이 나타났는지 아닌지를 체크한다면 평정척도법은 그 행동의 정도를 기록할 수 있는 방식이다. 그래서 보통 학기 말에 발달영역별, 교육과정 영역별로 평가하기 위해서 사용되기도 한다. 또한 평정척도법에서는 그 상황에서 유아 자신이 느낀 정서적 정도를 기록할 수도 있다 (예 오늘 산책에서 기분이 어떠했는지? 오늘 요리활동에서 기분이 어떠했는지?).

2019 개정 누리과정 전에는 7장에서 다룬 관찰 방법만 있다고 생각하고 현장에서 이와 같은 방식만을 고수해 왔다. 영유아를 바라보는 관점이 점차 변화하면서 현장에서는 새로운 방안들을 계속 모색해 나가고 있고 현장의 필요성에 전통적 관찰 방식들도 필요에 따라 변용하고 있다. 교육부와 보건복지부도 하나의 전형화된 기록방식이나 관찰방법을 고수하기보다는 현장 교사와 전문가들이 영유아를 진정으로 이해하기 위해 관찰할 수 있는 방안들을 계속 찾아 나가길 요구하고 있다.

2) 특별한 목적이 있는 관찰의 한계

특별한 목적이 있는 관찰은 처음부터 목적을 설정하고 관찰을 진행하다 보니 관찰을 진행하면서 우연히 발생하는 일들을 놓치는 경우가 있다. 목적에 한정되어서 관찰이 이루어져 발현적으로 의미 있게 이루어지는 영유아의 배움과 성장을 관찰 기록하는 데 한계가 있을 수 있다. 또한 특별한 목적이 있는 관찰은 대상을 특정 개인으로 결정하기에 그 개인을 사회적 맥락으로부터 분리해서 탈맥락적으로 이해하게 되고 이것은 그 특정 개인에 대한 자연스러운 이해라고 보기 어렵다. 따라서 특정 아이를 그 문제 행동만으로 이해하게 되는 오류를 범할 수 있다. 영유아의 다른 가능성, 다른 장점을 찾아보고 관찰하기 어려운 형태의 관찰법이 될 수 있다.

특별한 목적이 있는 관찰은 특정 개인의 발달적으로 부족한 점을 분석하거나 문제 행동을 개선하고자 관찰이 주로 이루어지다 보니 영유아의 유능함에 초점을 맞추기보다 관찰 대상의 부족한 부분, 결핍에만 초점을 맞추게 되어 왔다. 따라서 영유아는 발달 척도에서 끝없이 부족하고 끝없이 발달해야 하는 아이로서 평가되면서 이 아이들이 배우고 성장하고 있는 모습에 초점을 두기보다 무엇이 문제인지 앞으로 계속 성취해 나가야 할 이상적인 모습에만 초점을 맞추어 왔다. 이런 과정에서 아이를 있는 그대로 바라보기보다 미숙하고 결핍된 대상으로 바라보면서 이 아이들의 가능성과 잠재성을 관찰기록에서 충분히 담아내지 못해왔다. 끝없이 성취해야 할 잣대를 중심으로 평가하고 분석하면서, 목적은 이 아이를 위한 평가와 분석이지만 실제는 이 아이들의 훌륭함, 빛나는 순간들을 놓치고 있었을 수도 있다.

2019 개정 누리과정 이후 아이를 바라보는 시점이 변화하고 있고 현장은 영유아의 일상적인 유능함과 빛나는 순간을 기록하기 위한 관찰의 방식을 끝없이 모색하고 있다. 이런 시점에 특별한 목적이 있는 관찰은 영유아를 부족하게 바라본다는 관점에 있어서 한계점은 분명히 있다. 그러나 교사로서 현장을 연구하고 아이들과 끊임없이 실험을 이어 나가기 위해서는 6장의 일상적 관찰뿐만 아니라 더

불어 개별 영유아의 문제 상황을 돕기 위한 특별한 목적이 있는 관찰도 필요한 순간들이 있을 수 있다. 특별한 목적이 있는 관찰의 한계와 장점을 분명히 알고 아이들에게 귀 기울이기 위한 방식으로 다양한 관찰 방식이 시도하고 모색해야 하겠다.

토론거리

1. 7가지 관찰법의 장점과 단점을 비교해서 토론해 보자.

	표본식 기록법	일화 기록법	ABC 사건 표집법	행동 목록법	평정 척도법	시간 표집법	빈도 사건 표집법
장점							
단점							

2. 7가지 관찰법을 각각 어떤 현장 상황에서 활용할 수 있을지 토론해 보자.
3. 6장의 관찰법과 7장의 관찰법의 차이를 토론해 보자.

활동 : 특별한 목적을 위한 나만의 관찰기록지 만들어보기

〈훈이의 적응 이야기〉를 살펴보고 지금까지 배운 7가지 관찰법 중 어떤 방식으로 훈이를 관찰하여 부모님에게 훈이의 적응 과정을 설명할 지 생각해보자. 이 질문에 정해진 하나의 정답이 있는 것은 아니다. 다양한 방식으로 관찰이 가능하다. 훈이의 놀이 방식에 집중할 수도 있고, 훈이의 식습관 집중할 수도 있고 또는 할아버지는 만나기 전까지 과정에 집중할 수도 있다. 이 중에 집중하고 싶은 부분을 어떤 관찰 방식으로 접근해 보고 싶은지 이야기 나누어보고 그 이유를 설명해 보자.

〈훈이의 적응 이야기〉

30개월의 또래에 비해 늦은 나이에 처음 어린이집에 가게 된 훈이(남아)가 2세 반에서 처음 어린이집 생활을 시작하면서 1달 동안 어머니가 오전 중에 같이 생활하며 적응 과정을 거쳤습니다. 처음에는 들어오지 않으려고 울고 싫어했는데 울음이 2주 내내 갔지만 점차 울음의 시간이 점차 짧아졌습니다. 훈이가 이제 아침에 일어나면 당연히 어린이집에 가는 것으로 알고 준비하고 온다고 어머니가 말씀하십니다. 교실에 들어올 때 울지는 않지만, 아직 긴장한 모습이 있고 교실에 들어와서도 다른 아이들과 놀이하기 보다는 다른 아이들이 노는 것을 응시하거나 자신이 좋아하는 장난감인 자동차의 바퀴를 만지고 혼자 놀이합니다. 한 달의 어머니와 적응 기간 후 (다른 아이들보다 긴 적응 기간) 이제는 훈이는 혼자 어린이집에서 생활하고 있습니다. 오전에 어린이집 생활을 하고 점심을 먹고 낮잠 후에 귀가합니다. 3시 반 정도에 할아버지가 훈이를 데려가십니다. 오후에 할아버지가 데리러 오시면 참았던 울음을 울고 그때까지 물고 있던 밥을 뱉습니다. 훈이는 어린이집에서 한마디 말을 하지 않고 친구들의 놀이를 살펴보거나 자동차 바퀴를 굴리며 혼자 놀이합니다. 점심시간에도 훈이는 음식을 먹여주어야 하고 입에 물고 삼키지 않고 하염없이 문만 바라보고 있습니다. 먹기 싫다 등 한마디 말도 하지 않습니다. 삼키지 않기 때문에 더 이상 먹일 수도 없습니다. 훈이는 어린이집생활 외에도 놀이치료와 언어치료를 받고 있습니다. 어머니는 훈이가 다른 아이들보다 늦다는 것은 인지하고 있지만 첫째 아이이다 보니 얼마나 늦은지 명확하게 인식하고 있지는 못하십니다. 그리고 훈이의 어린이집 적응과정을 궁금해하십니다. 한 달의 적응 기간을 지낸 후 혼자 어린이집 생활 적응을 어머니에게 알려드리려고 합니다.

제

3

부

관찰 및 행동연구의 활용

제8장 관찰과 연구에 기초한 영유아평가
제9장 관찰과 연구에 기초한 영유아교육과정 운영평가

제8장
관찰과 연구에 기초한 영유아평가

평가라는 단어를 들으면 무엇이 떠오르는가? 영유아를 '평가'한다는 것에 대하여 어쩐지 마음 깊숙한 곳으로부터 거부감이나 불편함이 느껴지지 않는가? 영유아평가는 아이들에게 정말로 필요하고 도움이 되는 일일까? 아이들은 관찰과 평가에 대하여 어떻게 생각할까? 영유아교사는 관찰과 평가를 통하여 영유아를 어떻게 이해해갈까?

영유아평가에는 다양한 방법이 있다. 8장에서는 그중 영유아를 이해하는 데 가장 직접적이면서도 가치 있는 방법인 관찰을 기반으로 한 영유아평가에 대하여 살펴본다. 먼저 학습자평가의 동향에 따라 평가 패러다임 및 유형을 알아보고, 관찰과 연구를 기초로 한 평가를 어떻게 바라보고 무엇에 초점을 맞출지 살펴본다. 마지막으로 관찰과 연구의 과정에서 지속적으로 이루어지는 영유아평가의 활용을 알아본다.

1. 학습자평가의 동향과 영유아평가

1980년대 이후로 학습자평가의 동향은 전통적 평가, 형식적 평가의 패러다임에서 점차 대안적 평가, 비형식적 평가의 패러다임으로 변화하면서 '학습자 중심 평가(learner-centered assessment)'가 다양하게 시도되고 있다(Gipps & Stobart, 2003). 새로운 평가는 학습자의 경험을 분절하여 선형적으로 설명하기보다는 총체적이고 역동적으로 이해하고자 한다. 아울러 교육과정과의 유기적 통합성, 학습자의 주도적 참여성, 학습자간 비교가 아닌 학습자내 성장, 평가의 맥락과 과정 등을 강조한다. 요컨대 평가는 가치를 발견하고 함께 생성해가는 것이다. 평가는 교사의 관찰을 통하여 발견한 가치 있는 순간을 의미화 함으로써 놀이와 배움의 의미를 재구성해가는 데 기여하여야 한다.

그런데 이러한 학습자평가 패러다임의 변화에도 불구하고, 여전히 많은 이들의 마음속에 기존의 딱딱하고 틀에 갇힌 평가의 이미지가 남아있다. 평가의 자율성이 강조되는 영유아교육에서부터 진정으로 영유아의 배움과 성장을 위한 평가, 교육과정의 유기적 일부로서의 평가를 구현하는 윤리적 실천이 이루어져야 한다. 책무성에 대한 편협한 정책적 요구, 협소하게 정의된 개인 중심 성취결과에 지배되지 않고서, 평가의 진정한 가치를 추구하고 실현해가야 할 것이다. 유능한 영유아들이 사회문화적 참여와 관계 속에서 정체성을 변형시켜가는 모습을 이해하고 지원하는 평가를 함께 만들어가야 한다(Wood, 2013).

1) 배움을 위한 평가, 배움으로서의 평가

평가의 목적, 기준, 방법 등에 따라 학습자평가의 분류는 다양하지만, 배움과의 관계에 따른 구분 방식이 최근 주목 받고 있다. 다른 분류 방식과 연계되면서도 배움과의 관계를 잘 드러내어주는 배움에 대한 평가, 배움을 위한 평가, 배움으로서의 평가를 소개한다.

- **배움에 대한 평가(assessment of [혹은 on] learning):** 학습자를 대상으로 특정 시점에서의 배움의 결과를 측정하는 평가로, 규정된 교육목표의 달성 여부나 정도를 판단하는 목적을 가짐
- **배움을 위한 평가(assessment for learning):** 배움의 과정에 유기적으로 통합된 일부로서 평가가 이루어지는 것으로, 배움을 이해하여 돕기 위한 목적을 가짐
- **배움으로서의 평가(assessment as learning):** 학습자가 능동적으로 참여하여 스스로 배움의 과정을 돌아보고 이해하는 과정 자체가 배움이라고 보며, 평가정보를 활용하여 자신의 경험과 연결 짓거나 새로운 배움으로 이어지도록 돕는 특징을 가짐

오늘날 평가의 세계적 동향은 배움이 이미 이루어진 이후에 실시되는 '배움에 대한 평가'보다는 역동적이고 복합적인 맥락 속에서 이루어지는 배움의 과정을 들여다보는 평가, 즉 '배움을 위한 평가'에 주목한다(Black & William, 1998; Stobart & Gipps, 1997). 진정한 평가는 연속적이어야 하고 학습자의 폭넓고 역동적인 배움에 기여해야 하며 실제 상황 속에서 교사가 실천할 수 있는 것이어야 하기 때문이다(Ayers, 2010/2012). 학습자의 흥미와 관심사에 기반한 능동적 학습을 강조하는 학습자 중심 교육에서는 그러한 배움의 과정을 관찰하여 지원하는 '배움을 위한 평가'가 교육과정의 유기적인 일부다.

더구나 영유아의 역동적인 발달, 우연적이고 발현적인 놀이와 배움의 특성이 더욱 두드러진 영유아교육에서는 특정 시기를 정해두고 실시하는 배움에 대한 평가보다는 교육의 과정 중에 일상적으로 이루어지는 배움을 위한 평가가 교사와 영유아에게 필요하고 적절한 정보를 제공해준다. 배움을 위한 평가는 영유아의 놀이, 일상생활, 활동 속에서 지속적으로 이루어지는 관찰에 기반하며 교육과정에 유기적으로 연계되어 배움을 지원하고 확장하는 데 기여하게 된다. 배움을 위한 평가는 교육과정 운영과 개별 영유아의 이해 모두에 활용된다.

아울러 '배움으로서의 평가'는 영유아가 능동적인 배움의 주체인 동시에 평가의 주체이기도 하다는 신념, 그리고 모든 사람은 자신에 대한 가장 뛰어난 평가자가 될 수 있으며 되어야 한다는 관점을 반영한다(Earl & Katz, 2008). 자기평가(self-assessment)는 인간이 배워가는 방식에서 근원적 토대의 하나다. 따라서 스스로 자신의 배움과 성장을 돌아보는 평가는 자신을 점검하고 조절하는 메타인지

능력, 마음의 습관, 기능 등을 기르는 배움의 경험 자체가 되며, 나아가 새로운 배움의 기회를 열어준다.

뇌 발달, 언어적 표현, 메타인지 능력 등에서 발달적 차이는 있지만, 아이들은 자신들만의 방식으로 배움으로서의 평가에 능동적으로 참여할 수 있다. 예컨대 사진이나 동영상을 활용한 '놀이 돌아보기'가 영유아가 주도적으로 참여하여 함께 만들어가는 배움으로서의 평가 방법으로 활용된다. 아이들이 직접 자신이나 친구들, 관심 있는 사물 등을 찍은 사진 혹은 교사가 촬영한 사진이나 여러 관찰기록을 함께 보면서 이전 경험과 연결 짓고, 자신들의 의도나 상황을 설명하기도 한다. 자신들에게 필요한 재료나 도구를 요청하기도 하고 더 탐색하고 연구해보고 싶은 것에 대한 이야기를 나눌 수도 있다. 말로 표현하지 못하는 영아들의 경우에도 교실에 전시되는 다양한 관찰기록을 바라보는 눈길과 몸짓, 미소 등을 통하여 자신들의 배움을 즐거워하고 새로운 관심사를 발견해갈 수 있다(Lenz Taguchi, 2009/2018).

2) 관계적 페다고지를 반영하는 평가

교육을 바라보는 총체적 시선인 교육패러다임의 변화에 따라서도 학습자평가에 대한 접근이 변화해왔다. 제임스James(2008)는 이를 제1, 제2, 제3세대로 설명한다.

제1세대 교육패러다임과 평가:

객관적이고 보편타당한 진리라 여기는 내용을 전수하는 것을 교육이라 규정하고, '가르친 것(what is taught)'을 얼마나 배웠는지를 평가한다. 이 교육패러다임은 전통적인 관점과 행동주의 관점으로 이루어지며, 공통적으로 반복적인 훈련과 암기를 통한 지식습득을 강조한다. 즉 교사가 제시한 지식을 암기하는 것을 배움으로 이해하거나 과제분석을 통해 분절된 지식에 대한 자극-반응으로서의 습득을 중시함에 따라, 평가는 개인 중심으로, 즉 개별 학습자의 지식 암기 및 기능 시연 능력을 측정하는 것으로 단순화되어 이루어진다.

제2세대 교육패러다임과 평가:

인지적 구성주의 관점에서 교육을 '개인적 의미구성(individual sense-making)'으로 보고, 개인의 인지적 능력, 특히 문제해결과 이해를 강조한다. 개별화 학습을 중시하고, 개념 및 개념 간 관계를 이해하는 것을 중요한 교육목표로 삼는다. 이에 따라 평가는 개념지도, 사고발성법, 개방식 과제 등의 대안적 평가방법을 통해 문제해결력 등의 인지 기능이나 수행을 다룬다. 그러나 평가의 초점은 여전히 개인으로서의 학습자에게 맞춰져 있어, 제1세대 평가와 마찬가지로 지식이란 개인이 처리하여 '소유'하는 것으로 간주한다. 특히 교육 및 평가의 실제 측면에서는 행동주의와 구성주의 접근이 혼재되어 나타나곤 한다.

제3세대 교육패러다임과 평가:

교육이란 다른 이들과 함께 하는 행위(doing things with others)를 통하여 공동으로 구성하는 사회문화적 과정이라고 보는 교육패러다임 변화를 반영한다. 학습자의 배움은 맥락과 관계 속에서 이루어지는 사유와 행위이기에, 행동에만 초점을 두는 행동주의나, 인지적 사고과정에만 초점을 두는 인지적 구성주의에서 제안하는 것보다 훨씬 더 복잡하며 역동적인 과정이라 보는 것이다. 배움과 성장은 항상 '참여'를 포함하며 끊임없는 교호작용으로 이루어지며, 개인이 소유하는 것이 아니라 공동체에 분포되어 있다. 따라서 제3세대 평가는 '이해'에 초점을 두며 참여자들의 관계 속에서 펼쳐지는 사회문화적 평가를 지향한다.

영유아관찰과 행동연구, 평가의 역사를 되돌아보면 1세대 혹은 2세대의 평가, 즉 개인 중심의 평가접근이 두드러진다. 개별 영유아를 관찰하여 미리 정해둔 지식, 기능, 태도 등의 목표 혹은 발달이론에 기초한 지표에 따라 평가하여 어느 정도 습득하였는지를 파악하는 데 초점을 맞추어왔던 것이다. 이에 따라 교사가 하루에 몇 명씩 정해두고 돌아가며 개별 영유아를 영역별, 목표별로 관찰하는 일화기록 방식이나 평정척도 등이 대표적으로 활용되어 왔다.

그러나 점차 가르침과 배움은 역동적인 맥락과 관계 속에서 이루어지는 현상임을 인식하게 되면서, 관계적 페다고지(relational pedagogy)가 강조되고 있다. 교실은 같은 공간에 함께 있는 개별 학습자들의 총합 이상으로 복잡하게 얽힌 관계로 이루어지며 부단히 영향을 주고받으며 변화해가기 때문이다. 구성원들이 함께 만들어가는 배움을 강조하는 제3세대 교육패러다임에서는 학습자평가 역시 관계 속에서 이루어져야 한다고 본다. 우리는 개인 중심의 평가에 너무도 익숙해져 왔기에 사회문화적 평가가 낯설 것이다. 배움에 대한 관점이 변화함에 따라 최근 초·중등교육에서도 공동의 프로젝트를 함께 하는 과정에서 서로 영향을 주고받으며 성취하고 변화해가는 관계에 초점을 둔 대안 평가가 시도되고 있다. 또한 기업체에서도 개인이 소유하고 있는 지식이나 기능이 아니라 구체적 과업을 중심으로 협업하는 팀의 구성원들이 공유지능을 발휘하면서 문제를 구성하고 해결해가는 과정에서 관계적 역량을 중요하게 평가하는 방향으로 변화가 이루어지고 있다.

관계적 페다고지를 반영하는 평가는 사회문화적 맥락 안에서 이루어지는 경험에 가치를 부여하고 참여자들이 공유할 수 있게 해주는 것이다(Rinaldi, 2012). 따라서 사회문화적인 상황과 관계 속에서 이루어지는 배움을 위한 평가인 동시에 구성원들이 함께하는 배움으로서의 평가를 추구한다. 이러한 관점에 따라 민주적, 참여적 평가, 그리고 과정 중심의 평가 이론 및 실천 작업이 다양하게 이루어지고 있다(이진희, 2020; Carr & Lee, 2012; Fleer, 2002; Gipps, 1999; James, 2008). 관계적 페다고지를 반영하는 평가는 놀이나 활동, 프로젝트 등에서 발견되는 마주침, 관계 맺음과 변화에 주목한다.

더 읽어보기: 평가와 관련된 주요 용어

교육평가에서 지금까지 주로 사용해왔던 용어들을 살펴보는 것이 도움이 될 수 있다. 특히 마지막에 제시된 평가의 관점에 따른 구분, 즉 기준 중심 평가와 반응적 평가의 차이(Stake, 2004)는 기준 중심으로 평가를 바라보아온 전통적 평가접근의 한계를 넘어서는 데 중요한 단서를 줄 수 있기를 바란다. 위에서 제시한 학습자평가에 대한 새로운 용어들과 일대일로 대응하지는 않지만, 평가에 대한 생각들이 어떻게 변화해왔으며 앞으로 변화해가야 하는지를 생각해보는 데 도움이 될 수 있을 것이다.

평가의 목적에 따른 구분

- **형성평가**(formative evaluation): 평가결과를 바탕으로 향상과 개선을 목적으로 하는 평가
- **총괄평가**(summative evaluation): 평가대상의 미래와 관련된 의사결정을 목적으로 하는 평가
- **진단평가**(diagnostic assessment): 학습장애의 원인을 분석하고 진단하기 위한 목적, 혹은 교육이 이루어지기 전에 학습자의 지식, 기능, 장단점 등을 미리 확인하고 적절히 배치하기 위한 목적으로 이루어지는 평가)

평가의 기준에 따른 구분

- **규준참조평가**(norm-referenced assessment): 학습자를 전체 학급 또는 연령의 학생들이 획득한 평균점을 규준으로 삼아 상대적으로 비교하는 평가
- **준거참조평가**(criterion-referenced assessment): 학습목표를 평가의 준거로 삼아 학습목표의 도달 여부와 그 정도를 점검하는 평가
- **자기참조평가**(ipsative assessment): 동일한 영역에서 학습자 자신의 이전 성취를 기준으로 삼아 시간의 경과에 따른 변화를 확인하거나 혹은 학습자의 다른 영역들에서의 성취와 비교하는 평가

평가의 방법에 따른 구분

- **형식적 평가**(formal assessment): 개인의 특성을 측정하도록 고안된 표준화 능력검사, 성취도 검사, 선별 및 진단 검사 등의 표준화 검사나 그 외 발달 영역이나 교육과정 영역의 검사를 사용하는 평가
- **비형식적 평가**(informal assessment) 혹은 **대안적 평가**(alternative assessment): 표준화 검사의 한계와 부적절성에 대한 비판이 증가하면서 형식적 평가에 대한 대안으로서, 유의미한

실제 교육상황 속에서 관찰기록, 활동 표본 등을 사용하여 학습자를 이해하기 위한 평가. 관찰에 기반한 평가, 다양한 형태의 수행기반 평가(면담, 지시과제, 프로젝트 기록작업 등), 결과물에 근거한 포트폴리오 평가, 내러티브 평가 등 다양한 방법이 포함됨.

평가의 관점에 따른 구분

- **기준 중심 평가**(standards-based evaluation): 기준 혹은 준거를 중시하고 이에 기초하는 평가. 복잡한 현상을 몇 가지 제한된 변인으로 단순화시켜 양적으로 측정하고 점수화하여 통제, 관리하고자 하는 평가로서 객관성을 가정하고 생산성과 효율성을 강조하는 특징을 가짐.
- **반응적 평가**(responsive evaluation): 인간은 에피소드, 사건을 중심으로 경험하고 사유하기에, 삶 속에서 이루어지는 주요 에피소드 혹은 사건을 구체적 맥락 속에서 이해하는 평가. 즉 진짜 사람들과 진짜 공간, 진짜 시간 속에서 경험하는 앎을 중시하고 평가에 관련된 사람들의 목소리에 귀를 기울이며, 서로 다른 가치와 실제, 물질이 뒤얽혀 있는 현상 속에서 어떤 일이 어떻게 일어나고 있는지를 더 깊이 있게 이해하고 유연하게 반응하며 의미를 구성하는 특징을 가짐.

2. 관찰과 연구를 통한 영유아 이해

학습자평가는 주어진 기준에 따른 가치 '판단'을 넘어서서, 우리가 무엇을 가치 있게 여기며 아이들이 어떻게 자라나기를 바라는지에 대하여 대화하며, 놀이와 배움에서 가치를 '발견'하고 '생성'해가는 문제다. 교육패러다임에 따라 목표가 구체적이고 분명하게 제시될 때는 그것이 하나의 평가 잣대가 되는 반면, 학습자 중심 교육에서 이루어지는 평가에서는 다양한 가치와 신념이 존중받으며 지속적인 소통, 합의와 협력에 따라 구성되고 재구성된다. 선행 이론 및 최신 연구들에서 제안하는 영유아평가에서 고려할 만한 측면을 소개한다. 이를 바탕으로 영유아교사의 경험과 관점을 더하여 영유아를 깊이 있게 이해해 갈 수 있을 것이다. 관찰을 바탕으로 놀이와 배움을 이해하면서 영유아의 고유한 특성과 변화를 발견한 구체적 사례는 10장과 11장을 참조하기 바란다.

1) 추구하는 인간상과 유아교육의 비전

전통적인 교육패러다임에서 평가의 초점이 되어온 분절되고 지엽적인 교육목표와 달리, 학습자 중심 교육에서는 교육의 공동주체들이 긴 호흡으로 함께 추구해가는 궁극적인 목적, 학습자가 실제로 무엇인가를 할 수 있는 역량이 중시된다. 유아·놀이 중심 교육을 강조하는 「2019 개정 누리과정」에서는 유아교육과정이 추구해야 할 교육적 비전으로 추구하는 인간상을 제시한다. 추구하는 인간상은 부담감 속에서 단기간에 반드시 달성해야 하는 과제가 아니라, 영유아가 지금 유능하게 보여주고 있는 모습인 동시에 평생학습자로서 지속적으로 추구해갈 비전이자 방향성이다.

2019 개정 누리과정은 초·중등과 달리 역량 중심 교육과정으로 개발된 것은 아니나, 추구하는 인간상을 토대로 미래의 핵심역량을 반영한 초·중등학교 교육과정의 인간상과 연계되어 있다. 추구하는 인간상은 유아기의 특징을 반영하는 목적, 이를 실현하기 위한 목표와 이어진다.

더 읽어보기: 「2019 개정 누리과정」과 추구하는 인간상

가. 건강한 사람

건강한 사람은 몸과 마음이 고루 발달하고 스스로 건강함을 유지하며 안정적이고 안전한 생활을 하는 사람을 의미한다. 유아는 몸을 자유롭게 움직이며 놀이하는 것을 좋아하고, 세상과 즐겁게 교류하며, 자신의 건강과 안전을 스스로 지킨다. 개정 누리과정은 유아가 튼튼한 몸과 안정된 정서를 바탕으로 자신을 소중히 여기며, 일상에서 건강한 생활을 실천하고, 위험한 상황에서 자신을 보호하는 경험을 통해 건강한 사람으로 성장해 갈 수 있도록 돕는다.

나. 자주적인 사람

자주적인 사람은 자신을 잘 알고 존중하며 자신감을 가지고 스스로 할 수 있는 일을 주도적으로 해 나가는 사람을 의미한다. 유아는 자신이 하고 싶은 놀이나 일을 스스로 결정하고 적극적으로 참여하며 이끌어 나간다. 개정 누리과정은 유아가 자신에 대한 이해를 바탕으로 자신을 가치 있고 긍정적인 존재로 여기며, 자신이 잘 할 수 있는 일이 무엇인지 알고 자신의 능력을 확장하기 위해 스스로 노력하는 사람으로 성장해 갈 수 있도록 돕는다.

다. 창의적인 사람

창의적인 사람은 주변 세계에 열려 있고, 호기심이 많으며, 자기만의 방식으로 상상하고 느끼고 표현하고 탐구하는 가운데 새롭고 독창적인 생각을 하는 사람을 의미한다. 유아는 자연과 일상에서 만나는 다양한 사물과 문제에 호기심이 많고 상상력이 풍부하며 궁금한 것을 적극적으로 탐구하면서 스스로 답을 찾아낸다. 개정 누리과정은 유아가 놀이를 통해 자신의 관심과 흥미에 따라 세계를 탐색하고 도전하고 실험하는 과정에 적극적으로 참여하는 사람으로 성장해 갈 수 있도록 돕는다.

라. 감성이 풍부한 사람

감성이 풍부한 사람은 예술을 사랑하고 존중하며 자신을 둘러싼 주변 세계에 경이감과 아름다움을 느끼고 즐길 수 있는 풍부한 문화적 감수성을 지닌 사람을 의미한다. 유아는 다양한 사물과 매체, 사람과 자연에 민감하고 주변의 다양한 예술과 문화에 관심을 가지며 그 속에서 아름다움과 재미를 발견한다. 또한 유아는 이러한 아름다움을 다양한 언어, 노래와 몸짓으로 표현하는 것을 좋아하고 즐긴다. 개정 누리과정은 유아가 일상과 놀이 속에서 아름다움을 발견하고 공감하며, 이를 다양한 예술로 표현하면서 문화를 향유하는 사람으로 성장해 갈 수 있도록 돕는다.

마. 더불어 사는 사람

더불어 사는 사람은 자신이 속해 있는 사회에 소속감을 느끼고, 다른 사람과 생명을 존중하고 자연과 더불어 살아가며 보다 나은 사회를 만들기 위해 사회문제에 관심을 갖고 협력하는 민주 시민을 의미한다. 유아는 주변 사람을 포함한 모든 생명에 대한 감수성이 뛰어나며, 자신과 친근한 사람 및 주변 세계와 관계를 맺으면서 자발적으로 사회질서와 소통 방식을 배워 나간다. 개정 누리과정은 유아가 가족, 이웃, 동식물과 주변 환경에 관심을 가지고 소중히 여기며, 서로 배려하는 마음과 태도, 책임 의식을 가진 사람으로 성장해 갈 수 있도록 돕는다.

이때, 5가지로 제시된 추구하는 인간상은 각각 별개로 독립되어 존재하는 것이 아니다. 즉 추구하는 인간상들은 서로 얽혀 영향을 주고받으며 총체적으로 발현된다는 사실을 유념하는 것이 중요하다. 예컨대 건강한 사람이란 신체적으로, 정서적으로 건강할 뿐만 아니라 편견 없이 다른 사람들과 더불어 살아가는 사회적 관계 맺음이나 세상에 감탄하며 주변에 대한 주의 깊은 관심을 가지고 도전하는 창의적 성향, 아름다움을 발견하고 공감하며 일상을 아름답게 살아가는 사람이다. 따라서 추구하는 인간상을 염두에 둔다는 것은 결코 고정된 목적지나 최종 결과물이 아니라, 지속적으로 생성하는 고유한 순간, 서로 얽혀 함께 되어가는 과정의 가치를 존중하는 것이다. 인간은 복잡하고 역동적으로 변화하는 존재이기에 관찰기록을 통하여 영유아를 평가하는 과정은 지속적, 누적적, 총체적 이해를 필요로 한다.

또한 국가수준 교육과정이 제시하는 비전을 각 유치원과 어린이집, 각 교사의 교육적 신념과 가치, 고유한 상황 등을 반영하여 의미를 만들어가는 과정이 필요하다. 추구하는 인간상(혹은 교육의 목적과 목표, 영역별 목표 등)을 참조하되, 이를 맥락 속에서 의미화하는 것이 평가다. 교사들이 관찰, 연구와 대화를 이어가며 아이들의 놀이에서 드러나는 배움을 자신들의 언어로 표현하기도 하는데, 예컨대 한 배움공동체의 선생님들(박선영, 김건희, 2022)은 편견 없이 다가가는 어린이, 도전하는 어린이, 함께하는 어린이, 실험하는 어린이, 지금을 살아가는 어린이, 몰입하는 어린이, 세상에 감탄하는 어린이, 창조하는 어린이로 유능한 어린이들의 모습을 구체화한 바 있다. 추구하는 인간상을 더 구체화하는 것에서 나아가, 관찰한 놀이와 배움의 사건을 복잡하게 사고하는 일을 소중하게 여기며 함께 교육과정을 실행하고 평가해간다. 선생님들은 어린이집 바깥의 큰 바위를 오르기 위해 포기하지 않고 애쓰는 아이, 그 아이를 돕기 위하여 자신의 신발을 기꺼이 벗어서는 친구의 신발 위에 쌓아 발 디디고 오를 수 있게 해주는 친구들의 모습을 관찰한 기록들을 연결하여 복잡하게, 다채롭게, 깊게 바라보았다. 또한 우연히 교실 벽에 비친 작은 빛을 만나 놀라고 감탄하며 온 몸으로 탐색하고 실험하며 배움을 이어간 아이들의 모습을 그저 '빛의 특성을 알아냈다.', '그림자를 발견했다.' 혹은 '탐구하는 과정을 즐기고, 자연과 더불어 살아가는 태도를 가진다.'로 단순화시키지 않고, 깊고 풍성하게 사유하였다. 이렇듯 구체적 맥락 속에서 서로 얽혀 변화하면서 생생하게 이어지는 배움의 의미를 진지하게 관찰하고 다채롭게 사유하는 선생님들의 진심과 노력은 감동으로 다가온다.

또한 추구하는 인간상이 영유아교실에서 어떤 모습으로 나타나고 변화해 가는지에 대한 구체적인 의미를 구성해감에 있어 교육의 공동주체인 영유아와 학부모가 참여하는 것이 중요하다. 아이들과의 이야기 나누기 시간 혹은 학부모들과의 협의회를 통하여 영유아교육에서 추구하는 건강한 사람, 자주적인 사람, 창의적인 사람, 감성이 풍부한 사람 더불어 사는 사람이 구체적으로 어떤 사람이라고 생각하는지, 영유아교실 안팎의 어떤 상황에서 그런 모습이 발견되는지, 자신이 혹은 자녀가 어떤 사람이기를 바라는지 등에 대하여 토론하고 협의하는 것이 추구하는 인간상을 구체화하는 데 도움이 될 것이다.

2) 배움의 성향

아이들은 환경을 탐색하고 알아내고 배우고자 하는 내적 동기를 가지고 있다. 이에 주도적으로 배우며 성장하는 배움의 성향(learning disposition)에 대한 관심이 높아지고 있다. 배움의 성향이란 삶 속에서 배우려는 준비가 되어 있고 기꺼이 배우고자 하며 배움을 위하여 적극적으로 행동할 수 있는 마음의 태세다. 즉 배움의 기회를 인식하고 선택, 반응하여 적극 추구해가는 힘이다. 여기에는 지식과 기능을 넘어서 의지, 참여, 실천, 도구, 동기 등이 모두 포함되기에 지적 습관, 마음의 습관, 배움의 힘, 사유 성향, 전략적 행동패턴 등으로도 불린다(Carr, 2001). 배움의 상황에서 지적으로 사유하고 도구, 자원, 환경 등을 활용하여 적극적으로 배우고자 하는 의지이자 행동으로 옮겨지는 실천적 성향이라 할 수 있다.

뉴질랜드 유아교육과정인 '테 파리키'에서는 영유아에게 중요한 배움의 성향을 다음과 같이 제시한다.

흥미와 관심 가지기:

자신, 사람, 장소, 사물 들이 흥미로울 것으로 기대하고, 현재 여기에서 흥미로운 것을 인식, 선택, 구성하여 여러 장소에서의 사물, 활동, 사회적 정체성 등을 연결하여, 흥미와 관심사를 따라가며 배움을 추구하는 것

참여하기:

기꺼이 몰입하여 주의를 기울일 준비가 되어 있으며, 주변 환경에 대한 정보를 바탕으로 판단하고 지속적으로 참여하는 것

어려움이나 불확실성에 굴하지 않고 지속하기:

어렵거나 불확실한 상황에서도 열정을 가지고 위험 부담과 실수하기의 중요성을 인식하고 가치 있는 배움을 지속하여 문제를 찾고 해결해가는 것

다른 이들과 소통하기:

다양한 방식으로 다른 사람들과 아이디어와 감정을 교류하고, 자신의 의견이 경청되는 상황에 적극 반응하며 특정 상황에 적합하게 여러 언어(레지오 에밀리아에서 강조하는 어린이의 수백 가지 언어)를 활용하여 소통하는 것

책임감 가지기:

폭넓은 방식으로 책임을 지면서 정의롭게 행동할 기회를 인식하고 실행하며 윤리적으로 적절한 의사 결정을 하는 것

배움의 성향에 대한 이론화 작업은 뉴질랜드뿐만 아니라 많은 국가에서 활발하게 이루어지고 있으며 앞으로도 학습자와 배움의 다양한 측면에 주목할 것으로 기대된다. 그 정의나 구체적 속성에 대한 관점은 이론적 접근에 따라 다소 상이하지만, 배움의 성향이란 놀이와 일상생활, 활동, 시간과 장소, 자연과 문화 등에 분산되어 있으며 서로 영향을 주고받으며 끊임없이 변화한다는 점에 대해서는 같은 목소리를 내고 있다. 배움의 성향은 그저 타고나거나 개인이 습득하여 소유하는 것이 아니라, 다양한 사람, 시공간, 맥락, 사물과의 관계 속에서 나타나며 지속적으로 함께 변화해가는 것이다.

더 읽어보기: 추구하는 인간상/배움의 성향에 대한 아이들의 목소리 듣기

Carr(2001)는 뉴질랜드의 유아교사가 배움의 성향을 어떻게 정의, 관찰, 평가할지를 고민하다가 아이들은 어떻게 생각하는지 들어보았던 사례를 소개한 바 있다. 예컨대 '참여하기'의 의미에 대한 아이들의 목소리를 듣기 위하여, 먼저 이 단어에 대해서 함께 이야기해 보고 사전을 같이 찾아보면서, 아이들의 생각, 예시, 질문거리 등을 알아보았다. 아이들은 참여하기란 새로운 무언가를 시도해 보는 것, 직접 해보는 것, 같이 놀이하는 것, 관여하는 것, 다른 사람을 돕는 것, 의논하는 것, 여자아이들과 남자아이들이 뭐든 함께하는 것, 참는 것, 서로 나누는 것 등이라고 하였다. 아이들에게 '참여'할 때 어떤 기분을 느끼는지를 묻자, 훌륭하고 좋은 느낌, 아주 멋진 느낌, 신나는 느낌, 행복한 느낌, 약간 불안한 느낌, 강한 느낌, 약간 부끄러운 느낌 등을 말하였다. 아이들과 함께 이번 학기에 새로 시도해 보는 참여에 대해서도 더 이야기 나누었다. 많은 아이가 '참여'는 단어를 상황에 맞게 사용하기 시작했으며 더 적극적이고 조화롭게 참여하기 위한 시도를 해나갔다고 한다.

이렇게 아이들이 생각하는 추구하는 인간상이나 배움의 성향, 교실에서 구체화되는 모습에 대한 이야기에 귀 기울임으로써 교사는 배움을 위한 평가의 방향과 내용, 절차를 학급수준에서 구체화하는 데 도움을 얻을 수 있다. 또한 아이들 역시 배움으로서의 평가에 참여하면서 자신의 배움을 되돌아보고 주도적인 학습자로서 성장해갈 수 있을 것이다.

3) 빛나는 순간과 강점

지금까지 영유아평가는 조기개입과 중재를 위하여 영유아의 문제점이나 약점에 집중하는 경우가 많았다. 이는 영유아를 돕고자 하는 선의에서 출발하였을 것이지만, 성인들이 이상적으로 바라보는 영유아의 모습, 정해둔 목적지와 같은 성취결과 등이 선명할수록 오히려 영유아가 다른 영유아들보다 잘하지 못하는 것, 결핍된 영역, 평균보다 느린 속도, 중재해야 할 문제점 등에 주목하게 하여 영유아의 실제 있는 그대로의 모습을 보지 못하게 가리는 한계를 드러낸다.

한 유아평가 이론가는 유치원에 가게 되어 신났던 자신의 막내아들(존)이 점차 소극적으로 되어가게 했던 평가 경험에 대하여 다음과 같이 기술한다.

> 우리는 종종 유아의 약점을 보기 바빠서 유아의 강점을 보는 것은 잊어버린다! (중략) 나는 존이 매일 점점 더 풀이 죽고 실망해가는 것을 보았다. 존의 즐거움, 호기심, 앎에 대한 열의가 모두 어디로 사라져 버렸는지 알 수가 없었다. 나는 이러한 걱정과 우려에 대하여 존의 선생님께 말씀드리고 선생님께서 이에 대하여 어떤 도움이나 제안을 해줄 수 있을지 알아보기 위해 유치원으로 가서 상담하였다. 내가 처음으로 들은 것은 존이 색깔을 보고 바로 알아맞히지 못한다는 것이었다. 동의했다. 그런데 선생님으로부터 존이 할 수 있는 것에 대한 이야기는 전혀 듣지 못했다. 존이 노래를 잘한다는 것, 사람들을 좋아한다는 것, 자기 이름을 다 알고 거꾸로도 쓸 수 있다는 것, 그리고 존이 색깔에 대해서도 곧 배울 준비가 되어 있다고 선생님이 생각한다는 것을 듣기를 얼마나 간절히 바랐는지 모른다. (MacDonald, 1997: 20-21)

이는 영유아평가가 정해진 교육목표나 발달지표의 틀에 맞추어 영유아가 할 수 없는 것에 집중할 때 영유아의 가능성을 지나치게 좁게, 부정적으로 간주하게 되는 문제점을 잘 보여준다. 성인의 잣대로 영유아를 결핍된 존재로 바라보지 않고 지금 그대로 놀이와 배움에 유능한 존재이자 끊임없이 새롭게 되어가는 가능성을 가진 유능한 존재로 바라본다면 관찰과 연구를 통하여 영유아가 '빛'이 나는 순간을 발견하게 된다. 평가가 발달상의 문제점이나 약점을 찾는 결핍 관점(deficit view)에서 벗어날 때 영유아가 '할 수 있는 것'에 주목하게 되고(Carr, 2001), 유능한 영유아를 만나게 된다.

추구하는 인간상이나 배움의 성향 등을 고려하여 영유아마다 고유한 강점을 찾고 이러한 강점이 더욱 성장하는 모습을 평가할 수 있다. 물론 누구나 그러하듯, 영유아도 결코 완벽할 수 없으며 상황에 따라 특정한 문제와 어려움에 처하게 된다. 영유아교사는 기꺼이 시간과 노력을 기울여 이러한 상황적 요인을 자세히 관찰하여 이해하고 적절한 도움을 주고자 한다. 이때 어려움을 딛고 성장해가는 모습에 주목하고 격려하면서 영유아 및 학부모와 함께 협력하는 과정이 중요하며 관찰기록이 중요한 매개체가 될 수 있다.

영유아들이 함께 참여하며 놀이하고 배우는 모습들 속에서 저마다 빛나는 순간에 주목하면 고유한 강점을 파악할 수 있다. 교사에게 가장 중요하고 근본적인 자질의 하나는 아이들의 유능성에 감탄하고 놀라워하며 기뻐할 수 있는 역량(Cagliari et al., 2016)이라고 한다. 영유아가 즐겁게 몰입하는 것, 잘하는 것, 진지한 흥미를 보이며 몰입하는 것을 적극적으로 찾아주고 유능한 순간들을 함께 감탄하며 놀이와 배움을 지원하는 것이 영유아평가에서 더욱 중요하다. 아이들의 고유한 강점, 사회문화적 관계와 자연환경 속에서 날로 키워가는 힘, 강점을 읽어낼 때 영유아평가는 구성원들에게 소중한 보물이 될 수 있다.

3. 영유아평가 결과의 활용

아동관찰과 연구에 기초한 평가의 결과는 다양하게 활용된다. 무엇보다 일상적인 교육과정 운영평가나 정기적인 체계적 기관평가에 활용함으로써 놀이와 배움을 지원하는 동시에, 학부모와의 지속적인 소통과 협력을 촉진한다. 교육과정 운영 및 평가를 위한 활용은 9장에서 소개되므로 여기에서는 영유아 이해 및 지원, 영유아평가의 소통과 보고를 위한 활용 중심으로 살펴본다.

1) 영유아의 이해 및 지원

교실로 들어설 때 아이들은 가정과 지역사회로부터 다양한 경험을 갖고 온다. 아이들마다 자신의 삶 속에서 마주친 사람, 사물, 장소, 문화적 교류, 축제, 자연현상 등과 직·간접적인 관계를 맺으면서 세계에 대한 가설을 세우며 이해하려는 노력을 기울인다. 자신의 세계를 적극적으로 이해하고 참여하며 새롭게 구성해가는 영유아를 '삶의 이론가(life-theorizers)' (Inagaki & Hatano, 2002)라고 부를 수 있다.

주의 깊은 관찰기록은 영유아마다 가정, 이웃, 유아교육기관, 지역사회 속에서 어떤 경험을 했는지, 무엇에 관심을 가지고 있으며 어떻게 세상을 이해하고 있는지를 자연스럽게 이해하고 지원하는 평가를 가능하게 해준다. 영유아가 보내는 진지한 눈빛, 발돋움하는 뒤꿈치, 교사에게 던지는 호기심 어린 질문, 혼잣말, 친구들과 주고받는 대화, 몰입하여 무엇인가로 기울어져 있는 자세 등을 관찰하여 기록한 자료 속에서 영유아의 경험과 관심사, 현재의 이해 정도를 해석한 평가 자료는 교육과정의 유기적인 일부가 되며 영유아의 지원을 위하여 활용된다.

영유아가 각자의 일상 경험 속에서 누적해온 앎, 가설, 나름의 이론 등은 영유아교실이라는 구체적 시공간 속에서 다른 친구들과 만나 공유되며 새로이 엮어지게 된다(Gonźales, Moll, & Amanti, 2005; Hedges, 2010). 다양한 경험이 중첩되어 서로 공명하고 때로는 갈등을 불러일으키면서 새로운 이해와 배움이 더해진다. 또한 교실 안팎에서 우연히 일어나는 새로운 사건이나 물질 등에 촉발되어 '사회적 흥미'(Dewey, 1913/2015)를 공유하게 된다. 이렇듯 흥미와 관심사를 발견하는 관찰과 평가는 영유아의 능동적인 놀이와 배움으로 이어지면서 경험을 재구성해 가며 성장을 돕는다.

앞에서 제시한 바와 같이 관계 중심의 관찰은 놀이와 배움의 맥락과 과정, 지원 방안 등을 탐색하도록 할 뿐만 아니라 또래 간 상호작용 및 사회적 관계, 그리고 개별 영유아의 고유한 특성과 변화에 대한 이해도 가능하게 해준다. 관찰에 기반한 평가를 통하여 영유아가 물리적 환경과 인적 환경, 사회문화적 맥락 속에서 어떤 문제를 만나는지, 어떠한 어려움을 경험하고 극복해 가는지, 어떤 자원(지적, 인적, 물질적 자원 등)을 어떻게 활용하면서 놀이와 배움의 경험을 재구성해 가는지를 이해하는 것과 지원하는 것은 서로 유기적으로 연계된다.

2) 영유아평가의 소통과 보고

관찰과 연구를 통하여 지속적으로 이루어지는 영유아평가의 결과는 학부모와의 소통과 협력에 활용된다. 영유아교사는 일상 속에서 영유아가 보인 놀라운 유능성, 새로운 시도와 변화, 빛나는 순간 등을 관찰하고 평가하여 학부모와 수시로 소통한다. 이러한 기쁨과 경이로움을 담은 교사의 소통을 행복한(happy) 마음과 소식을 바로 전달하는 전보(telegram)를 합성한 단어인 '행복전보(happy-grams)'라고도 부른다(McAfee & Leong, 2007/2008). 영유아의 성장과 배움의 순간을 담은 관찰기록을 공유함으로써 학부모의 신뢰와 이해, 참여가 더욱 커지고 깊어진다.

영유아의 발달과 배움에서 우려되는 순간을 전해야 하는 순간들도 있다. 충분한 관찰에 기초하여 개별적 지원이나 조기중재가 필요하다고 판단될 경우, 사진이나 동영상 등의 관찰기록을 학부모와 공유한다. 발달의 역동성과 긍정적 변화에 대한 기대를 안내하면서 유치원이나 어린이집에서 위험신호를 보이는 모습을 학부모에게 과장되지 않으면서 전달하는 동시에, 학부모로부터 영유아가 어려움을 겪고 있는 상황이나 배경 정보(예컨대 질병, 잦은 이사, 동생의 출생, 경제적 곤궁 등)를 얻을 수 있다. 영유아가 경험하는 어려움을 해결해가기 위하여 지역사회 자원을 함께 찾아보거나 영유아교육기관과 가정에서 협력하여 지원할 방안을 계획하고 실행하면서 지속적으로 변화를 소통한다.

영유아교사는 영유아관찰의 결과를 종합하여 학년말에 생활기록부를 작성하게 된다. 어린이집과 유치원 모두 영유아보육법 제29조의2 혹은 유아교육법 14조에 의거하여, 생활기록부를 작성하여 생활지도 및 초등학교 교육과의 연계지도에 활용하고, 5년간 보관하도록 되어 있다. 어린이집 생활기록부의 경우 영아용 서식과 유아용 서식이 별도로 있는데, 영아의 기본생활습관은 수면, 배변, 식사로 나누어, 발달상황은 신체운동, 사회관계, 의사소통, 자연탐구, 예술경험으로 나누어, 유아의 활동발달상황은 기본생활습관, 신체운동·건강, 의사소통, 사회관계, 예술경험, 자연탐구, 종합의견으로 나누어 기재하게 되어 있다. 반면 유치원 생활기록부의 유아발달상황은 「2019 개정 누리과정」의 취지와 방향성에 따라서 2020년부터 신체운동·건강, 의사소통, 사회관계, 예술경험, 자연탐구, 종합발달상황을 각각 구분하여 기입하지 않고, 이를 통합하여 총체적으로 작성하도록 변경되었다.

더 읽어보기: 「2020 유치원생활기록부 기재요령」(교육부, 2020a)의 발달상황 기재 예시

- 여러 가지 블록을 활용해서 높게 쌓고, 길게 나열하여 물리적으로 자신만의 큰 공간을 만드는 것을 좋아함. 자신이 만든 작품 및 구조물에 애착을 보여 오래 두고 싶어 하며, 하나의 놀이를 지속하는 시간이 긴 편임. 전반적으로 사람보다는 사물에 대한 관심이 더 높은 편이나, 학기 후반으로 갈수록 친구들과 함께 놀이 공간을 공유하며 대화하는 모습이 많아짐.

- 한번 구성물을 만들기 시작하면 삼십 분 이상 놀이를 지속하며 구성물이 무너지면 다시 쌓는 끈기와 집중력을 보임. 친구가 하는 놀이에 관심을 갖고 잘 지켜보며, 거기에 자기 생각을 더하여 새로운 놀이를 창안해 내는 창의력을 지니고 있음. 긍정적인 태도로 친구와 함께하는 놀이에 즐겁게 참여하며 놀이 후에는 스스로 자신이 사용한 놀잇감을 바르게 정리하는 태도를 지님.

- 가족놀이 하는 것을 즐기며 친구와 어울려 함께 놀이하는 것을 좋아함. 다양한 재료를 이용한 만들기와 꾸미기를 좋아하며, 여러 가지 색깔로 사물의 모습을 표현할 수 있음. 말이 글자로 표현된다는 것에 관심을 두기 시작하였으며, 점차 놀이 상황에서 친숙한 단어를 글자와 비슷한 형태로 나타낼 수 있음.

- 섬세하고 집중력 있는 태도로 곤충을 관찰하며 새롭게 알게 된 사실을 친구에게 말 또는 몸짓으로 표현하거나 재활용품을 이용하여 곤충의 모습을 만드는 것을 즐김. 교실에 있는 놀잇감을 탐색하고 활용하여 적극적으로 놀이함. 친구의 감정을 잘 알아차리고 어려움을 겪고 있는 친구가 있을 때는 먼저 다가가 도와줌.

- 다양한 놀이 및 활동에 도전하고 주변 사람과 긍정적 관계를 맺으며 즐겁게 생활함. 퍼즐, 종이접기 등 소근육을 이용하는 놀이를 할 때 높은 집중력을 보이며, 놀이 과정에서 나타나는 다양한 문제의 해결을 시도함. 교사 및 또래의 이름을 기억하고 부르며 다른 친구들의 놀이를 유심히 관찰하다 어려움이나 갈등이 생겼을 때 이를 해결해주며 놀이에 참여함. 뛰어난 어휘구사력으로 자기 의사를 조리 있게 표현함.

- 언제나 즐겁게 유치원생활을 하지만 놀이를 할 때에 또래에게 먼저 적극적으로 다가가기보다는 상황을 충분히 관찰하고 참여하는 편임. 학기 초에는 익숙한 것에 집중하며 새로운 일을 대할 때 소극적인 모습을 보이기도 하였으나, 점차 새로운 상황에 도전하는 태도를 갖게 됨. 특히 음악 감상하기, 음악에 맞춰 춤추기, 노래 부르기, 악기 연주하기 등을 즐기며 음악에 담긴 아름다움을 느낄 수 있는 섬세한 감성을 지니고 있음.

생활기록부의 발달상황은 영유아를 총괄적으로 규정짓는 평가가 아니라 평소에 이루어졌던 자연스러운 관찰기록을 종합함으로써 다음 해의 교사나 학부모 등이 영유아를 이해하고 지원하는 데 도움을 주기 위한 것이다. 한 해 동안 이루어졌던 관찰을 바탕으로 하여 영유아가 가장 즐겨하고 잘하는 것, 놀이의 특성, 흥미와 관심, 친구관계, 놀이를 이어가기 위한 자료의 활용 등을 종합하여 총체적인 이해에 도움이 되도록 기록하도록 되어있다. 영유아가 특별한 어려움을 경험하는 경우에도 함께 노력해가는 과정을 통하여 어떻게 성장해왔는지를 종합함으로써 영유아에게 도움이 되도록 한다.

토론거리

1. 영유아의 특성과 변화에 대한 관찰이 배움으로서의 평가로 이어질 수 있는 방안에 대하여 이야기 나누어보자. 어떤 방법을 선택할 것인가? 왜 그러한가?
2. 영유아의 성장과 배움을 총체적으로 이해하는 평가에서 나는 무엇을 가장 중요하게 여기고 강조하고 싶은가? 왜 그러한가?

활동 1: 아이들과 함께 놀이 돌아보기

지금까지의 관찰기록을 활용하여 아이들과 함께 놀이를 돌아보는 시간을 가져보자. 다음의 질문들을 고려하여 놀이 돌아보기를 계획해 볼 수 있다.

- 영유아의 연령이나 개인차에 따라 어떤 접근이 가능할까?
- 언제, 얼마나 자주 놀이 돌아보기를 하면 좋을까? 매일? 일주일이나 매달 한 번, 혹은 두세 번?
- 어떤 식으로 놀이 돌아보기를 실시할 수 있을까? 개별로? 소집단으로? 전체 아이들과?
- 사진을 중심으로 놀이 돌아보기를 한다면 어떤 사진을 선택할 것인가?
- 놀이 돌아보기에서 아이들에게 어떤 질문들을 던질 것인가?
- 놀이 돌아보기의 결과를 어떻게 활용할 것인가? 이 시간에 나눈 이야기를 토대로 놀이를 더 재미있고 의미 있게 해나갈 수 있도록 지원할 수 있을까?

다음은 권미정 선생님이 장애통합유치원의 만 5세반 유아들이 스스로 사진 촬영에 참여하게 하며 이러한 사진들을 활용하여 함께 놀이 돌아보기를 실시한 사례이다.

교사가 하나의 놀이에 집중하게 될 때 아쉽게도 교사의 시선에서 벗어나서 이루어지고 있는 또 다른 의미 있는 놀이들이 존재합니다. 교실에서 이루어지고 있는 모든 놀이를 관찰하면 좋겠지만 현실적으로 그럴 수가 없음을 안타까워했던 저는 '어떻게 하면 유아들의 놀이 중 의미 있는 부분을 더 쉽게 그리고 더 많이 포착할 수 있을까?'라는 고민을 하게 되었습니다. 요즘 유아들은 미디어에 많이 노출된 탓에 우리가 생각하는 것 이상으로 휴대전화나 카메라와 같은 저장매체들을 잘 사용하지요? 이런 유아들의 특성에 주목한 저는 유아들에게 제가 놓치는 의미 있는 놀이의 순간들을 태블릿 PC를 이용하여 직접 사진으로 기록해줄 것을 제안하게 되었습니다.

교사가 하나의 놀이에 집중하게 될 때 아쉽게도 교사의 시선에서 벗어나서 이루어지고 있는 또 다른 의미 있는 놀이가 존재합니다. 교실에서 이루어지고 있는 모든 놀이들을 관찰하면 좋겠지만 현실적으로 그럴 수가 없음을 안타까워했던 저는 '어떻게 하면 유아들의 놀이 중 의미 있는 부분을 더 쉽게 그리고 더 많이 포착할 수 있을까?'라는 고민을 하게 되었습니다.

교사: (태블릿 pc를 보여주며) 이것을 이용해서 우리가 놀이하는 모습을 사진으로 찍을 수 있어요.

유아: 선생님! 저 그거 집에서 사용해 본 적 있어요!

교사: 그렇구나. 처음 사용해 보는 친구들도 있으니 사진 찍는 방법을 함께 알아보아요.

-이후 사진 찍는 방법 설명-

...이제부터 친구들이 직접 사진을 찍어 볼 텐데요, 놀이시간 중 언제 사진을 찍고 싶을까요?

유아 1: 찍고 싶을 때!

유아 2: 재미있을 때!

유아 3: 다른 사람에게 보여주고 싶을 때!

교사: 좋아요! 사진은 친구들이 놀이 중 꼭 찍어야겠다는 생각이 들 때 자유롭게 찍도록 해요. 그리고 놀이가 끝난 후 함께 사진을 보도록 해요.

유아 4: 찍은 거 바로 봐도 돼요?

교사: 그럼요! 놀이하다가 내가 찍은 사진을 친구에게 보여주고 싶을 때 언제든지 봐도 좋아요.

유아 5: 우리가 필요할 때 보면 되는 거지요?

교사: 네. 언제든지 보고 싶을 때 보는 거 어때요?

유아들: 네!

이후 푸른하늘반 유아들은 재미있는 놀이의 순간, 정성스럽게 만든 구성물, 기억하고 싶은 놀이과정 등을 직접 사진으로 촬영하였습니다. 그리고 스스로 찍은 사진은 놀이 중 자유롭게 살펴보거나 놀이가 끝난 후 이루어진 놀이 돌아보기 시간에 반 전체 유아와 공유하였습니다.

(유아가 직접 찍은 사진을 함께 보며)

교사: 어머, 저 놀이는 어떤 놀이야? 선생님이 잘 보지 못했구나.

유아: 선생님이 만들기 놀이 도와주고 있을 때 우리가 블록으로 물고기 만든 거예요. 저거 만들 때 자꾸 부서져서 힘들었는데 서로 잡아주고 하니까 좋았어요.

교사: 그랬구나. 내일도 물고기 만들 거야?

유아: 네! 내일은 물고기 많이 만들어서 수족관 놀이할 거예요. 그러니까 내일 꼭 놀러 오세요.

교사: 내일 수족관 놀이하는데 선생님이 도와줄 건 없어?

유아: 파란색 큰 종이나 파란색 천을 주시면 좋겠어요.

교사: 좋아! 자료실에 파란색 종이와 천이 있는지 찾아보고 있으면 내일 꼭 가져올게.

유아의 기록이 없었다면 교사는 놓쳐버렸을 중요한 놀이의 순간이었습니다. 놀이 돌아보기는 유아 스스로 놀이 및 놀이 상황에서 이루어진 모든 행위들을 평가하고, 교사의 다음 놀이 지원을 가능하게 하며, 나의 놀이가 우리의 놀이가 될 수 있게 하는 소중하고 가치 있는 시간이었습니다.

출처: 이진희 외(2020). '함께-하는' 유아평가: 경계를 넘나들며 대화 이어가기. pp. 158-159.

활동 2: 생활기록부 작성해보기

교사로서의 관찰기록(예비교사의 경우, 관찰실습에서의 기록)을 꺼내어, 몇 명의 유아를 대상으로 생활기록부의 발달상황을 작성해보자. 유치원 생활기록부 기재요령에 따르면, 유아발달상황은 유치원에서의 놀이, 일상생활, 활동에 대하여 평소 관찰한 자료를 종합하여 유아의 특성 및 변화 정도를 이해할 수 있도록 3문장 내외로 간결하게 입력하도록 한다. 각 문장은 명사형 어미(~함, ~임 등)로 종결하며 마침표를 찍도록 한다.

작성한 생활기록부 발달상황을 다시 읽어보면서 다음의 질문을 던져보자.

- 영유아의 어떤 모습을 담고 있는가?
- 영유아의 고유하고 생생한 모습이 드러나는가?
- 발달상황 작성에서 어떤 점이 어려웠는가? 이를 어떻게 극복해갈 수 있을까?
- 학부모를 위하여 한 학기 혹은 일 년 동안의 관찰결과를 종합한다면 어떤 내용을 추가하고 싶은가?
- 어떤 양식에 담아서 어떤 방법으로 전달할 수 있을까?
- 영유아가 지금 그리고 이후에 커서 읽어보도록 작성한다면 어떤 내용으로 어떻게 관찰결과를 종합하여 들려주고 싶은가?

제 9 장
관찰과 연구에 기초한 영유아교육과정 운영평가

교육과정의 운영을 평가한다는 것은 교육과정의 어떤 요소를 어떻게 평가한다는 것일까? 교육과정을 운영하기 위한 교육계획을 평가한다는 것일까? 계획한 것을 실행하는 과정을 평가한다는 것일까? 계획한 것과 실행한 것 모두를 평가한다는 것일까? 아니면 교육과정의 운영 결과 또는 효과를 학습자인 유아들의 학습과 발달의 결과를 평가한다는 것일까?

교육과정 운영평가는 유치원 및 어린이집에서 교육과정 운영을 대상으로 이루어지는 평가를 말한다. 9장에서는 교육과정 운영평가의 다양한 실제들을 살펴보고자 한다. 먼저 영유아교육과정 운영평가에 대해 개괄적으로 알아보고 평가 유형에 설명한다. 이어서 관찰 기록을 활용한 교육과정 운영평가를 평가 시기와 평가 주체로 나누어 제시하고자 한다.

1. 교육과정 운영평가

교육과정을 '운영'한다는 것은 형식적 교육과정을 현장에서 직접 실행하는 것으로, 교육철학이나 이론에 근거한 교육과정(프로그램) 또는 국가수준 교육과정을 각 유치원 및 어린이집 그리고 각 교실에서 실제 유아들의 경험과 배움으로 구현하는 실천하는 과정이다(임부연 외, 2021). 즉 문서화된 교육과정을 유치원과 어린이집, 그리고 각 교실에서 재구성하여 실천하는 것을 교육과정 운영이라고 할 수 있다.

교육과정 운영은 계획, 실행, 평가의 요소들이 어우러져 이루어진다. 일반적인 교육과정 운영에서 '계획'은 국가와 지역 수준의 교육과정을 바탕으로 유치원 및 어린이집 수준의 교육과정으로, 또는 교실수준의 세부적인 교육을 수립하는 단계로 교육목표, 교육내용, 교수·학습, 평가 등 교육과정의 구성요소를 모두 포괄하는 교육계획을 의미한다. 그리고 '실행'은 앞서 수립한 계획에 따라 교사가 전반적인 교수활동을 통해 실제로 수행하는 단계이며, '평가'는 교육과정을 계획하고 실행하는 과정 그리고 실현된 학습자의 학습 경험에 대한 평가를 실천하는 단계를 말한다.

계획, 실행, 평가의 순서로 운영되는 교육과정에서 교육과정 운영평가는 계획한 바를 어느 정도 실행했는지 또는 학습자가 계획한 교육목표나 내용을 어느 정도 성취했는지에 초점을 두게 된다. 이는 앞서 8장에서 살펴본 배움의 결과를 측정하는 평가인 '배움에 대한 평가' 또는 학습 목표를 평가의 준거로 삼는 '준거참조평가'와 일맥상통하는 것으로 초·중등교육과정의 평가에서 쉽게 그 예를 찾아볼 수 있다.

최근 학습자평가의 패러다임이 변화하고, 국가수준 누리과정과 표준보육과정이 유아중심, 놀이중심 교육과정을 강조하면서 교육과정 운영평가의 방향도 전환되고 있다. 유아·놀이중심 교육과정에서는 학습자인 유아의 놀이를 통한 배움에 초점을 두기 때문에, 교육과정 운영을 위한 계획, 실행, 평가의 의미는 다소 달라진다.

유아·놀이중심 교육과정 운영에서 계획이란 교사가 유아의 놀이를 지원하기 위하여 교육내용과 시간을 조직하는 것으로, 교사가 미리 모든 것을 계획하여 그대로 실행하는 것을 지양하고(교육부, 보건복지부, 2019c), 유아가 진행하고 있는 놀이에 초점을 두어 유아가 경험하고 있는 관심사와 놀이에서의 배움을 반영하는 것을 의미한다.

다시 말해, 교사는 유아가 현재 하고 있는 놀이를 관찰하여 역동적인 배움을 발견하여 이를 지원하는 실행을 한 후, 유아 놀이의 배움과 실행했던 교사 지원의 유기적인 관계를 평가한다. 그리고 평가 결과를 반영하여 유아의 배움을 풍부히 할 수 있도록 더 필요한 지원을 계획하는 순환을 통해 교육과정 운영을 실천할 수 있다. 따라서 유아·놀이중심 교육과정 운영은 실행-평가-계획의 구조로 순환된다고 볼 수 있다. 이는 평가가 배움의 과정에 유기적으로 통합된 일부로서 이루어지는 '배움의 위한 평가'와 같은 맥락으로, 배움을 이해하여 돕기 위한 목적으로 평가가 이루어져야 함을 강조하는 것이다.

2. 기관평가와 교육과정 운영평가

교육과정 운영평가는 유치원과 어린이집에서 교육과정이 어떻게 운영되고 있는지 점검하여 교육과정을 질적으로 개선하기 위해 실행된다. 국가는 「유아교육법」, 「영유아보육법」에 근거하여 유아교육기관의 책무성과 공공성을 강화하기 위해 교육과정 질을 개선하고자 유치원 평가 및 어린이집 평가를 실시하고 있다. 이 절에서는 국가 수준에서 이루어지는 유아교육기관 평가제도인 '유치원 평가' 및 '어린이집 평가제'에 제시된 교육과정 운영평가를 알아본다.

1) 유치원 평가와 교육과정 운영평가[3)]

유치원 평가는 유치원 교육공동체의 참여, 소통, 협력을 통한 자율과 책임을 바탕으로 유치원 교육의 전반을 진단하여 개선함으로써 유아교육의 질을 향상하고, 유치원 자치문화와 안전한 유치원 환경을 조성하여 단위 유치원의 자율운영 체제를 구축하는 데 그 목적을 두고 있다. 유치원 평가는 계획-실행-평가-환류의 구조로 이루어지며, 유아중심 교육과정 및 방과 후 과정, 민주적 유치원 운영, 안전하고 쾌적한 교육환경 및 유아를 위한 건강·안전 등 3개의 영역으로 구분된다. 이 중 교육과정 운영평가와 관련된 내용은 '교육과정 평가 및 환류' 평가지표

3) 유치원 평가와 관련된 내용은 서울특별시교육청 유아교육진흥원이 발간한 '2022 유치원평가 가이드북'에서 발췌하였다.

및 평가문항에 상세히 제시되어 있다.

- 교사는 유치원 일과 운영 전반에 나타난 유아의 흥미와 놀이 모습에 근거하여 유아의 변화 및 특성, 발달 상황을 포괄적으로 파악한다.
- 유치원에서는 자연스러운 일상 놀이 상황에 초점을 맞춘 다양한 평가 방법을 개발하여 유아 이해 및 지원, 교육과정 재구성과 연계하여 평가를 운영한다.
- 유치원에서는 구성원 간 자율적이고 민주적인 협의를 통해 수립한 평가 계획에 따라 교육과정 편성·운영 및 교육과정 지원체제의 적절성, 실효성 등을 평가하여 교육과정 질 관리 및 환류를 담보한다.
- 유치원에서는 참여, 소통, 협력을 기반으로 하는 유아 놀이 실천–평가–환류가 체계적으로 운영되고 있다.

2) 어린이집 평가제와 보육과정 운영평가[4)]

'2022 어린이집 평가제'는 보육·양육에 대한 사회적 책임 강화 차원에서 정기적인 평가를 통해 지속적인 보육의 질을 향상시키고 유지함으로써 영유아의 안전과 건강, 조화로운 성장과 발달을 위한 보육환경 조성에 기여하고자 실시되며, '보육과정 및 상호작용', '보육환경 및 운영관리', '건강·안전', '교직원' 등 4개의 영역으로 구성된다. 보육과정 평가와 관련된 영역은 '보육과정 및 상호작용' 영역, '보육과정' 지표에 제시되고 있다.

보육과정 운영은 실행, 평가, 계획의 단계가 서로 유기적으로 연결된다는 점을 고려하여, 영유아가 어떻게 하루를 보냈는지, 놀이는 구체적으로 어떻게 진행되었는지, 영유아의 놀이에 필요한 자료는 적절히 제공되었는지 등에 대한 실행을 평가하고, 필요한 경우 이후 놀이지원과 활동 계획에 반영하여야 한다. 이와 관련된 평가 지표는 다음과 같다.

4) 어린이집 평가제와 관련된 내용은 한국보육진흥원이 발간한 '2022 어린이집 평가의무제 매뉴얼'에서 발췌하였다.

- 반별 보육일지에 일과 및 놀이실행에 대한 기록이 있고, 필요한 경우 그 내용을 다음 놀이 지원 및 활동 계획에 반영한다.
- 영유아의 일상생활, 실내외 놀이에 대한 관찰 내용을 기록하고, 영유아의 발달 특성과 변화를 평가한다.
- 원장은 반별 보육과정 운영에 대한 평가를 통해 어린이집 전체 보육과정 운영을 파악하고 있다.

이처럼, 교육과정 운영평가는 국가 수준의 유아교육기관 평가제도에서도 중요하게 다루어지고 있다. 특히, 기관 평가에서도 교육과정 운영평가는 실행된 놀이를 중심으로 이루어지며 평가 결과를 다음의 계획에 반영하는 실행-평가-계획 구조를 강조하고 있다. 또한 영유아평가와 유기적으로 이루어지고 있다는 점에서 기관 및 교실 수준의 자율적인 교육과정 운영평가가 중요하며, 그 자율성이 보장될 때 더 효과적임을 시사하고 있다.

더 읽어보기: 2019 개정 누리과정 평가

2019 개정 누리과정 평가 내용은 다음과 같다.

가. 누리과정 운영의 질을 진단하고 개선하기 위해 평가를 계획하고 실시한다.

나. 유아의 특성 및 변화 정도와 누리과정의 운영을 평가한다.

다. 평가의 목적에 따라 적합한 방법을 사용하여 평가한다.

라. 평가의 결과는 유아에 대한 이해와 누리과정 운영 개선을 위한 자료로 활용할 수 있다.

이러한 평가 내용 중 누리과정 운영평가와 관련된 내용을 정리해 보면 다음과 같다.

- 누리과정 운영평가는 유치원과 어린이집의 교육과정이 유아중심, 놀이중심으로 적절하게 운영되고 있는지 평가하여 개선하는 데 그 목적이 있다.
- 누리과정 운영평가에서는 놀이시간을 충분히 운영하였는지, 유아주도적인 놀이와 배움이 이루어지고 있는지, 놀이 지원이 적절한지 등을 평가할 수 있다.

- 누리과정 운영평가는 놀이 속에서 나타나는 유아의 특성 및 변화 정도와 연계하여 파악할 수 있고, 필요에 따라 부모와의 협력이나 행정적, 재정적 지원이 적절하게 이루어지고 있는지 등도 평가할 수도 있다.
- 누리과정 운영에 대한 평가는 개선이 필요한 사항에 따라 자율적으로 실시할 수 있다.
- 기관별, 학급별 상황이나 필요성에 따라 적합한 방법을 선택하여 누리과정 운영을 평가한다.

출처: 교육부, 보건복지부(2019a). 2019 개정 누리과정 해설서. pp. 53-54.

3. 시기에 따른 교육과정 운영평가

교육과정 운영평가는 유치원과 어린이집 또는 교실의 상황과 요구에 맞게 평가의 시기와 방법을 융통성 있게 실시할 수 있다. 평가와 관련된 전체적인 계획은 원장 및 교사들의 협의를 통해 연간, 학기별, 월 또는 주, 일일 등 필요에 따라 구체적인 사항을 수립할 수 있다. 이때 평가가 지속적, 주기적으로 이루어질 수 있도록 기관의 철학, 학급별 유아 및 교사의 수, 개별 유아의 요구, 부모의 관심사 등을 종합적으로 고려하여 평가의 시기와 방법을 결정한다. 또한 교사의 자율성을 고려하여 학급별로 평가 시기와 방법을 달리할 수도 있다.

유아·놀이중심 교육과정 운영평가는 영유아의 일상생활 경험과 놀이의 배움을 지원하는 데 중점을 둔 평가이다. 유치원과 어린이집 곳곳에서 끊임없이 이루어지는 영유아의 경험과 놀이 속에서 의미와 배움을 발견하고 이를 지원하기 위해 교육과정 운영평가 시기는 놀이에서의 배움을 지원하는 계획과 유기적으로 이루어질 필요가 있다. 따라서 유아·놀이중심 교육과정 운영평가는 영유아들의 놀이 지원에 대한 계획을 구체적으로 수립하는 일일계획, 주 또는 월 계획, 학기 및 학년도 계획과 함께 실천될 수 있다. 이때 교사는 평가에 관한 형식과 분량을 기관 또는 학급에 따라 자율적으로 결정할 수 있다(교육부, 보건복지부, 2019c).

1) 일일 교육과정 운영평가

교육과정 운영평가는 교사가 미리 계획한 하루 일과를 어느 정도 실행했는지 점검하기보다는 하루 동안 유아들이 어떤 놀이를 했는지, 그리고 그 과정에서 무엇을 배우고 있는지, 교사는 무엇을 지원하고 있는지 등을 성찰하여 그 결과를 이후 교사 지원으로 반영함으로써 교육과정을 개선하는 데 목적을 둔다. 다음은 유치원과 어린이집에서 실행된 일일교육과정 운영 사례이다.

사례 1: 일일계획안을 활용한 교육과정 운영평가 사례

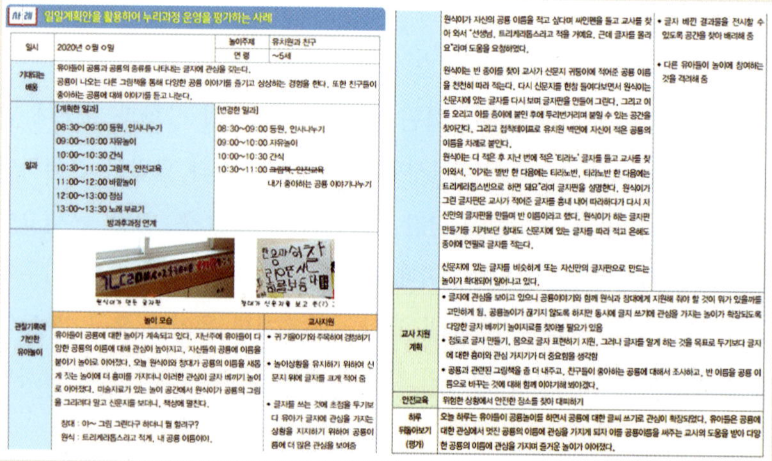

사례 일일계획안을 활용하여 누리과정 운영을 평가하는 사례

일시	2020년 ○월 ○일	놀이주제	유치원과 친구
		연 령	~5세
기대되는 배움	유아들이 공룡과 공룡의 종류를 나타내는 글자에 관심을 갖는다. 공룡이 나오는 다른 그림책을 통해 다양한 공룡 이야기를 즐기고 상상하는 경험을 한다. 또한 친구들이 좋아하는 공룡에 대해 이야기를 듣고 나눈다.		
일과	[계획한 일과] 08:30~09:00 등원, 인사나누기 09:00~10:00 자유놀이 10:00~10:30 간식 10:30~11:00 그림책, 안전교육 11:00~12:00 바깥놀이 12:00~13:00 점심 13:00~13:30 노래 부르기 방과후과정 연계	[변경한 일과] 08:30~09:00 등원, 인사나누기 09:00~10:00 자유놀이 10:00~10:30 간식 10:30~11:00 ~~그림책, 안전교육~~ 내가 좋아하는 공룡 이야기나누기	

관찰기록에 기반한 유아놀이	놀이 모습	교사지원
	유아들이 공룡에 대한 놀이가 계속되고 있다. 지난주에 유아들이 다양한 공룡의 이름에 대해 관심이 높아지고, 자신들의 공룡에 이름을 붙이기 놀이로 이어졌다. 오늘 원식이와 창대가 공룡의 이름을 새롭게 짓는 놀이에 더 흥미를 가지더니 이러한 관심이 글자 베끼기 놀이로 이어졌다. 미술자료가 있는 놀이 공간에서 원식이가 공룡의 그림을 그리려다 말고 신문지를 보더니, 책상에 펼친다. 창대 : 아~ 그럼 그린다구 하더니 뭘 할려구? 원식 : 트리케라톱스라고 적게, 내 공룡 이름이야.	• 귀 기울이기와 주목하여 경청하기 • 놀이상황을 유지하기 위하여 신문지 위에 글자를 크게 적어 줌 • 글자를 쓰는 것에 초점을 두기보다 유아가 글자에 관심을 가지는 상황을 지지하기 위하여 공룡이름에 더 많은 관심을 보여줌
	원식이가 자신의 공룡 이름을 적고 싶다며 싸인펜을 들고 교사를 찾아 와서 "선생님, 트리케라톱스라고 적을 거예요. 근데 글자를 몰라요"라며 도움을 요청하였다. 원식이는 빈 종이를 찾아 교사가 신문지 귀퉁이에 적어준 공룡 이름을 천천히 따라 적는다. 다시 신문지를 한참 들여다보면서 원식이는 신문지에 있는 글자를 다시 보며 글자판을 만들어 그린다. 그리고 이를 오리고 이를 종이에 붙인 후에 두리번거리며 붙일 수 있는 공간을 찾아간다. 그리고 접착테이프로 유치원 벽면에 자신이 적은 공룡의 이름을 차례로 붙인다. 원식이는 다 적은 후 지난 번에 적은 '티라노' 글자를 들고 교사를 찾아와서, "이거는 별반 한 다음에는 티라노반, 티라노반 한 다음에는 트리케라톱스반으로 하면 돼요"라며 글자판을 설명한다. 원식이가 그린 글자판은 교사가 적어준 글자를 흉내 내어 따라하다가 다시 자신만의 글자판을 만들며 반 이름이라고 했다. 원식이가 하는 글자판 만들기를 지켜보던 창대도 신문지에 있는 글자를 따라 적고 은혜도 종이에 연필로 글자를 적는다. 신문지에 있는 글자를 비슷하게 또는 자신만의 글자판으로 만드는 놀이가 확대되어 일어나고 있다.	• 글자 베낀 결과물을 전시할 수 있도록 공간을 찾아 배려해 줌 • 다른 유아들이 놀이에 참여하는 것을 격려해 줌
교사 지원 계획	• 글자에 관심을 보이고 있으니 공룡이야기와 함께 원식과 창대에게 지원해 줘야 할 것이 뭐가 있을까를 고민하게 됨. 공룡놀이가 끊기지 않도록 하지만 동시에 글자 쓰기에 관심을 가지는 놀이가 확장되도록 다양한 글자 베끼기 놀이자료를 찾아볼 필요가 있음 • 점토로 글자 만들기, 몸으로 글자 표현하기 지원. 그러나 글자를 알게 하는 것을 목표로 두기보다 글자에 대한 흥미와 관심 가지기가 더 중요함을 생각함 • 공룡과 관련된 그림책을 좀 더 내주고, 친구들이 좋아하는 공룡에 대해서 조사하고, 반 이름을 공룡 이름으로 바꾸는 것에 대해 함께 이야기해 봐야겠다.	
안전교육	위험한 상황에서 안전한 장소를 찾아 대피하기	
하루 뒤돌아보기 (평가)	오늘 하루는 유아들이 공룡놀이를 하면서 공룡에 대한 글씨 쓰기로 관심이 확장되었다. 유아들은 공룡에 대한 관심에서 멋진 공룡의 이름에 관심을 가지게 되자 이름 공룡이름을 써주는 교사의 도움을 받아 다양한 공룡의 이름에 관심을 가지며 즐거운 놀이가 이어졌다.	

출처: 임부연 외(2021). 유아·놀이중심 유아교육과정. pp. 292-293.

〈사례 1〉은 일일계획안을 활용하여 일일 교육과정 운영을 평가한 사례로, 하루 동안 일어난 유아들의 놀이에 대한 관찰기록에 기반으로 교육과정 운영평가를 교사의 지원은 어떠했는지, 앞으로의 교사 지원 계획을 무엇인지, 하루 일과에 대한 성찰 등으로 나누어 하루의 교육과정 운영을 평가하고 있다. 교사가 계획한 하루 일과와 유아들의 관심과 반응을 반영하여 실제로 실행된 하루 일과를 수정하여 기록하였고, 유아들의 놀이를 관찰하여 그에 따른 교사 지원도 별도로

기록하여 유아들의 놀이 과정에 따라 어떤 지원이 이루어졌는지 평가할 수 있다.

〈사례 2〉는 영아반에서 이루어진 보육과정 운영평가 예시이다. 〈사례 2〉의 보육과정 운영평가를 일상생활과 놀이로 구분하여 성찰하고, 다음날 지원 계획을 세우기 위한 실행된 놀이에 대한 간단한 평가를 포함하며, 전반적인 학급 운영과 관련된 사항도 기록하는 형식으로 작성하고 있다. 보육시설의 영아반 경우, 개별 영아에 대한 기록(예: 키즈노트)들을 별도로 하는 경우도 있기 때문에, 보육과정 운영평가는 일일보육일지를 활용하여 전반적인 교사 지원 계획과 학급운영 사항을 기록하는 방식으로 이루어지기도 한다.

사례 2: 일일보육일지를 활용한 보육과정 운영평가 예시

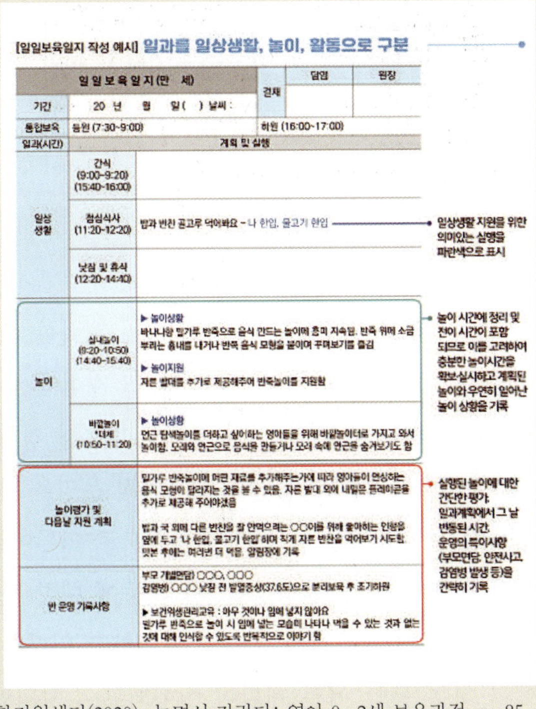

[일일보육일지 작성 예시] 일과를 일상생활, 놀이, 활동으로 구분

일 일 보 육 일 지 (만 세)		결재	담임	원장
기간	20 년 월 일( ) 날씨 :			
통합보육	등원 (7:30~9:00)	하원 (16:00~17:00)		
일과(시간)	계획 및 실행			
일상생활	간식 (9:00~9:20) (15:40~16:00)			
	점심식사 (11:20~12:20)	밥과 반찬 골고루 먹어봐요 – 나 한입, 물고기 한입		
	낮잠 및 휴식 (12:20~14:40)			
놀이	실내놀이 (9:20~10:50) (14:40~15:40)	▶ 놀이상황 바나나랑 밀가루 반죽으로 음식 만드는 놀이에 흥미 지속됨. 반죽 위에 소금 뿌리는 흉내를 내거나 반죽 음식 모형을 붙이며 꾸며보기를 즐김 ▶ 놀이지원 자른 빨대를 추가로 제공해주어 반죽놀이를 지원함		
	바깥놀이 *대체 (10:50~11:20)	▶ 놀이상황 연근 탐색놀이를 더하고 싶어하는 영아들을 위해 바깥놀이터로 가지고 와서 놀이함. 모래와 연근으로 음식을 만들거나 모래 속에 연근을 숨겨보기도 함		
놀이평가 및 다음날 지원 계획		밀가루 반죽놀이에 어떤 재료를 추가해주는가에 따라 영아들이 연상하는 음식 모형이 달라지는 것을 볼 수 있음. 자른 빨대 외에 내일은 플레이콘을 추가로 제공해 주어야겠음 밥과 국 외에 다른 반찬을 잘 안먹으려는 ○○이를 위해 좋아하는 인형을 옆에 두고 '나 한입, 물고기 한입' 하며 작게 자른 반찬을 먹어보기 시도함. 맛본 후에는 여러번 더 먹음. 알림장에 기록		
반 운영 기록사항		부모 개별면담) ○○○, ○○○ 감염병) ○○○ 낮잠 전 발열증상(37.6도)으로 분리보육 후 조기하원 ▶ 보건위생관리교육 : 아무 것이나 입에 넣지 않아요 밀가루 반죽으로 놀이 시 입에 넣는 모습이 나타나 먹을 수 있는 것과 없는 것에 대해 인식할 수 있도록 반복적으로 이야기 함		

출처: 중앙육아종합지원센터(2020). 놀면서 자란다: 영아 0~2세 보육과정. p. 85.

사례 3: 일일 교육과정 운영평가 예시

푸른하늘반의 하루 이야기

<table>
<tr><td>시기</td><td colspan="3">2019.5.28.(화)</td></tr>
<tr><td>생활주제</td><td>우리 동네</td><td>주제</td><td>우리 동네 모습과 생활</td></tr>
<tr><td>오늘의 기대되는 우리</td><td colspan="3">· 우리 동네에 관심을 가진다.
· 우리 동네의 여러 공간을 이용하는 바른 태도를 기른다.
· 친구와 함께 놀이하는 즐거움을 경험한다.</td></tr>
<tr><td colspan="2">미리 그려보는 경험</td><td colspan="2">지금-여기의 경험</td></tr>
<tr><td colspan="2" rowspan="3">등원 및 독서(~08:50) ▸ 교수 · 지원
- 인사 나누기
- 스스로 읽고 싶은 책을 골라서 읽기
- 독서통장 기록하기
★교사의 지원을 받아 활동 참여하기
아침모임(08:50~09:10) ▸ 교수 · 지원
- 5월의 인사 함께 나누기
- 오늘 날짜, 날씨 알아보기
- 오늘의 어린이 선생님 소개하기
- 교사가 준비한 놀이 및 오늘의 일과 소개하기
★언어적 촉구를 받아 착석하기
실내자유놀이(09:10~10:30) ▸ 스캐폴딩
- 교실에서 자유놀이하기
- 우유를 마시고 싶을 때 자유롭게 우유 마시기
★또래의 지원을 받아 활동 참여하기
정리 및 화장실 다녀오기(10:30~10:50)
- 정리하기
- 차례를 지키며 화장실 다녀오기
놀이 돌아보기(10:50~11:10) ▸ 평행교수
- 오늘 했던 놀이 공유하기
- 놀이 확장을 위해 필요한 것이나 새로운 아이디어 이야기나누기
★언어적 촉구를 받아 착석하기
음악(11:10~11:30) ▸ 교수 · 지원
- 동네에 있는 여러 기관에 대해 이야기나누기
- '행복한 우리 동네' 가사 알아보기
- 다양한 방법으로 노래 불러보기
★교사의 지원을 받아 활동 참여하기
바깥놀이(11:30~12:10) ▸ 스캐폴딩
★또래의 지원을 받아 활동 참여하기
점심 및 휴식(12:10~12:50)
- 손 씻기 및 점심 식사하기
- 이 닦기 후 휴식, 책읽기
★또래와 손을 잡고 이동하기
오늘 하루 되돌아보기(12:50~13:00) ▸ 교수 · 지원
- 오늘 하루의 생활 되돌아보기
- 인사나누기
★언어적 촉구를 받아 착석하기</td><td colspan="2">박스의 한 부분을 가위로 잘라 'ㄴ'모양을 만든 예나가 머리를 박스 쪽으로 대고 누워 자는 시늉을 했다. 이를 지켜보던 예은이가 "예나야 뭐해? 같이 하자."고 말하며 예은이 옆에 누웠고 예나가 "캠핑장이야."라고 말하며 캠핑놀이가 이루어졌다. 예슬이가 놀이에 합류하며 천을 박스 옆에 깔았고 이것은 캠핑장이 되었다. 셋은 음식모형을 가져와 차려두고 음식을 먹었고 음식을 치운 후에는 산타할아버지께 기도하는 시간을 갖기도 했다. 놀이돌아보기 시간에 교사가 새롭게 시작된 캠핑놀이에 대해 이야기를 꺼내었더니 예나, 예은, 예슬이는 상기되어 "큰 천이 있으면 좋겠어요. 매트가 있어도 좋을 것 같아요" "다른 친구도 함께 하면 좋겠어요" "모닥불도 피우고 노래도 부르고 기도도 하면 좋겠어요."라며 다양한 놀이 아이디어를 제안하였다.</td></tr>
<tr><td>이루어지고 있는 배움</td><td>기회와 가능성</td></tr>
<tr><td>·재활용품을 이용하여 원하는 놀잇감을 만드는 능력: 상자의 크기에 따라 만드는 놀잇감의 종류도 달라지고 있음.
·놀잇감을 이용한 놀이를 주도적으로 하며, 친구와의 이야기를 통해 놀이가 확장되는 모습: 캠핑놀이가 서로 이야기를 나누는 과정에서 풍성하게 확장되어 가는 모습이 보임</td><td>·제시해 줄 자료
▷ 캠핑놀이에 필요한 도구들: 천, 음악, 상자, 매트 등

·놀이 돌아보기 시간에 예나, 예은, 예슬이의 캠핑놀이에 대해 관심을 보이는 유아가 많았음. 다른 유아에게로 놀이가 확장되면 캠핑에 대한 탐구가 이루어질 수 있을 것임.</td></tr>
</table>

▶ 협력교수 유형　★ 특수교육대상유아를 위한 지원 활동

출처: 이진희 외(2020). '함께-하는' 유아평가: 경계를 넘나들며 대화 이어가기. p. 155.

〈사례 3〉의 일일 교육과정 운영평가는 교사가 미리 계획한 하루 일과 동안 유아들이 무엇을 경험했는지를 '지금-여기의 경험'에, 그 경험에서 이루어지고 있는 배움이 무엇인지는 '이루어지는 배움'에, 이를 토대로 다음날 경험에 대한 지원 계획을 '기회와 가능성'에 기술하여 하루 동안의 교육과정 운영을 평가하고 있다.

이처럼 일일교육과정 운영평가는 여러 가지 형식으로 이루어질 수 있다. 위의 사례들은 일일계획과 실행된 놀이, 일상생활, 활동 등에 대한 관찰기록, 이에 대한 교사의 지원까지 통합하여 교육과정 운영을 평가하고 있다. 이러한 교육과정 운영평가는 교실에서 하루 동안 어떤 계획이 실행되고 수정되었는지, 유아들은 하루 동안 무엇을 경험했는지, 교사는 무엇을 지원했는지 등 자세한 교실 교육과정 운영에 대한 성찰을 가능하게 함으로써 유아의 놀이와 배움 그리고 교사의 지원을 보다 전체적이고 통합적으로 볼 수 있게 해준다.

2) 주간 또는 월간 교육과정 운영평가

유치원 및 어린이집의 상황이나 자율성에 따라 일일계획 또는 보육일지를 활용하는 방식 외에도 주 또는 월별로 교육과정 운영평가를 실시할 수 있다. 주 또는 월별 교육과정 운영평가도 일일 교육과정 운영평가처럼 놀이·일상생활·활동에 대한 유아들의 경험과 배움, 교사의 지원, 하루 일과에 대한 교사의 성찰, 이후의 놀이 지원 계획 등이 포함될 수 있다.

사례 4: 주간 교육과정 운영평가 예시

월간계획에 기초하여 한 주간의 누리과정 운영의 실행을 기록하고 평가한 예

<table>
<tr><td colspan="2">기간</td><td colspan="5">5월 2주</td><td></td></tr>
<tr><td colspan="2">요일</td><td>월</td><td>화</td><td>수</td><td>목</td><td>금</td><td></td></tr>
<tr><td rowspan="2">놀이</td><td>봄</td><td colspan="5">· 꽃가게 놀이 확장(조화, 포장지, 끈, 화분, 가위, 테이프, 다양한 종이 등)
꽃가게가 구성되면 자연스럽게 놀이가 진행되도록 지원함. 필요에 따라 놀이그룹 또는 학급전체의 놀이진행상황을 공유하기 위한 이야기 나누기를 진행함.</td><td></td></tr>
<tr><td>반짝이끈</td><td colspan="5">· 그림책 〈빨간 끈〉
반짝이끈 놀이의 진행에 따라 적절한 시기에 그림책을 제공함. 그림책에 대한 관심을 많이 가져 활동을 통해 전체 유아와 함께 읽고 반짝이끈 놀이와 연계하였음.
· 반짝이끈과 상자 놀이
반짝이끈 속에 몸을 숨기던 유아들이 이제는 놀잇감을 숨기고 찾기 놀이를 함. 유아들 스스로 놀이 규칙을 만드는 과정을 지원함.
· 반짝이끈과 상자로 상상놀이하기
반짝이끈과 상자를 이용하여 만들고 싶은 것을 만들었고 결과물을 활용하여 상상놀이가 전개됨.</td><td>계획에 없었지만 진행된 놀이의 기록</td></tr>
<tr><td colspan="2" rowspan="4">활동</td><td colspan="5">· 이야기나누기 '놀이에서 생긴 문제를 어떻게 해결할까?' 갈등상황 해결하기 위해 활동으로 진행</td><td rowspan="4">월안에서 계획했던 내용을 실제 놀이를 반영하여 융통성 있게 실행</td></tr>
<tr><td colspan="5">· 동화 '빨간 끈' ppt동화로 진행함</td></tr>
<tr><td colspan="5">· 노래 '씨앗이 자라서' 꽃가게 놀이 경험과 연계하여 진행함</td></tr>
<tr><td colspan="5">· ~~반짝이끈 게임~~ 진행되지 않음</td></tr>
<tr><td colspan="2">바깥놀이</td><td colspan="5">· 풀 찧어 소꿉놀이하기/반짝이끈 나뭇가지에 묶기</td><td></td></tr>
<tr><td colspan="2">인성교육</td><td colspan="5">· 친구에게 친절하게 말하기</td><td></td></tr>
<tr><td colspan="2">일일 기록 및 지원</td><td>· 반짝이끈 속성을 이용한 놀이로 전개되기 시작함
· 꽃가게를 열기 위해 꽃다발 만들기에 관심을 가짐</td><td>· 반짝이끈과 상자를 같이 활용하여 숨기, 보물찾기 놀이를 함</td><td>· 반짝이끈을 활용하여 상상놀이를 함
· 바깥놀이 동안 풀에 대한 관심을 많이 표현함</td><td>· 반짝이끈 놀이 공간에 대한 갈등상황이 발생하여 이야기 나누기를 진행</td><td>· 반짝이끈 정리하기
· 풀에 대한 관심을 교실로 확장해보고자 함</td><td rowspan="2">일일 및 주간으로 놀이내용과 지원계획에 대해 간단히 기록</td></tr>
<tr><td colspan="2">주간 기록 및 지원</td><td colspan="5">· 반짝이끈으로 놀이하고 정리도 유아가 스스로 할 수 있도록 함. 정리 시 반짝이끈을 비닐에 담아 공이 되었고, 바깥놀이 시 신체활동 소품으로 활용해 보았음. 유아들이 즐겁게 활용하며 놀이하여 반짝이끈 공 굴리기 게임 및 바깥놀이 시 자유롭게 공 놀이하는 자료로 활용해볼 것임.
· 실내놀이에서 지난 2주간 제공하였던 조화와 유아들이 만든 꽃이 어우러져 꽃가게 놀이로 진행됨. 교사가 놀이를 기본적으로 제공하였지만 유아들 사이에서 자발적으로 가게에 필요한 공간구성과 놀이자료를 스스로 만들기 위해 노력하고 의사소통이 활발하게 일어남.
· 바깥놀이에서 풀을 뜯어 소꿉놀이, 찧기 등이 나타나며 봄의 식물에 대한 탐구와 심미적 감상이 활발하게 이루어짐. 교실에서 풀과 관련된 놀이가 이어질 것으로 예상됨.</td></tr>
</table>

출처: 교육부, 보건복지부(2019c). 2019개정 누리과정 놀이실행자료. p. 121.

〈사례 4〉는 5월 어버이날 행사를 위해 마련한 포토존을 장식한 응원 술에 관심을 가진 유아들이 이를 '반짝이끈'이라고 부르며 다양한 놀이를 이어 나간 5월 2주에 대한 교육과정 운영평가 예시이다. 〈사례 4〉에서는 교사가 미리 계획하지 않았으나 유아들의 관심으로 발현되며 실행된 반짝이끈 놀이와 이와 관련된 일일 기록 및 지원을 기록한 후, 일주일 동안 이루어진 놀이내용과 지원 계획들을 주간 기록 및 지원 칸에 정리하여 기록하고 있다. 이처럼 주간 교육과정 운영평가는 정해진 기간 동안 실행된 놀이와 활동, 일일 기록 및 지원을 종합적으로 성찰하며 이루어질 수 있다.

사례 5: 주간 교육과정 평가 예시

<table>
<tr><td>어린이들의 관심</td><td colspan="2">팽이</td><td>활동 기간</td><td colspan="2">2020.07.06.~ 2020.07.10</td></tr>
<tr><td>경험한 내용</td><td colspan="5">· 다양한 재료로 팽이를 만들어보는 경험을 한다.
· 빠르게 잘 돌아가는 팽이의 특징을 놀이를 통해 발견한다.
· 팽이놀이에 필요한 약속이 있음을 알고 지킨다.</td></tr>
<tr><td>기본생활습관</td><td colspan="2">· 바깥놀이 후에 손을 깨끗이 씻어요.</td><td>안전 교육</td><td>[생활안전교육]
물놀이 위험 상황 시 대처방법 알기</td><td>[응급처치교육]
도움이 필요한 위급한 상황 알기</td></tr>
<tr><td>날짜
활동</td><td>7월 6일 (월)</td><td>7월 7일 (화)</td><td>7월 8일 (수)</td><td>7월 9일 (목)</td><td>7월 10일 (금)</td></tr>
<tr><td>놀이</td><td>- 팽이 대결하기
- 뚜껑 팽이 만들기
-팽이 대결장 만들기</td><td>- 어떤 팽이가 잘 돌아갈까?
- 진행자에 따라 팽이대결 놀이하기</td><td colspan="2">- 어떤 팽이가 잘 돌아가는지 돌려보기
- CD 팽이 만들기
- 상상 속에 팽이 그림 그리기</td><td>- 여러 가지 재료로 팽이 만들기
-우리 반에서 제일 오래 도는 팽이는?</td></tr>
<tr><td>실외놀이</td><td colspan="3">모래와 잔디에서 팽이 돌려보기</td><td colspan="2">뱅글뱅글 돌면서 가위바위 보!</td></tr>
<tr><td rowspan="2">놀이지원을 위한 활동</td><td rowspan="2">어떤 팽이가 잘 돌아갈까?</td><td>내가 알게 된 '팽이'</td><td>[새노래]
뱅글뱅글 팽이</td><td rowspan="2">[동시]
돌아라 팽이야</td><td rowspan="2">잘 돌아가는 팽이에 대해 알게 된 것 정리하기</td></tr>
<tr><td colspan="2">'팽이' 관련 자원 소개하기</td></tr>
<tr><td>놀이지원 계획</td><td colspan="5">[이번주 지원한 내용]
- 팽이 대결장 만들기 토의하기
- 협의에 따른 팽이 대결장 만들기
- 팽이를 만들 수 있는 다양한 재료 탐색 할 수 있도록 준비하기
- 친구들이 가져온 팽이자원 탐색하기
- 팽이에 대해 궁금한 것을 탐구할 수 있도록 돕기
- 팽이의 움직임을 통해 속도, 회전할 때의 색깔 등 탐구하기
- 팽이놀이에 필요한 약속과 규칙의 필요성 알아보기

[다음주 지원 계획]
- 팽이의 움직임을 살펴보며 팽이에 담긴 원리에 관심 가져보기
- 팽이가 돌아갈 때에 보이는 색깔을 발견하고 색의 혼합에 대해 실험하기
- 팽이에 대해 예측했던 내용에 대한 해결 내용 공유하기
- 팽이 대결판에 대한 아쉬운 점을 협의 후 함께 보완하기</td></tr>
</table>

출처: 홍신유치원

〈사례 5〉는 교사가 일주일 동안 교실에서 이루어진 팽이에 대한 유아들의 관심과 놀이를 성찰하면서 저널 형식으로 작성한 교육과정 운영평가 예시이다. 교사는 1주일 동안 이루어진 다양한 팽이 놀이를 '우리 반 팽이 대결판 꾸미기', '어떤 팽이가 잘 돌아갈지 실험해 보기', '진행자가 생긴 팽이놀이', '상상 속의 팽이를 그림으로 표현하기' 등으로 구분하고, 이러한 놀이 흐름을 만들어낸 유아들의 궁금증과 이를 해결해 나가는 놀이의 의미, 교사의 해석을 기록하고 있다. 이와 함께 날마다 이루어진 놀이와 놀이 지원을 위한 활동들, 교사가 실행한 이번 주 지원 내용 및 다음 주 지원 계획 등을 기술하고 있다. 이에 대한 교사의 성찰을 기반으로 작성된 교사의 저널 형식의 교육과정 운영평가는 유아들의 실제 놀이에서의 배움의 의미와 교사의 해석, 이와 연계되는 교사의 지원 간의 유기적인 관계를 이해할 수 있게 해 준다.

사례 6: 교육과정 요소에 따른 교육과정 운영평가 예시

요소	평가 내용
내용	• 유아의 일상생활과 경험을 조사하고 유아와의 상호작용을 통해 교육내용을 결정한 과정이 타당하였다고 평가함 • 신체운동 · 건강, 의사소통, 사회관계, 예술경험, 자연탐구 각 영역의 내용이 통합적으로 담길 수 있도록 교육과정을 진행하였음
목표	• 구슬놀이를 통하여 궁금한 것을 탐구하는 과정에 즐겁게 참여하고 탐구과정에서 서로 다른 생각에 관심을 가지는 것을 목표로 설정하였으며, 목표 설정이 적절하였다고 평가함
교수 원리	• 개별 유아 및 학급 유아의 강점, 흥미, 성향, 목표 등을 파악하고 유아의 흥미와 관심에 따른 놀이가 진행될 수 있도록 교수 원리를 적용하였음 • 탐구의 원리를 적용하여 유아들이 시행착오를 통하여 스스로 깨달을 수 있도록 실험 환경을 조성하였음
평가	• 유아놀이 관찰 기록을 통해 평가 자료를 수집하고, 유아들은 스스로 실험 조건을 설정하고 물리적 지식을 습득해 나간다는 것을 발견할 수 있었음
교사의 역할	• 놀이 관찰과 이야기 나누기 활동을 통하여 유아의 구슬놀이 관심을 포착함 • 유아의 구슬놀이터 만들기를 위한 환경과 자료를 지원하였으나, 보다 다양한 자료 지원이 필요함
시간	• 구슬놀이에 대한 관심이 시작되고 본격적으로 놀이가 진행된 2주 뒤 평가를 진행하여 구슬놀이를 심화 · 확장하였고, 총 4주의 기간이 지난 뒤 경사로 놀이로 전환되어 놀이 기간이 충분하였다고 평가함 • 구슬놀이를 충분히 할 수 있도록 놀이시간을 편성하고, 이야기 나누기, 악기 연주, 게임, 미술 등 활동 시간을 편성하여 구슬놀이를 지원함
장소	• 교실 내장을 옮기고 구슬이 굴러가지 않도록 경계를 만들어 주는 등 유아와 협의하여 장소를 마련하였으므로 가능한 한 유연한 환경을 제공하였다고 평가함
집단 크기	• 개별, 소집단, 전체 학급 유아가 함께 참여할 수 있도록 다양한 집단 크기를 경험하도록 구성함
교수자료	• 교육적이고 안전한 유아의 탐구와 놀이를 지원하였으나, 유아와 함께 교수자료를 탐색하려는 기회가 부족하였음

출처: 박은혜 외(2021). 영유아교육과정. pp. 236-238.

〈사례 6〉은 국가수준 교육과정을 교실수준의 교육과정으로 운영할 때 필요한 교육과정의 구성요소를 9가지 요소(교육의 목적과 목표, 평가, 교수·학습의 원리, 교사의 역할, 시간, 장소, 집단의 크기, 교수 자료) 등으로 제시하고, 이에 따라 2주 이상 진행된 다양한 구슬놀이를 중심으로 교육과정 운영을 평가한 예시이다. 이러한 교육과정 운영평가는 놀이가 진행되는 중에도 교육과정 구성 요소들에 의해 놀이를 점검하여 즉각적으로 교사의 지원을 수정하며 지원하게 함으로써 교육과정 운영 중에도 지속적인 평가를 가능하게 한다. 예를 들어 구슬놀이 장소에 대한 불편함을 피력하는 유아들의 요구에 의해 공간을 재배치하고 수정한 결과는 교육과정 중 형성평가 결과가 반영된 것이다(박은혜 외, 2021).

이처럼 교육과정 운영평가는 일일계획 또는 보육일지를 활용하여 유아들의 놀이·일상생활·활동 등의 의미를 성찰하고, 이를 지원하기 위한 계획을 수립하면서 실행과 평가, 평가와 계획, 계획과 평가 간의 유기적이며 순환적인 관계를 잘 보여준다. 위에서 보듯이 교육과정 운영평가는 유아들의 놀이 및 일상생활 경험에 대한 관찰 기록을 중심으로 유아가 무엇을 경험하며 배우고 있는지, 교사로서 어떤 지원을 하였는지 이에 대해 성찰하며 더 필요한 지원을 계획하는 과정으로 교사의 실천에 대한 성찰을 기반으로 교육과정을 운영하도록 도우며, 궁극적으로 교육과정을 개선하도록 돕는다. 이외에도 교육과정 운영평가와 관련된 사례는 10장과 11장을 참조하기를 바란다.

4. 평가 주체에 따른 교육과정 운영평가

위에서 보았듯이, 교육과정 운영평가는 유치원과 어린이집에서 유아들의 경험하는 놀이, 일상생활, 활동 등에 대한 의미를 발견하고 이를 지원하는 과정을 성찰하는 것이다. 그렇다면, 유아들의 놀이, 일상생활, 활동의 의미는 교사가 결정하는 것일까? 8장에서 보았듯이 영유아들은 자신의 놀이에 대해 그 의미를 표현할 수 있다. 이렇듯 교육과정 운영에 대한 평가는 교육과정 주체인 영유아, 교사, 학부모가 함께 참여하여 실천할 수 있다.

1) 영유아가 참여하는 교육과정 운영평가

유아들은 자신이 했던 놀이, 활동, 일상생활 경험에서의 배움을 점검해 보는 평가에 참여할 수 있다. 이러한 평가는 교육과정에서 다양하게 이루어질 수 있다. 하루 일과에서 유아들은 자신의 놀이, 일상생활, 활동 과정에서의 경험을 평가하는 데 참여할 수 있다. 하루를 계획하는 아침 모임 시간, 놀이 시간이 끝난 후 놀이를 공유하거나 돌아보는 시간, 하루 일과를 되돌아보며 평가하는 귀가 시간 등을 통해 수시로 이루어질 수 있다. 이 시간 동안 이루어지는 유아들의 평가는 기록으로 남기기보다는 즉각적인 교사의 지원으로 반영되기도 하고, 이후 놀이 지원 계획으로 반영될 수 있다. 따라서 교사는 유아들의 자발적으로 자신의 경험에 대해 평가할 수 있는 시간을 하루 일과에 의도적으로 계획할 필요가 있다.

또한 유아들은 자신들의 놀이에 대한 다양한 기록을 공유하며 교육과정 운영평가에 참여할 수 있다. 놀이를 공유하는 시간에 교사는 유아의 놀이를 지원하기 위한 구체적인 방법을 결정하기 위해 유아들에게 놀이에 대한 관심, 의미, 궁금증들에 대해 토론할 수 있다. 예를 들어, '심장 박동 프로젝트'에서 교사는 유아들과 함께 유아들의 놀이과정을 공유하는 과정을 통해 유아들이 진정으로 탐구하려는 놀이의 방향을 알게 되고, 이를 지원하며 프로젝트를 전개해 나간다(Olsson, 2009/2017). 이처럼 놀이 과정이나 의미에 대한 유아들의 목소리를 경청하는 것은 교사의 놀이 지원에 결정적인 영향을 줄 수 있으며, 교육과정 운영을 평가하는 데도 큰 의미가 있다.

이 밖에도 앞서 8장에서 제시된 유아들의 자기평가를 통해 유아 스스로 자신의 놀이를 기록하고 평가할 수 있는 기회도 마련할 수도 있다. 그리고 유아와의 진솔한 면담시간을 통해 유아들의 놀이에 대한 기록들을 보여주며 유아가 가장 의미 있다고 생각하는 그림, 사진, 기타 기록들을 선택하여 이에 대한 유아들의 해석을 들을 수도 있다. 예를 들면, '부모님께 보여드리고 싶은 사진 5개(개수는 교사의 선택)만 골라 볼까?' 등의 질문을 통해 유아들은 자신이 경험하고 배운 내용을 다시 들여다볼 수 있다. 이때, "왜 이 사진을 선택했니? 무엇을 알게 되었니? 엄마, 아빠에게 이 사진에 대해 어떤 말을 하고 싶니?" 등의 질문을 통해 정보를 얻고 연속적인 배움을 이어갈 수 있다(이진희 외, 2020). 이러한 유아들과의 대화는 놀이 또는 유아들의 배움에 대한 교사의 관점을 확장하는 계기가 될 수도 있다(강진주, 2015).

사례 7: 스스로의 놀이에 대한 유아의 자기평가 기록

누군가가 우리에게 왜 그렇게 놀이가 좋은지 물어보면 뭐라고 대답할 것 같아요? 내가 제일 좋아하는 놀이를 할 때 무엇이 좋은지, 왜 놀이가 우리에게 소중한 것인지 그림이나 글자로 표현해 볼까요?

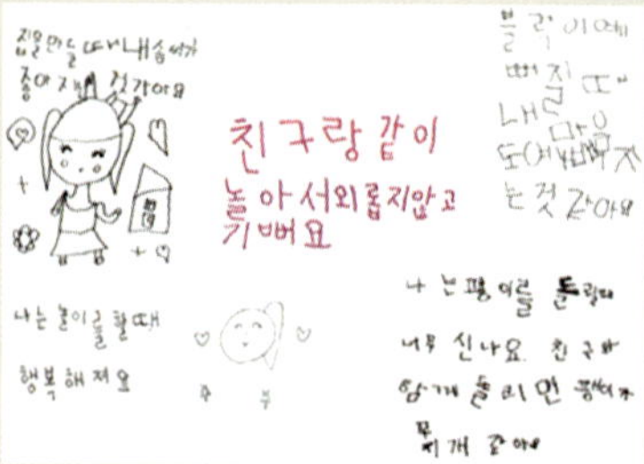

출처: 이진희 외(2020). '함께-하는' 유아평가: 경계를 넘나들며 대화 이어가기. pp. 189-190.

2) 학습공동체를 통한 교육과정 운영평가

동료교사는 교육과정 운영의 파트너로서 교육과정을 함께 계획하고, 조정하며, 운영하는 중요한 역할을 한다. 유치원과 어린이집에서 교사들은 공식적인 협의를 통하여 교육과정을 계획, 실행, 평가하여, 교육과정 개선 방안을 모색하여 함께 교육과정을 운영해 나간다. 예를 들면, 원장(감)과의 협의 및 컨설팅, 고경력자 교사와 저경력자 교사 간 자연스러운 멘토링, 원내 장학, 원외 컨설팅 지원 등을 통해 교육과정 개선을 위해 노력한다(박은혜 외, 2021). 동시에 교사들은 하루 일과를 마친 후, 일상적으로 동료교사와 교실에서 일어난 놀이를 이야기하면서 교실의 교육과정 운영에 대해 논의하고 조언과 도움을 받는다. 특히, 2019 개정 누리과정에서는 유치원과 어린이집의 자율성을 바탕으로 교육과정을 운영하기 위해 동료 교사와의 협력 과정인 교사학습공동체를 통한 전문성 향상을 강조하고 있다.

교사학습공동체란 교사의 전문성 신장과 학생들의 학업 증진을 위해 끊임없이 연구하고, 비판적으로 탐구하며, 협력적으로 실천하는 교사들의 결속체이다(서경혜, 2015). 교사학습공동체는 교사의 자발성을 토대로 교사들이 함께 같은 주제를 연구하고 실천하는 과정을 통해 교사의 전문가로서의 역량을 함양하는 데 도움을 줄 수 있다(교육부, 2020b). 즉 교사학습공동체에 참여함으로써 교사는 유아교육현장의 다양한 고민과 도전을 동료교사들과 함께 공유하고 문제를 해결하기 위해 노력함으로써 협력적인 배움을 통해 전문성을 갖게 되는 것이다. 교사학습공동체는 교사들의 다양한 관심이나 탐구하고 싶은 주제나 목적에 따라 유아교육기관 안의 학습공동체에서 또는 유아교육기관 밖의 학습공동체에서 다양한 형태로 운영될 수 있다.

교육과정 운영평가와 관련된 학습공동체는 주로 유아교육기관 안의 학습공동체에서 현재 유치원 또는 어린이집 교육과정 그리고 교실 교육과정이 어떻게 운영되고 있는지를 이해하고 개선 방안을 모색하기 위해 필요하다. 예를 들어, 교육과정 운영에서 발생하는 놀이지원, 관찰 기록, 계획안 작성, 평가와 관련된 이슈들, 상호작용, 놀이 배움 이해하기 등과 같은 고민과 도전들에 대한 해결방안은 유치원과 어린이집의 상황과 맥락을 가장 잘 알고 있는 구성원들이 주축이 되어 협의하고 실천하며 해결하는 과정이 함께 동반되어야 하기 때문이다. 다음의 사례는 교육과정 운영평가와 관련된 예시로, 교사들이 교육과정 운영평가와 관련된 학습공동체에 참여하여 1학기 교육과정 운영을 평가하고 성찰하며 개선을 위한 방안들을 모색해 보며 2학기 교육과정 운영 방향을 설정하고 있다. 이처럼 동료교사와 함께하는 학습공동체는 교사의 교육과정 운영에 대한 전반적인 역량을 신장할 수 있는 기회가 될 수 있다.

사례 8: 우리반 교육과정 운영 평가

유치원을 돌아보니, 평소 학급교육과정을 어떻게 운영하고 있는지 정보를 나눌 기회가 많지 않을 것 같다. 놀이 상황에 대한 공유는 자주 하지만 전반적인 운영에 대해 서로 도움을 주지 못하고 있다. 긴급한 마음이 통한 걸까? 1학기 말에 열린 교육과정 평가회 때 서로의 생각과 마음을 나누며 깊이 고민할 기회가 주어졌다.

교육과정 평가회는 오늘까지의 교육과정 운영 전반을 평가하고 내일부터의 개선방안을 모색하는 자리였다. 평가회를 위해 선생님들은 개인별 성찰과 동일연령협의회를 통해 다양한 고민과 의견들을 나눈 후 전체 평가회를 가졌다. (중략)

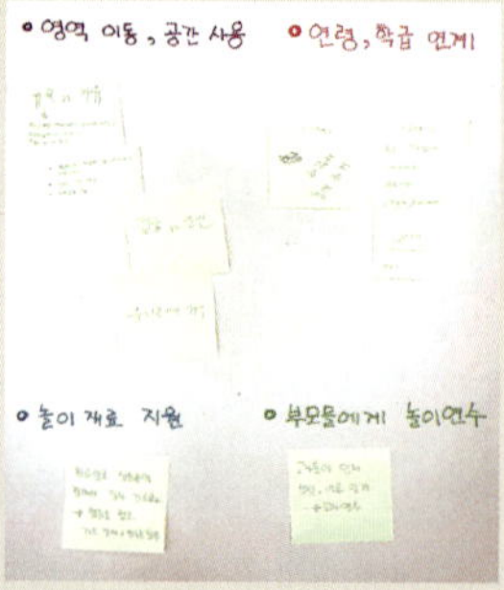

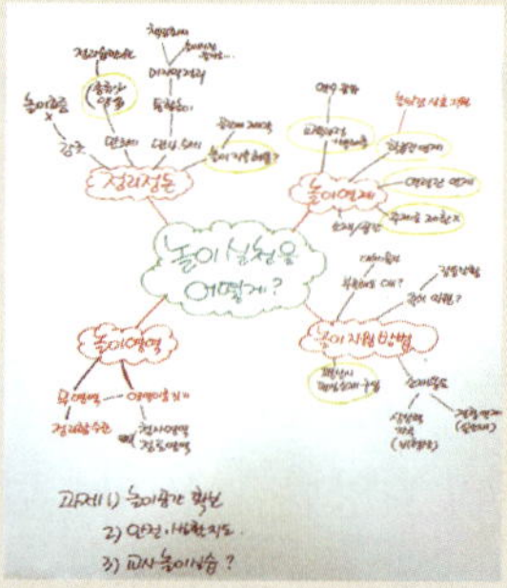

1학기에 다양한 놀이를 전개해 보았으므로 2학기에는 유아가 보다 적극적으로 주도하는 좀 더 심화된 놀이를 지원하고 싶고, 놀이 흐름을 잘 지켜보고 놀이를 더욱 풍성하게 경험할 수 있도록 지원하겠다는 의지를 피력했다.

놀이주제가 일단락될 진행된 놀이과정을 담은 '놀이이야기'를 엮어 서로 공유함으로써 다른 학급의 교육도 엿볼 수 있도록 기회도 만들겠다고 한다. 또, 그 이야기를 가정에도 안내하면서 교육공동체 모두의 관심과 지원으로 함께 만들어가는 교육과정을 실천하고 싶은 의지도 보였다.

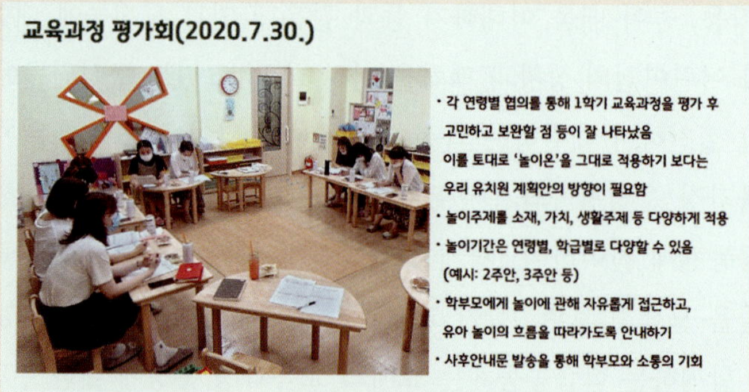

2학기를 시작하면서 선생님들은 마음이 더욱 복잡하다.(중략) 현 상황에 맞는 우리 유치원만의 유아·놀이 중심 교육과정은 과연 어떠해야 하나? 아무리 고민해도 답이 없다. 오직 선생님들의 교육신념을 믿고 지지할 뿐…. 이제까지 스스로 고민하고 자발적으로 노력하여 성장해 온 선생님들이 또 다른 과제들도 함께 고민하며 지혜롭게 풀어갈 것을 믿고 응원한다. (중략)

출처: 교육부(2020b). 유아·놀이중심 교육 지원을 위한 학습공동체 실천 이야기, pp. 46-47에서 발췌함.

3) 부모와 함께 하는 교육과정 운영평가

교사와 함께 유아의 성장과 발달을 위해 부모는 유아의 보호자이며 대리인으로서 유아의 권리와 복지를 실천하기 위한 최선의 노력을 기울일 책임과 의무를 지닌다. 부모의 교육과정에 대한 이해는 유아교육기관 및 교사의 교육과정 실행에 영향을 미치는 핵심적 요인으로 부모가 유아의 놀 권리와 놀이하며 배우는 놀이의 가치를 이해할 때 유아를 더 잘 지원할 수 있다. 따라서 교사는 부모가 놀이에 대해 어떤 생각을 갖고 있는지 파악하는 것에서 시작하여 부모와 소통하고 협력하며 그들이 능동적으로 교육과정 변화에 참여할 수 있도록 지원할 필요가 있다(교육부, 보건복지부, 2019c).

특히, 유아주도의 놀이를 통한 배움을 강조하는 2019개정 누리과정에서는 무엇보다 부모와의 놀이 중심 교육과정에 대한 소통을 강조하고 있다. 부모들은 놀이의 중요성을 이해하고 인정하지만, 놀면서 배운다는 놀이의 교육적 가치에 대해 충분히 이해하지 못할 수도 있다. 유치원과 어린이집에서는 교육과정 운영 및 평가에 대해 부모들이 이해할 수 있도록 다양한 기회를 마련하여 부모들의 교육과정 운영 및 평가 참여를 지원해야 한다.

부모와 함께하는 교육과정 운영평가는 부모와 놀이에 대한 교육적 관점을 공유하는 것에서부터 출발할 수 있다. 교육과정에 대한 일반적인 부모교육보다는 교실에서 진행하고 있는 구체적인 놀이에 초점을 맞춰 자녀와 또래들의 경험, 놀이를 통해 형성하고 있는 배움, 놀이에 대한 관점 등을 이해하도록 돕고 놀이 참여자로서 가정에서의 지원할 수 있는 방법들을 함께 모색하는 방향으로 진행하는 것이 바람직하다. 또한, 부모들의 놀이에 대한 관점을 일시에 바꾸려는 시도보다는 놀이의 교육적 가치를 공유하고 점진적 변화를 모색하는 것이 좀 더 효과적일 수 있다(교육부, 보건복지부, 2019c).

교실에서 발현되는 유아들의 관심사와 진행되는 놀이에 대한 의사소통의 방법은 다양하다. 예를 들면, 알림장, 가정통신문, 저널, 놀이신문, 놀이 실행 자료(예 ㅇㅇ반 놀이이야기) 등 형식적인 문서 이외에도 편지, 메모, 영상, 전화 상담, 홈페이지, 애플리케이션 등 유치원과 어린이집의 상황과 조건에 적합한 방법을 다방면으로 적극적으로 활용할 수 있다. 다양한 방법을 활용한 의사소통 과정에서 교사는 유아들의 관심사와 놀이에 대한 유아의 사전 경험이나 역사 등 배경에 대한 정보나 보지 못했던 정보들을 얻을 수 있으며, 부모는 자녀의 성장과 배움의 변화를 이해할 수 있게 된다. 중요한 것은 놀이를 통해 유아들이 배우며 성장하고 있다는 것을 부모들과 소통하는 것이다.

또한 기관 차원에서 부모의 교육과정 운영평가는 유치원 및 어린이집 운영위원회에서 이루어질 수 있다. 운영위원회에서는 유치원과 어린이집 운영의 자율성과 투명성을 높이고 지역의 실정과 특성에 맞는 다양한 교육을 창의적으로 실시할 수 있도록 하기 위하여 부모 및 지역사회의 의견과 요구를 나눌 수 있다. 이 밖에도 유치원 및 어린이집 교육과정에 대한 부모 만족도 조사를 통하여 교육과정 운영평가를 실시하여 그 결과를 이듬해 교육과정 운영 계획에 반영할 수 있다.

교실(교사) 수준에서 부모의 교육과정 운영평가는 교사가 자율적으로 계획하여 실시할 수 있다. 예를 들어, 부모와의 효과적인 면담을 위해 개별 유아의 포트폴리오를 준비할 수 있다. 교육과정 운영평가를 위한 포트폴리오 내용으로 유아의 작품, 또래와 활동한 사진이나 공동작품, 유아에 대한 기록 등을 포함하여 유아의 성장이나 배움의 과정이 어떻게 이루어지고 변화되어가는지를 가시화함으로써 배움의 맥락에 대한 정보를 부모와 공유할 수 있다(이진희 외, 2020). 또 다른 예시로 교사는 '부모용 놀이 평가지'를 자체적으로 제작하여 사용할 수도 있다(사례 9 참조).

사례 9: 부모용 놀이평가지(좌) 및 부모님의 이야기(우)

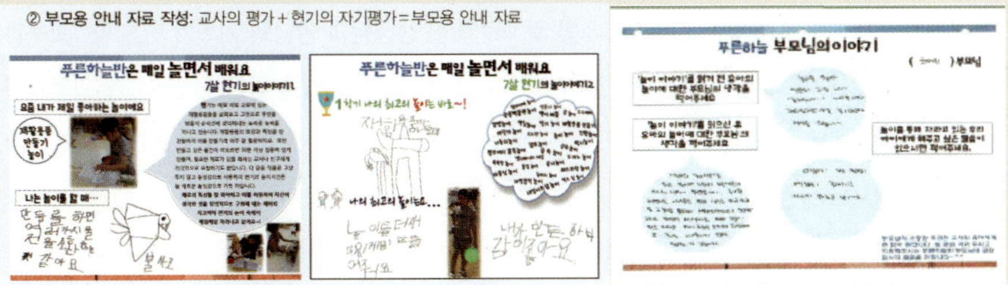

출처: 이진희 외(2020). '함께-하는' 유아평가: 경계를 넘나들며 대화 이어가기. pp. 193-197.

〈사례 9〉는 놀이를 통한 유아의 배움과 성장 이야기를 부모에게 제공함으로써 부모가 유아의 놀이과정을 공유하여 이에 대해 성찰하는 내용을 담은 것이다. 교사가 자율성을 발휘하여 제작한 '부모용 놀이평가지'(좌)는 개별 유아에 대한 교사의 기록이 담긴 유아평가지와 자기의 놀이에 대한 유아의 표현과 감정이 담긴 유아 자기평가지로 구성되어 있다. 이와 함께 동봉된 '부모님의 이야기'는 자녀의 놀이이야기를 읽은 후 부모의 회신을 담은 기록지로 자녀의 놀이에 대한 이해와 의견을 파악할 수 있다. 이 과정을 통해 부모는 자녀의 놀이에 대한 관심을 갖게 되고 놀이와 배움에 대한 인식이 증진되면서 자연스럽게 놀이를 중심으로 이루어지는 교육과정 운영에 대한 평가에 참여할 수 있다. 이처럼 부모는 교육 공동체의 일원으로서 유아의 놀이를 지지하고 교육과정 운영을 지원할 수 있으며 유아의 배움을 위한 평가자로 참여할 수 있다.

토론거리

1. 내가 맡은 교실에서는 어떤 교육과정 운영평가 형식을 선택할지 이야기해 보자. 선택한 교육과정 운영평가 형식은 우리 반에서 이루어지는 다양한 유아들의 놀이, 일상생활, 활동들에 대한 배움의 의미가 잘 담길 수 있는가? 만약 그렇지 않다면 어떻게 수정할 수 있을까?
2. 교육과정 운영평가는 유아, 교사, 부모 등과 함께 다양한 방식으로 실시할 수 있다. 여러 평가 방식 중 가장 해 보고 싶은 평가는 무엇이었는가? 또는 유아와 함께했던 평가 방식을 교사나 부모에게 적용해 볼 수 있을까? 또 다른 방법도 있을까?

활동 : 유치원과 어린이집의 교육과정 운영평가 실제 알아보기

유치원이나 어린이집을 방문하거나 유치원 및 어린이집 선생님과 만남의 기회가 있을 때, 교육과정 운영평가 실제에 대한 여러 활동들을 계획하여 해 볼 수 있다. 예를 들면 선생님에게 교육과정 운영 실제에 관련한 자료를 요청할 수도 있으며, 선생님들이 지금 실천하고 있는 평가의 형식이나 과정에 대해서도 질문할 수 있다.

먼저, 교육과정 운영평가에 대해 궁금한 사항을 친구들과 함께 정리해 보자. 예를 들면 다음과 같은 궁금증이나 질문을 할 수 있다.

- 선생님은 교육과정 운영평가를 어떤 형식을 선택하여 언제 기록하고 계신지요?
- 교육과정 운영평가를 하실 때 무엇에 초점을 두고 평가하시는지요? 예를 들면, 선생님께서 계획하신 놀이 지원이 유아들의 놀이나 일상생활, 활동에서 어떻게 적용되는지를 보시나요? 유아들이 주도하는 놀이나 탐색에 더 초점을 두시나요? 또 다른 부분에 초점을 두시는지요? 선생님만의 노하우나 팁이 있다면 알려주세요.
- 교육과정 운영평가를 어떻게 하시는지요? 메모, 사진, 동영상 등 관찰 기록들은 어떻게 활용하세요? 기록을 남기지 못해서 기억에 의존하여 기록할 때는 어떤 점에 주의를 기울여야 할까요?
- 교육과정 운영평가에서 교사학습공동체의 역할이 궁금합니다. 교사학습공동체에서 교육과정 운영평가 과정은 어떻게 이루어지나요?
- 유아나 부모님들이 함께 참여하는 교육과정 운영평가가 궁금합니다. 기억에 남는 사례를 소개해 주세요. 어떤 점이 좋았는지, 어떤 점이 어려웠는지, 어떻게 해결해 가셨는지요?

가능하다면 유치원과 어린이집에서 사용하는 교육과정 운영평가 기록 양식이나 교사가 직접 작성한 교육과정 운영평가 사례를 구해보고, 함께 분석해 볼 수 있다.

제

4

부

교육과정 속 관찰 및 행동연구의 실제

제10장 선생님이 들려주는 관찰 이야기
제11장 선생님이 들려주는 실행연구 이야기

제10장
선생님이 들려주는 관찰 이야기

여러분이 교사가 되어 처음 영아반 교실에 들어서게 된다면 무엇을 보게 될 것 같은가? 혹은 무엇을 볼 수 있는 존재가 되고 싶은가? 분명 같은 사건을 바라보았는데 서로 다른 장면을 기억하거나 떠올리는 모습에 놀라 본 적이 있는가? 관찰에는 그 사건을 바라보는 사람의 관점과 철학이 담긴다는 말에 동의하는가? 그동안 나는 세상[교실/영아/놀이]을 어떻게 바라보는 존재였는가?

10장에서는 영아들의 놀이 속에서 무엇을 보아야 할지, 어떻게 보아야 할지, 또 무엇을 어떻게 남겨야 할지에 대한 고민을 자신만의 방식으로 풀어가고 있는 강보배 선생님[5)]의 이야기를 들려주고자 한다. 우리 교재 5장 3절에서 소개하고 있는 관찰의 과정을 중심으로 구성하여 독자들의 이해를 도우며 교사의 관찰기록이 어떻게 놀이와 얽혀갔는지 마지막에 소개한다. 선생님의 발자취를 따라 걸어보면서도 새롭고 다채로운 시선으로 또 다른 가능성을 열어가며 자신들만의 교육적 방향성을 그려보는 시간이 되길 바란다.

5) 강보배 선생님은 "영아들의 시선을 함께 따라가면 무궁무진한 미지의 세계가 눈앞에 펼쳐지고, 그 미지의 세계로 교사는 함께 신나는 모험을 해 나가게 된다."라고 이야기한다. 어느 날 우연히 한 영아가 가지고 온 치킨 광고지를 마주하며, '왜 자꾸 들고 온 것일까?' 궁금증을 가지고 영아의 시선을 따라가 보면서 함께 교육과정을 생성해 나간 이야기이다. 치킨 광고지로 시작된 놀이는 2019년 12월 첫째 주부터 약 4주간 이어지며 마무리되는가 하더니 이듬해 3월 또다시 캠핑 놀이로 연결되었다. 여기에서 소개되는 내용은 2021 한국유아교육학회 대경지회 추계학술대회 발표(강보배, 2021)의 일부를 보완·재구성하여 작성한 것이다.

1. 관찰 계획하기

1) 관찰의 목적 협의하기

이곳 어린이집에서는 '교사는 교육을 고민하는 사람이다.'(van Manen, 2002/2012)라는 말에 구성원들이 함께 공감하며, 영유아를 진정으로 이해하고 공동구성원들의 대화와 협의를 통해 최선이라고 생각하는 방식으로 살아가 보고자 관찰기록을 중요하게 생각하였다. 영유아의 흥미와 의도를 포착하고 교사의 교육적 판단과 기대로 교육과정을 함께 생성해 나가는 데 있어 관찰기록은 중요한 흔적이자 필수자원이었다. 새길을 만들어갈 때 불확실성이 주는 두려움과 걱정보다는 가능성을 열어가는 설렘과 두근거림을 환영하며 관찰기록을 함께 다시 보며 의미를 생성하고 가치를 발견하고자 하였다.

따라서 이곳 어린이집에서는 추억을 남기기 위한 사진이나 증거 남기기용·검사받기용 관찰기록을 남기기보다 교실 안팎에서 펼쳐지는 수많은 사건 속에서 교사가 직감적으로 중요하다고 생각하는 순간들을 있는 그대로 관찰하고자 하였다. 즉, '보고자 하는 것을 미리 정해두고 보는 것'이 아니라 놀이의 의미를 읽어내고 놀이와 배움을 이어주며 영유아의 강점을 함께 발견하기 위하여 관계 중심의 관찰과 기록을 주로 실천하였다. 역동적이고 복잡하며 다채로운 얽힘 속에서 주름지고 펼쳐지는 다양한 이야기를 담아내며 기록을 다시 함께 보는 과정을 중요하게 생각하였다.

2) 우리에게 유용한 방식 찾아가기

어린이집의 경우 두세 학급이 한 교실을 함께 공유하여 사용하는 경우가 있다. 행복반 역시 세 학급이 한 교실에서 함께 생활하고 있었다. 세 명의 교사가 담당하는 영아 명단은 따로 있었지만, 영아들은 한 교실 공간에서 복잡하게 얽혀 함께 놀이하였다. 또한, 교사들은 중요한 순간이라고 직감적으로 느끼는 순간을 찰나적으로 포착하였기 때문에 우리 반 아이, 다른 교사의 아이를 구분하여 관찰기록하는 것이 불가능하였다. 더구나 세 명의 교사가 직감적으로 '앗! 이거다!' 하는 순간은 서로 다르기 때문에 서로의 시선을 공유하는 시간을 통해 다양한 의미해석의 가능성을 열어가 볼 수 있었다. 이에 따라 행복반 교사들은 관찰정보를 함께 수집하고 공유하되 보육일지 작성은 일주일씩 번갈아 가며 기록 및 정리하는 방식을 취하였다.

교사들은 주로 낮잠 시간이나 영아들의 정규반 하원을 마친 후 함께 모여 앉아 자신들의 관찰기록물을 공유하며 간단하게 대화를 나누었다. 자신이 왜 이 장면에 주목하게 되었는지, 왜 이 사진이나 기록을 남기게 되었는지 설명하는 과정에서 그날의 중요한 사건들(events)이 선명하게 떠올랐다. 또한, 교사들은 단순히 보고, 듣는 것을 넘어서서 영아의 행동과 말속에 내재된 중요한 의미들을 함께 발견하고자 노력하였다. 영아들의 흥미와 의도가 어디에 머물러져 있는지를 볼 수 있어야 영아와 함께 만들어가는 교육과정을 실행해 나갈 수 있다는 믿음을 공유하고 있었기 때문이다. 종종 의미 있다고 생각하는 기록(주로 사진)들은 교실 벽면 등 영아들의 놀이하는 곳곳에 붙여두기도 하였다. 관찰기록이 보육일지 안에서만 잠들어 있는 것이 아니라, 교실 곳곳에서 함께 살아 숨 쉬며 함께 호흡하며 영유아의 놀이에 또다시 스며들 수 있어야 한다는 믿음 때문이었다.

선생님이 들려주는 이야기: 사건의 발화지점은 그 순간의 기록으로 남겨지지 않을 가능성도 높습니다.

2020년 11월 30일, 주말을 보낸 월요일 아침 솜이가 치킨 광고지를 손에 들고 등원합니다. 교실에서는 겨울 용품 탐색이나 경사로 자동차 놀이가 한창 이루어지고 있었습니다. 치킨 광고지를 왜 가지고 온 것인지 교사는 궁금 하였지만, 영아들 간 갈등을 최소화하고자 가방에 다시 넣어 집으로 보내게 되었습니다. 하지만 다음날 다시 치킨 광고지를 손에 들고 등원하는 솜이를 마주하면서 교사는 궁금해지기 시작하였습니다.

'왜 또다시 치킨 광고지를 가지고 온 걸까?'

'저걸로 뭘 하려는 거지?'

솜이가 치킨 광고지를 가지고 온 사건은 이후 놀이로 흘러가는 중요한 발화지점이지만 교사의 사진 폴더나 관찰기록에 남겨져 있지 않았다. 왜냐하면 다음날에도 솜이의 행동이 반복되면서 선생님이 솜이 행동의 의미를 더 자세히 들여다보기 시작하였기 때문이다. 영아의 흥미와 의도를 즉시 읽어낸다는 것은 어려운 일이어서 사건의 발화지점은 그 순간의 기록(특히, 사진)으로 남겨지지 않고 기억을 토대로 기록될 가능성이 높다. 혹여 중요한 순간을 놓칠까 봐 지나치게 많은 사진을 남기기보다 관찰기록은 귀 기울임의 여정 속에서 의미를 발견하고 함께 기뻐하고, 즐거워할 수 있는 윤리적 실천 과정임을 이해하기를 바란다.

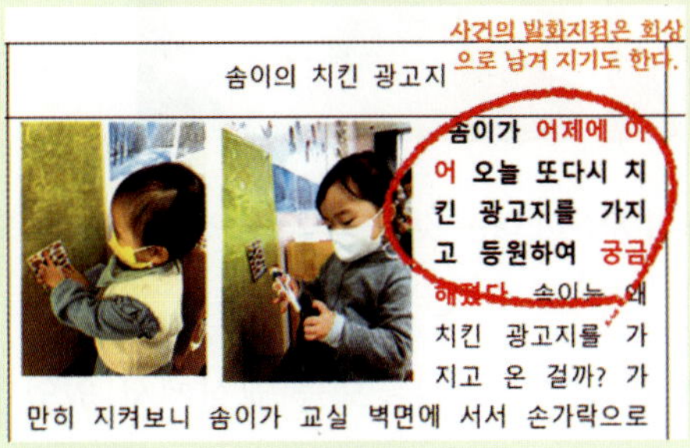
사건의 발화지점은 회상으로 남겨 지기도 한다.

솜이의 치킨 광고지

솜이가 어제에 이어 오늘 또다시 치킨 광고지를 가지고 등원하여 궁금해졌다. 솜이는 왜 치킨 광고지를 가지고 온 걸까? 가만히 지켜보니 솜이가 교실 벽면에 서서 손가락으로

[선생님의 실제 보육일지의 일부 수정 발췌]

[교사의 회상 기록]

2. 관찰 및 기록하기

1) '앗! 이거다!' 하는 순간을 남기기

우리 교재 6장에서 설명하듯이 일상적 관찰은 놀이나 일상생활 속에서 발현하는 의미 있는 모습이나 행동, 현상에 교사가 '주목하기(noticing)'로부터 시작될 수 있다. 즉, 교사의 시선을 사로잡는 장면, 교사가 궁금해지는 장면을 사진, 동영상, 스케치, 글(메모), 녹음 등으로 수집한 다음 그것을 가시화해 볼 수 있다. 현장에서 주로 사용하는 관찰기록 매체는 사진으로, 사진 위에 아이가 한 이야기를 말풍선으로 남기거나 주목할 만한 장면에 스케치하면 교사가 무엇을 포착하였는지 훨씬 더 선명하게 드러나기도 한다.

교사의 손을 이끌고 와 광고지를 짚으며 자신이 아는 것임을 적극적으로 알려주는 모습

'앗, 이거다!' 하는 순간을 사진으로 남긴 교사는 오늘 교실에서 있었던 사건 중 대표적인 순간이라고 생각하는 사진을 선별하여 보육일지에 담았다. 그리고 그 사진이 의미하는 내용이나 대표적이라고 생각하는 표현을 사용하여 구체적인 놀이의 제목으로 작성해 두었다. 예를 들어 위 사진을 담은 보육일지를 작성한다

고 가정한다면, 놀이 제목을 넓은 의미의 '가게 놀이'라고 작성하기보다는 '마트 광고지에 내가 좋아하는 뽀:야~가 있어요!' 와 같이 구체적인 맥락이 담긴 놀이 제목을 작성하기 위해 노력하였다. 왜냐하면 구체적인 제목을 작성하는 과정에서 영아의 흥미와 의도 포착이 선명해졌기 때문이다. 실제로 유독 음식(예컨대, 바나나, 포도, 고추 등)에 관심을 많이 보이는 모습을 보며 교사는 이후 음식점 놀이를 지원해 주게 된다. 또한, 기록을 다시 보는 과정에서 보육일지 속 놀이 제목은 교육과정 운영평가에 활용될 수 있기 때문이었다.

2) 영아의 흥미와 의도 읽어내기

교사들은 영아들의 모습을 마주하면서, '왜?'라는 질문을 던져볼 수 있다. 그리고 왜라는 질문에서 영아들의 삶의 맥락과 경험을 반영해 볼 수 있다. 무엇을 하고 있는지(흥미), 무엇을 하고 싶은지(의도)를 읽으며 함께 호흡해 나가게 되면 교사가 생각하지 못한 새로운 이야기가 펼쳐지기도 한다. '솜이는 이 치킨 광고지로 무엇을 하고 싶은 거지?' 영아의 시선을 따라가면서 또 다른 장면을 마주하게 된다. 벽면에 서서 자꾸 치킨 광고지의 상단 중간 부분을 손가락으로 누르고 있는 장면이다. 교사는 영아가 살아가고 있는 삶의 맥락을 들여다보기 시작한다. 치킨 광고지는 우리 삶 속 문화에서 '냉장고에 붙어 있는 것'이기도 하다. 교사는 이러한 문화적 맥락과 영아의 모습 속에서 '붙이고 싶은 걸까?'라는 생각을 하게 된다. 그리고 영아의 흥미와 의도를 읽어내면 무엇을 지원해 나갈 것인지 방향이 그려지기도 한다. 무엇을 하고 있는지, 무엇을 하고자 하는지, 그래서 나(교사)는 무엇을 지원해 주고 싶은지 선별적 지원이 함께 얽혀갈 때 새길내기 교육과정이 이루어지게 되는 것이다.

3) 지금, 여기에서의 교육과정 생성하기

교실에서 펼쳐지는 복잡한 관계와 얽힘 속에서 영아들에게 진정으로 귀 기울이며 교사의 기대와 예상, 설렘 등으로 함께 교육과정을 만들어갈 수 있다. 즉 공동주체자들이 함께 창조하고 생성해나가는 살아있는 놀이를 만들어가기 위하여 '무엇을 하려고 하지?', '뭘 하고 있지?' 등 영아들의 관심과 의도 등을 진정으로 궁금해하며, '그래서 무엇을 기대하고 싶지?' 와 같은 교사의 기대와 예측으로 지원계획을 세워나갈 수 있다.

예를 들어 치킨 광고지, 전단, 음식 책자 등에 등장하는 음식을 보며 관심 두는 영아들을 위하여 교사는 종이집을 제공하여 식당처럼 꾸며보기로 한다. 교사가 '테이블이 있는 종이집'을 지원함으로써 음식점, 요리사놀이로 놀이가 변형되어 가게 된다. 테이블이 있는 종이집의 제공은 음식점 분위기를 만드는 데 성공적이었다. 종이집은 내부 공간의 협소함으로 두세 명의 영아만 들어갈 수 있었는데, 이에 따라 자연스럽게 주인과 손님의 역할이 나누어지게 되었다. 교사는 식당 놀이가 이루어지는 모습을 관찰하면서 자기 의사를 적절하게 표현하기, 타인의 의사를 경청하고 상황에 맞추어 반응하기 등과 같은 교육적 비전을 가지게 되었다. 또한, 교사들은 관찰기록을 통하여 음식점 놀이에서 등장할 수 있는 '맛있다.'라는 표현을 넘어서서 어떤 더 풍부한 표현이 있을 수 있을지 교사가 먼저 다양한 어휘들을 사용할 수 있도록 연구하고 고민하였다. 영아들의 가게 놀이에서 교사의 기대와 의도는 '소통'에도 초점이 맞추어져 있었다.

사례: 지금, 여기에서의 교육과정 생성하기의 예

[교사의 기대와 함께 얽혀 생성되는 영아 놀이]

영아들의 놀이를 보육일지로 작성하여 공유하면, 원장은 놀이 속에서 이루어지는 배움을 발견하고 그것을 조금 더 구체화하려는 방안을 제안하기도 한다. 피상적으로 이루어지는 가게 놀이가 아니라, '가게 놀이이기 때문에 우리가 영아들에게 기대할 수 있는 것, 가게 놀이가 이루어지는 동안 영아들이 조금 더 진하게 경험할 수 있는 것이 무엇일까?'에 대한 고민을 함께 나누었다. 이때, 원장은 의성어와 의태어 및 현상에 적절한 어휘를 사용해 볼 것을 제안하며 예를 들어 음식 냄새에 관한 용어를 충분하게 사용해 볼 것을 권하였다.

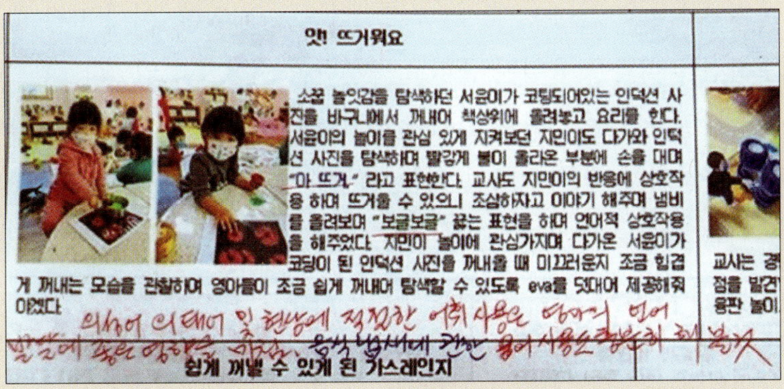
앗! 뜨거워요

소꿉 놀잇감을 탐색하던 서윤이가 코팅되어있는 인덕선 사진을 바구니에서 꺼내어 책상위에 올려놓고 요리를 한다. 서윤이의 놀이를 관심 있게 지켜보던 지민이도 다가와 인덕선 사진을 탐색하며 빨갛게 불이 올라온 부분에 손을 대며 "아 뜨거." 라고 표현한다. 교사도 지민이의 반응에 상호작용 하며 뜨거울 수 있으니 조심하자고 이야기 해주며 냄비를 올려보며 "보글보글" 끓는 표현을 하며 언어적 상호작용을 해주었다. 지민이 놀이에 관심가지며 다가온 서윤이가 코팅이 된 인덕선 사진을 꺼내올 때 미끄러운지 조금 힘겹게 꺼내는 모습을 관찰하며 영아들이 조금 쉽게 꺼내어 탐색할 수 있도록 eva를 덧대어 제공해줘야겠다

의성어 의태어 및 현상에 적절한 어휘 사용은 영아의 언어 발달에 좋은 영향을 미침. 음식 냄새에 관한 용어 사용을 충분히 해 볼 것

쉽게 꺼낼 수 있게 된 가스레인지

'정말 맛있다.'라는 말로만 표현한다면 감동이 공유되거나 정보를 제공하기 어렵다. 맛에 대한 어휘는 미각어, 식감어, 상징어(예컨대, 쫄깃쫄깃, 찔깃찔깃) 등으로 크게 나눌 수 있는데 맛과 식감을 섬세하게 전달하기 위해 유음반복(아삭아삭), 자음교체(고들고들, 꼬들꼬들), 모음교체(팍팍하다, 척척하다), 음정교체(새콤달콤) 등의 다양한 어휘 변화가 주요한 특징으로 관찰되며, 달콤쫀득, 쫀득고소, 쫀득말랑달콤 등의 생산적 조합이 드러났다. (권우진, 2020: 6)

여러분들은 영아들과 음식 가게 놀이 중 '음 맛있다!' 외에 어떤 다양한 표현을 맛깔나게 할 수 있나요?

3. 관찰기록 정리하기

1) 사진 폴더와 보육일지 폴더 구분하기

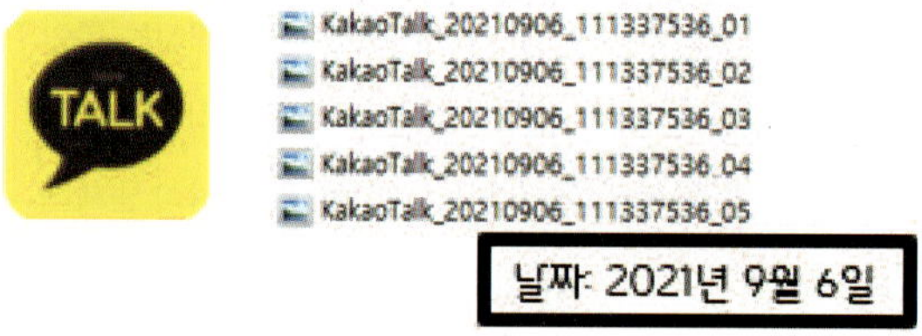

강보배 선생님은 주로 사진이나 동영상을 활용하여 정보를 수집하고, 수집한 자료를 활용하여 보육일지를 작성하고 있다. 이에 따라 행복반 선생님들은 사진 폴더와 보육일지 폴더로 구분하여 저장하고 있었다. 행복반 사진의 경우 월별, 일자별 폴더가 있었고, 일자별로 찍은 사진은 앱을 활용하여 카카오톡으로 전송하였기 때문에 사진 이름에는 날짜 정보가 자동으로 저장되었다. 전송일을 기준으로 날짜 정보가 자동 저장되기 때문에 강보배 선생님은 하루라도 늦게 전송하게 되면 파일 이름을 바꾸어야 하는 불편함이 발생할 수 있음을 설명하며, 자신은 아무리 피곤하고 힘들어도 사진 전송까지는 당일에 해 두는 것을 원칙으로 세워두고 있다고 설명하였다. 단지 휴대전화기에 사진, 동영상 등이 수집된 것과 수집된 정보를 유목화하여 날짜별로 조직화해 두는 것은 매우 큰 차이가 있다. 관찰정보를 수집하는 정도에 그치기 일쑤이지만 의미 있는 관찰기록이 되기 위해서는 정리하기의 단계를 반드시 가져야 한다. 아래는 행복반 교사들의 폴더 정리 양식을 가시화한 것이다.

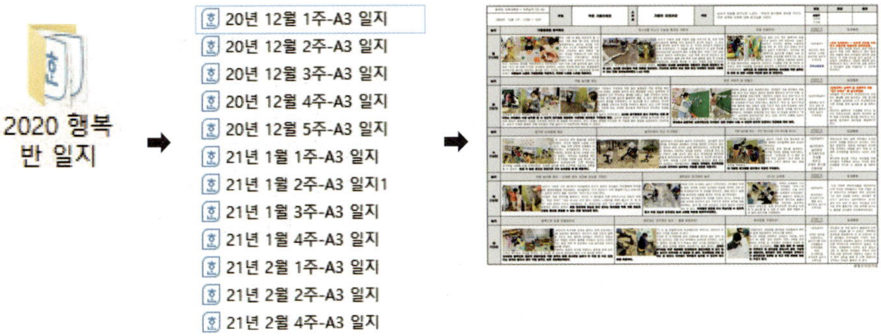

여기에서 주목해야 할 사실은 반드시 사진 폴더와 보육일지 폴더로 구성해야 한다는 것을 의미하는 것은 아니라는 점이다. 교사에 따라서 폴더의 구성과 내용은 충분히 달라질 수 있다(11장 최경화 선생님의 자료를 참조 바란다). 교사가 어떤 매체를 활용하여 관찰정보를 수집·정리를 하는지에 따라서도 방식이 달라질 수 있을 뿐만 아니라 교사의 선호 양식에 따라서도 정리하기는 다양한 방식으로 이루어질 수 있다. 컴퓨터 폴더에 있더라도 프린트하여 종이로 인쇄하여 따로 모아둘 수도 있고 보육일지 대신 놀이기록이 담길 수도 있다.

2) 다시 꺼내어보기 쉽게 사진 폴더 정리하기

강보배 선생님은 매일 수집한 정보를 꾸준히 컴퓨터 폴더로 옮겼다. 그리고 옮겨진 정보를 자신에게 유용하다고 생각하는 방식으로 정리(조직화)하였는데, 2020년에는 날짜 중심으로 폴더를 만들어 저장하였는데 날짜뿐만 아니라 놀이 제목을 붙여두면 다시 보기 혹은 다시 찾기가 더 수월해질 수 있다고 판단하여 2021년에는 놀이 제목을 담은 폴더를 만들어 보관하였다. 정리하기에는 정해진 방식이 있는 것이 아니다. 교사에게 의미 있다고 생각하는 방식으로 지속해서 변화와 창조를 거듭할 수 있다. (5장 관찰기록 정리하기의 예시를 참고하기 바란다.)

2020년 사진 폴더 조직화
(날짜를 중심으로)

2021년 사진 폴더 조직화
(대표적인 사건과 제목을 중심으로)

2022년에는 연도가 표시되는 것이 더 좋겠다는 생각에 연도와 월 일을 표기하기도 하고, 주목해야 하는 사건에 기호를 사용하여 이름순으로 정렬 시 특정 놀이를 한눈에 흐름으로 읽어 낼 수 있도록 시도해 보고 있다. 정보기술의 발달은 다양한 기기를 활용하여 교사들의 기록을 좀 더 편리하게 만들어 줄 수 있다는 점을 기억하며, 여러분에서 유용한 방식의 기록과 정리 방식을 찾아볼 것을 제안한다. 그리고 i-nuri 포털 사이트 등에서 함께 공유되기를 기대한다.

4. 관찰기록 해석하기

1) 열린 시선으로 유능한 영아 마주하기

새로운 언어와 시선으로 영아들의 모습을 깊이 있게 이해하기 위한 노력이 필요하다. 발달영역별 수준에 따른 영아들의 모습을 분절적으로 관찰하는 것을 넘어서서 그들의 삶과 앎의 방식을 진정으로 이해하기 위해 노력해 나갈 때 영아들이 힘 있게 세상을 살아가는 방식을 이해할 수 있었다. 만 1세 영아들은 친구가 가지고 온 치킨 광고지로 인쇄물에 관심을 가지게 되었고, 영아의 흥미를 읽어낸 교사는 어린이집 주변 마트에서 볼 수 있는 전단지나 어린이의 삶의 맥락에서 마주할 수 있는 다양한 광고지를 가정과의 연계를 통해 구해 부착해 주게 된다. 그러자 인쇄물에 영아들의 관심이 폭증하면서 '메시지를 읽어내고자'하는 흥미와 의도가 높아졌다. 자신이 아는 것을 찾아보거나, 모르는 것을 친구에게 물어보면서 광고지라는 물질과 얽혀 배움을 생성하고 있었다.

위 장면을 만약 발달영역으로만 살펴본다면, 언어발달의 수준이나 단계, 우위 등으로만 판단하게 될 가능성이 있다. 하늘색 나그랑 티셔츠를 입은 아이는 언어발달이 미비, 노란색 티셔츠를 입은 아이는 언어발달 수준 높음(혹은 아는 단어가 더 많음)으로 판정할 가능성도 있지 않을까? 이렇게 우리 아이들을 하나의 잣대를 두고 판단하는 것은 과연 윤리적인 행위일까? 발달영역만을 중요한 지표로 두고 판단한다면 우리가 보지 못하고 놓치게 될 장면들이 무수히도 많다. 예를 든다면, 자신이 아는 것을 기꺼이 가르쳐주며 기여하는 모습, 책임을 다하는 모습, 모르는 것을 친구에게 물으며 알고자 하는 배움의 의지 등이 있을 수 있다. 우리가 열린 시선으로 우리 아이들의 모습을 마주할 때, 아이들이 세상을 마주하며 살아가는 힘을 길러내는 과정에 함께 놀라워하며 감탄할 수 있게 될 것이다.

2) 기록 다시 함께 보며 의미 발견하기

관찰기록 다시 보기를 통해 물질과 공간이 주는 의미를 읽어내는 것 역시 가능하다. 물질은 기억과 경험을 불러일으키고 이야기를 생성시키며 행동을 야기하고 생각을 나누기도 한다. 솜이가 가지고 온 치킨 광고지는 영아들의 과거 기억과 경험을 불러일으키고 주문과 배달 등의 행동을 초대하고 맛에 대한 생각을 나

누게 하였다. 또한 교사가 제공한 테이블이 있는 종이집이라는 새로운 물질은 영아들의 놀이 속에 자연스러운 규칙을 생성해 내기도 하였다. 예컨대, '테이블이 있는 종이집'이라는 공간은 주인과 손님의 경계를 나누며 자연스럽게 역할 속에 스며들게 했다.

주인이 되고 싶은 영아는 종이집에서 나오지 않는 주인들을 무작정 기다리기보다 손님이 되어 음식을 주문하는 것으로 자신의 위치와 역할을 변화시켰다. 그리고 주인 역할을 하던 친구가 종이집을 벗어날 때 주인으로 자기 모습을 변화시켜 놀이에 빠져들었다. 자신들이 주체적으로 만든 놀이 속에서 갈등 상황이 발생하여도 함께 놀이하기 위해 스스로 역할을 생성시키고 변화시키며 유연하게 놀이를 만들어가는 모습을 발견할 수 있었다. 예를 들어, 비어있는 종이집 근처에서 자동차 놀이를 즐기고 있던 영아가, 종이집에 손님으로 등장한 친구를 보며 자신이 즐기고 있던 자동차 놀이를 멈추고 주인으로 역할을 변화시켜 놀이를 이어가는 장면이다. 교실이라는 공간 안에서 제각각 단편적으로 놀이를 하는 것처럼 보여도 영아들은 부단히 서로에게 시선을 주며 얽혀가고 있었다.

교사는 언어적, 비언어적으로 표현하는 영아들의 흥미와 의도를 읽어내고 지원하기 위해 부단히 노력해 나가야 한다. 새길내기 교육과정에서는 어떤 매체와 물질을 제공해 주고 마주치게 되느냐에 따라서 영아들의 놀이와 배움의 깊이, 방향이 달라지기 때문이다. 그렇다면 행복반 교실에서는 놀이와 배움이 불러일으켜지는 풍부한 기회와 환경이 제공되고 있었는가? 우리 교재 5장에서 소개하듯이 환경이 그 속에 들어서는 사람들을 환영하는지, 그곳에 머물고 싶은 열망을 갖게 해주는지를 살펴볼 수도 있다.

사례: 행복반의 가게 놀이 환경 이야기

강보배 선생님은 아이들이 행복반 교실에 들어서면서 이곳에 있고 싶다는 열망(Walsh, 2015)과 함께 놀이와 배움을 불러일으킬 수 있도록 환경을 구성하였다. 가게 놀이에서 마트놀이로, 특히 크리스마스를 앞둔 마트놀이로 변화해가는 아이들의 상상력을 불러일으킬 수 있는 일상적인 포장지, 전단지, 실물 사진, 장바구니 등을 배치해두었다. 선생님은 관찰기록을 다시 보면서 아이들이 새로운 놀이자료를 발견하는지, 어떻게 반응하는지, 이전의 놀이와 연결하여 재구성해가는지, 혹은 또 다른 놀이를 생성하는지 살펴보았다.

3) 교육과정 운영평가하기

관찰기록 다시 보기를 통해 우리 교실에서 일어나고 있는 교육과정 운영을 크게 세 가지 단위 차원으로 평가해 볼 수 있다. 첫째, 가장 미시적인 측면에서의 평가로 놀이가 진행되는 일과 혹은 놀이 장면 단위로 평가가 이루어지는 것이다. 교사는 하루 동안 교실에서 이루어진 수많은 놀이를 모두 다 기록으로 담아낼 수 없다. 따라서 일과 중 가장 기억에 남는 장면이나 중요하다고 생각되는 사건을 중심으로 보육일지에 담을 수 있다. 하루 동안 자신이 찍은 사진을 다시 보면서 사진 속에 담긴 놀이의 의미, 영아의 흥미와 의도 등을 읽어내고 다음 날의 놀이 지원으로 연결해 나갈 수 있다.

둘째, 놀이가 어느 정도 진행되고 있다고 생각하는 과정 중에 주별 혹은 월별 단위로 관찰기록 해석하기가 이루어질 수 있다. 이때의 기록 다시 보기 과정은 우리 교실에서 이루어지고 있는 놀이의 방향이 어디로 흘러가고 있는지 그 흐름을 살펴보면서 교사가 앞으로 그려 나갈 비전을 생각하게 만든다. 행복반의 경우 가급적 매일의 놀이 제목을 구체적으로 작성하였는데 이 단계에서는 놀이 제목만을 이어보면서 우리 반 놀이가 어디로 흘러가고 있는지 어디로 흘러가면 좋을지 함께 생각을 나누어볼 수 있다. 예를 들어 음식을 주문하고 받는 놀이가 지속해서 이루어질 때 가 교사는 주문과정에서 다른 사람의 이야기에 귀 기울이고 자신이 원하는 맛을 잘 표현할 수 있는 의사소통 역량에 초점을 맞출 수도 있고, 나 교사는 인기 있는 음식점이 되기 위한 전략에 관심과 기대를 가질 수도 있다. 주별 또는 월별 평가는 지금까지 우리반에서의 놀이가 어떻게 얽혀 생성되어 왔는지 흐름을 읽어내면서 교육적 방향성을 그려 나갈 수 있게 한다.

끝으로, 놀이가 일단락된 후 한 학기 혹은 일 년 단위로 교육과정 운영평가가 이루어질 수 있다. 이때 교실에서 펼쳐진 놀이와 배움의 여정을 다시 돌아보면서 차기 연도의 계획을 세울 수도 있다. 또한, 교육과정 운영에서 환경제공이 적절했는지, 영아들이 교실에 머물고 싶게 구성되었는지, 어떤 배움이 일어났고 또 다른 가능성을 열어간다면 어떻게 할 것 같은지 등 우리 교실에서 이루어진 놀이와 배움의 의미와 가치를 거시적으로 평가하고 해석해 볼 수 있다.

이러한 평가는 절대적이고 고정적으로 구분되는 것이 아니라 미시에서 거시적 차원까지 다층적이고 다중적으로 이루어질 수 있다. 다음 그림은 행복반 강보배 선생님이 가게 놀이를 마친 후 보육과정 평가를 자율적으로 해 본 장면이다. 여러분의 교육과정 운영평가 방식과 어떤 점이 다르고 또 같은지 살펴보면서 의미와 가치 있는 평가가 되기 위해서 어떤 점을 보완/수정해 나가면 좋을지 이야기 나누어보자.

2020학년도 보육과정 평가 [음식 광고지로 시작된 가계 놀이]

■ 평가기간: 20.12.01. ~ 01.31. ■ 만 1 세 행복반

	놀이의 흐름(12월 ~ 1월)	기대할 만한 후속 놀이 제안 (놀이의 아쉬움, 예상)	놀이를 통한 어린이의 배움과 교사의 성찰
12/01	• 치킨 메뉴판을 보며 메뉴를 골라요. (#사진첨부) - 솔이가 가져온 치킨 광고지에 영아들이 관심을 갖게 됨. - "치킨 주세요~", "치킨이요~", "감사합니다~", "이거 먹었어." 등 다양한 언어적 표현이 이루어짐	- 영아들의 놀이를 관찰하며 영아들의 흥미에 맞게 생활 속 전단지를 제공해 주었고 영아들이 알고 있는 다양한 음식의 종류와 이름을 언어로 표현하는 즐거움을 통해 언어발달이 이루어질 수 있었다. 만약 1학기에 광고지 놀이가 이루어졌다면 언어적 표현을 서툰 시기의 영아들이 있어 또래간의 언어적 상호작용이 활발히 이루어지지 않았을텐데 12월에 진행되면서 또래와의 언어적 상호작용이 자연스럽게 이루어질 수 있는 시기가 적절했던 것 같다. - 교사의 예상보다 영아들이 광고지를 활용하며 음식 사진에 관심을 가지는 것을 볼 수 있었고 동화책보다 배달책자를 볼 때 더 집중했으며 이는 음식의 이름과 과일 이름, 생필품 이름들을 언어로 표현하며 성취감을 느끼며 언어 발달에도 굉장한 도움이 되었다. • 교실 바닥에 그려진 식탁에 전단지 속 좋아하는 음식을 찢어 풀로 붙여보기는 영아들이 자발적으로 긴 시간 집중하며 손의 힘을 조절하여 그림을 찢어보는 활동으로 굉장히 흥미있어 하였고, 교실에서 처음 접해본 딱풀로 종이를 붙여보는 것에 재미를 느낄 수 있었다. 이후 음식 그림이 붙어있는 식탁으로 소꿉놀잇감들을 가지고와 음식 그림을 떼어내 그릇에 담아 놀이하기도 하고 색연필로 자유롭게 끼적이기 하며 음식과 과일의 이름을 또래와 함께 이야기 나누었다	◈ 환경제공의 적절성 - 작은 치킨 광고지 한 장으로 시작된 놀이는 또래간의 언어적인 상호작용이 활발히 이루어졌으며 보다 다양한 광고지를 추가로 제공해줌으로써 소꿉놀이에서 식당놀이로 확장될 수 있었다. 식당놀이를 하며 "~주세요.", "고맙습니다." 등의 표현이 시장놀이로 확장되었고 교사는 영아들의 놀이를 지원해 줄 수 있는 환경을 조성하고 놀이를 격려하며 적절한 언어적 상호작용으로 즐겁게 놀이할 수 있도록 도움 주었다. - 가게 놀이로 확장되면서 계산대 놀잇감을 제공해 주었고 화폐를 제공함으로써 물건을 사고 돈으로 계산하는 것을 놀이로 경험하였다. ◈ 놀이의 의미와 교육적 가치 및 목표 - 주변 일상생활에서 쉽게 접할 수 있는 흔한 광고지로 영아들은 직접 겪었던 경험을 놀이로 표상하고 다양한 상황을 상상하며 또래와 활발한 언어적 상호작용이 이루어질 수 있었다. - 광고지 속 음식사진과 글자, 숫자를 놀이를 통해 반복적으로 탐색할 수 있다. - 물건을 사고 화폐로 계산하며 사회성을 기를 수 있다. ◈ 교사의 초기 계획과 다르게 진행된 점 - 단순히 소꿉놀이만 즐겨하는 영아들에게 솔이가 가져온 치킨 광고지는 새로운 놀이의 촉매제가 될 수 있었고 광고지와 전단지만으로도 맛있는 음식을 만들어 대접하는 모습을 보며 테이블을 제공하게 되었고 자연스럽게 가게 놀이가 이루어질 수 있었다. 전단지 속 음식을 직접 잘라 그릇에 담아보게 되면서 음식 사진들을 융판에 붙여주게 되었고 영아들은 손의 힘을 조절하여 융판에 전단지 음식 사진을 떼었다 붙여보았다. 코팅된 사진들은 1차원적인 매체였고 입체적인 매체들로 지원해주게 되면서 마트(시장)놀이가 이루어질 수 있었고 놀이를 통해 언어적 발달이 눈에 띄게 달라진 모습들을 볼 수 있었다.
12/03	• 다양한 광고지와 배달책자에 관심을 가져요! (#사진첨부) - 학부모님의 도움을 받아 다양한 광고지와 마트 전단지를 제공해주며 광고물을 탐색하였음.		
12/04	• 종이집을 꾸몄어요! - 테이블이 있는 종이집에 끼적이기 했으며 다음주 월요일 제공예정		
12/07	• 종이집에서 요리사 놀이		
12/07	• 종이집을 꾸며 주어요		
12/08	• 스티커로 종이집을 꾸며요		
12/08	• 새로운 테이블에서 요리사 놀이 (#사진첨부) - 부서진 종이테이블을 보수하고 새로운 테이블을 제공해 주었음.		
12/08	• 음식 광고지로 놀이해요 - 광고지 속 음식 사진으로 소꿉놀이가 이루어짐.		
12/11	• 식탁에 음식을 차려요 - 광고지에서 음식을 찾아 손으로 찢어 전지에 그려진 식탁에 딱풀로 붙여보았음.		
12/14	• 앗! 뜨거워요 (#사진첨부) - 활발히 이루어지는 소꿉놀이에 인덕션, 가스레인지 사진을 코팅하여 제공해주었음.		
12/15	• 마트 전단지 속 발견하는 재미		
12/15	• 쉽게 꺼낼 수 있게 된 가스레인지 - 영아들이 쉽게 잡을 수 있도록 코팅된 사진 뒷면에 EVA를 붙여 제공 • 테이블에서 소꿉놀이해요		
12/15	• 마트 전단지 속 음식재료들로 요리를 해요 (#사진첨부)		
12/16	• 실물 포장지를 탐색했어요 (#사진첨부)		
12/17	• 맛있는 우유가 왔어요		
12/18	• 가게 놀이- 친구들, 선생님에게 나누어 주어요		
12/21	• 가게 놀이- 행복가게에서 물건을 골라요		
12/22	• 나 이거(장난감) 사줘! -크리스마스 선물로 장난감이 가득한 전단지를 탐색하며 갖고 싶은 장난감을 즐겁게 탐색함.		
12/24	• 이거(전단지) 아빠 줄래! (#사진첨부) - 전단지 속 장난감이 갖고 싶었던 시하는 전단지를 아빠에게 주겠다고 표현하며 아빠가 사줄 거라고 믿는 순수함이 느껴짐.		
01/11	• 바코드 찍히는 소리를 표현하는 현수 - 계서 놀이교구를 탐색하던 현수는 바코드가 찍히는 소리를 직접 표현해 보았음.		
01/12	• 시장에서 계산하는 경험을 놀이로 알아가요		
01/19	• 가게 놀이		
01/21	• 모두 얼마에요? (#사진첨부)		
01/22	• 우와 멋지다		
01/25	• 지갑 속에 돈을 넣어요		
01/26	• 새로운 종이 돈		
01/26	• 모두 얼마예요?		
01/27	• 용돈 주는 지민이		
01/28	• 뭘 도와드릴까요?		
사진 첨부			

5. 관찰기록 활용하기: 교육실천 이어가기

1) 솜이의 치킨 광고지로 시작한 놀이 흐름 이해하기

솜이의 치킨 광고지로 시작한 놀이 흐름을 연구자의 시선으로 담아보면 다음과 같다. 놀이 흐름이 하나의 흘러가는 이야기처럼 보이지만 선명하게 떠오른 선 옆으로는 무수히 많은 사건과 이야기가 얽혀있음을 기억하며 읽기 바란다.

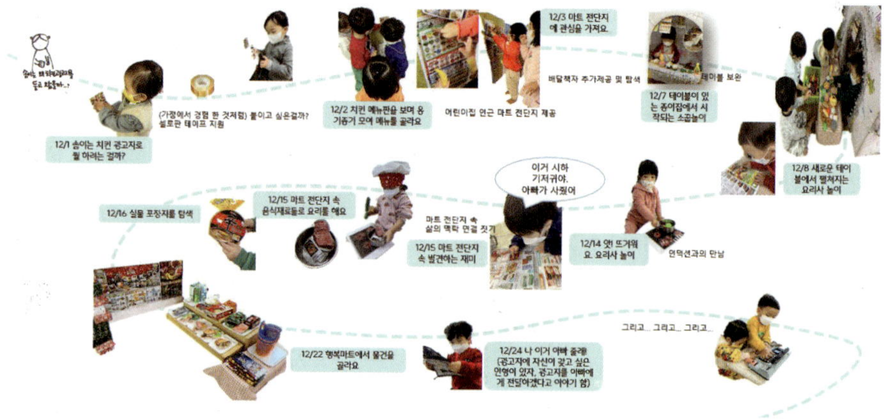

솜이가 집에서 가지고 온 치킨 광고지가 교실 벽면에 붙자 친구들의 관심과 흥미가 폭발적으로 일어났다. 작은 광고지에 옹기종기 모여있는 아이들을 위해 교사는 어린이집 인근에 있는 마트에서 전단을 구해 제공해 주었다. 마트 전단은 음식에 대한 영아들의 관심을 증폭시켰고 이때 교사는 테이블이 있는 종이집을 제공해 주게 된다. 테이블이 있는 종이집의 출현은 소꿉놀이로의 확장을 일으켰다. 음식을 주문하고 받는 모습을 보이는 모습을 보며 좁은 공간을 확장해 줄 배달 책자와 쟁반을 제공하게 된다. 그리고 아이들은 쟁반에 음식을 담아 조리한 음식을 배달하기 시작한다. 이렇게 요리 놀이에 빠져들던 영아들은 마트 전단에서 음식이 아닌 물건(예컨대, 기저귀)들로 관심을 확장시킨다. 이에 교사는 크리스마스 시즌의 마트 전단을 벽면에 붙여줌으로써 마트 분위기를 연출한다. 장바구니의 배치는 물건을 담고 "얼마예요?"라고 물으며 물건을 사고파는 마트 놀이로의 확장을 이끈다. 마트 전단이라는 물질 안에서 영아들의 눈길이 음식에서 일상생활 소품으로, 이어서 선물로 연결되면서 놀이의 흐름이 계속 이어진다.

2) 함께 만들어가는 교육과정 속 관찰기록의 의미 되돌아보기

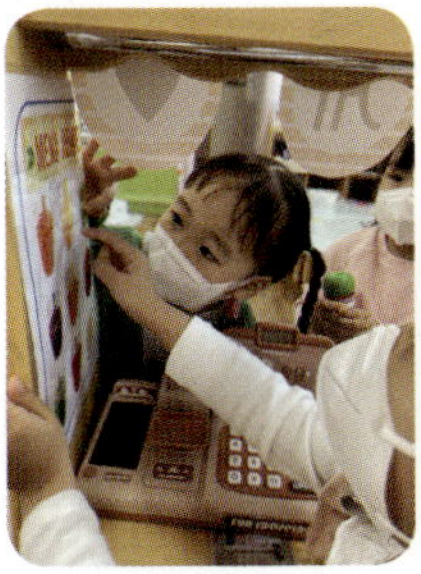

교육과정은 수면 위로 드러나기도 하고 잠재되어 있다가 또다시 드러나기도 하는 등 리좀처럼 얽혀 있다. 2020년 행복반에서 이루어진 솜이의 치킨 광고지 놀이 경험은 2021년 만 2세반 3월에서 5월로 이어진 가게 놀이, 캠핑 놀이와도 연결되었다. 특히 강보배 선생님은 2021년에 행복반 아이들과 함께 만 2세 반 담임을 맡게 되었는데, 만 2세반 3월에 이루어진 놀이 장면을 강렬하게 기억하고 있었다. 새 학기, 새 교실, 새 친구 등 환경의 변화와 적응으로 어수선할 수도 있는 3월이었음에도 불구하고, 행복반에서 업그레이드된 가게 놀이가 펼쳐졌다.

강보배 선생님은 평소 수줍음이 많은 아이라고 생각했던 지안이가 가게 놀이에서 주인 역할을 하며, 아주 능숙하게 "뭘 드시겠어요?", "뭘 드릴까요?", "이건 없어서 안 되는데, 이걸로 드실래요?" 등 다양한 상황에 대해 구체적이고 다채롭게 표현하는 모습에 놀랐던 기억을 두 장의 사진과 함께 전송해 주었다. 그리고 지안이가 친구들이 주문한 주스의 색깔에 맞춰 연관된 재료들을 활용하여 주스를 만들어내는 모습을 보면서 행복반에서의 경험이 또다시 얽혀가는 것에 보람을 느꼈다고 이야기하였다.

설렘으로 가득 찬 목소리로 이야기하는 강보배 선생님을 바라보면서, 어쩌면 '음~ 맛있다!'라는 단조로운 맛 표현을 넘어서기 위해 함께 고민하고 연구하며 살아오신 선생님들의 노력이 우리 아이들에게 전염을 일으킨 것은 아니었을까?

라는 생각이 들었다. 영아들의 진지한 눈길이 담긴 놀이 장면을 보면서 영아들이 자신만의 고유성과 강점으로 세상을 마주하고 살아가고 있음을 느끼게 된다. 강보배 선생님을 비롯하여 행복반 교사들은 여전히 관찰기록이라는 교육적 행위를 통하여 또 다른 길을 힘차게 만들어가고 있다. 그들에게 힘찬 응원의 박수와 함께 감사의 인사를 드리고 싶다.

토론거리

1. '기록은 기록하는 사람의 시선과 가치관이 담긴 흔적'이라는 말을 떠올리면서 자신의 휴대폰을 꺼내어 보자. 평소 나는 무엇에 주목하는 존재인지, 무엇을 가치 있다고 생각하며 살아가는 존재인지 한번 분석해 보자.
2. '영아의 흥미와 교사의 기대가 함께 얽혀가야 한다.'라는 이야기를 떠올리면서 만약, 우리 반에서 가게 놀이가 펼쳐진다면 영아들의 예상 반응을 작성하면서 나는 어떤 비전(혹은 big question)을 쏘아 올릴 것 같은지 함께 토론해 보자. 가게 놀이에서 우리가 영아들에게 기대해 볼 수 있는 것은 무엇일까?

활동 : 관찰기록 함께 다시 보기

아래의 사진은 대구광역시에 소재한 한 어린이집 교사가 자신의 교실에서 일어나고 있는 놀이를 자신만의 방식으로 정리하여 다른 교사에게 소개하고 있는 장면이다. 캠핑 놀이를 펼쳐가는 아이들을 위해 교사가 캠핑카 사진을 크게 분할 프린트하여 붙여서 분위기를 만들어 주자, 아이들이 캠핑카 안의 TV 시청 놀이를 시작하였다. 그리고 약 2주간 '캠핑카-TV 시청 놀이-연예인 놀이-댄스교실 놀이-어린이집 놀이-색칠 놀이-음식인형 놀이-요리 놀이-캠핑카'로 놀이가 순환되어 이루어졌다.

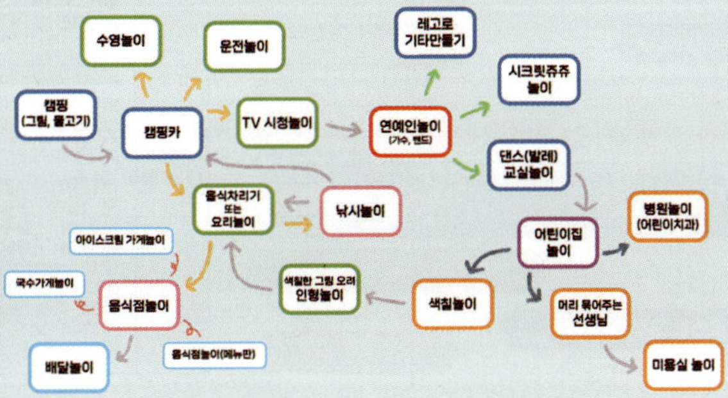

만4세 교실에서 2주간 이루어진 놀이

교사는 '캠핑카에서 또다시 캠핑카'로 놀이가 반복되어 이루어지는데, 지금 이순간 아이들을 위해 무엇을 어떻게 더 지원해 주어야 할지 고민된다고 토로하였다. 교사의 고민은 배움공동체 시간에 함께 공유되었고, 다음과 같이 대화가 시작되었다.

오늘 기억에 남는 장면, 에피소드가 있으세요?

오늘도 우리 교실에서 댄스 교실이 이루어졌어요. 오늘 두 아이가 의자 두개를 심사위원석처럼 두었던 게 생각나네요.

그런 모습을 보면서 어떤 기대가 생기세요?
댄스교실에서 우리 아이들이 어떤 경험을 하길 기대하세요?

아이들이 오디션 놀이를 하려나? 생각이 들기도 하였지만, 저는 친구들의 댄스실력을 개별적으로 점수화하거나 서열화 하는 건 싫은 것 같아요.

그럼 심사 위원석이 아니라 어떤 놀이~배움이 이루어지길 기대하시나요?

같이 춤을 배우고 가르치고 맞추어 가는 모습을 보면서, 우리 반 만의 공연을 할 수도 있을까? 동생들을 초대하여 멋진 공연을 해볼 수 있을까? 하는 생각이 지금 들어요.

여러분이 동료교사라면 여기에서 또 어떤 교육적 대화를 이어나갈 것 같은지 생각해보자.

더 읽어보기: 초임 교사를 위한 팁! 동료 교사와의 대화를 통해 관찰기록 함께 만들어가기

아이들의 낮잠 시간을 활용하여 교사들은 각자 자신이 관찰했던 장면이나 이야기를 공유할 수 있다. 대화를 나누는 과정에서 자연스럽게 교사는 오늘 자신이 주목한 놀이에 대해서 생각해보게 되고, 이런 과정 중에서 놀이의 의미를 발견할 수 있게 된다. 그리고 놀이 지원 방안이 자연스럽게 떠오른다. 아래는 실제 한 어린이집 교사들이 대화를 나누고 나서 보육일지를 작성한 사례이다.

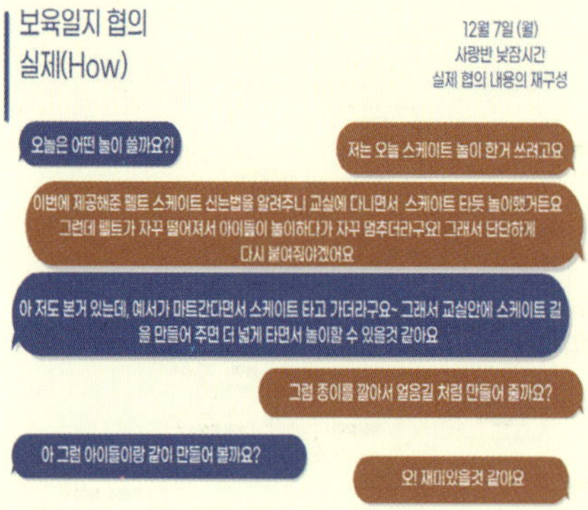

놀이	교실에서 스케이트를 타요
월 (12/7)	 지난 주 모양 펠트를 발밑에 놓고 스케이트 놀이를 하여 모양펠트 크기를 발 사이즈에 맞게 조정하고 까슬이와 보슬이를 붙인 것과 슬리퍼 모양으로 잘라 제공하였다. 영아들이 이를 발견하곤 어떻게 사용하는지 물으며 관심을 보였다. 신발처럼 신고, 교실에 얼음 공간을 다니다가 점차 교실 곳곳을 다니며 놀이하였다. 까슬이 보슬이가 생각만큼 펠트와 잘 붙어있지 않아 놀이를 하며 그 부분에 신경을 쓰는 모습이 보여 조금 아쉬웠다. 다른 방법으로 붙여서 스케이트 놀이에 좀 더 집중할 수 있도록 하여야겠다. 또, 영아들이 마트에 간다, 어디에 간다고 하며 교실에 펠트 스케이트를 타고 다니는데, 스케이트가 가는 길을 함께 만들어 봐도 좋겠다는 생각이 들었다. 종이를 준비해두고 영아들과 이야기 나누어봐야겠다.

야심 차게 A4 종이를 준비해둔 교사들의 기대와 달리 다음날도 그다음 날도 스케이트 놀이가 이루어지지 않았다. 그러다가 목요일에 갑자기 스케이트 놀이가 재등장하게 되고, 교사들이 미리 준비해 둔 종이를 제공해 주자 놀이가 자연스럽게 이어지게 되었다.

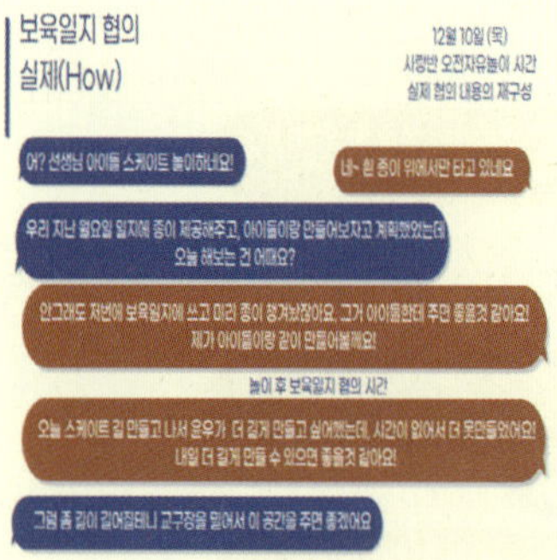

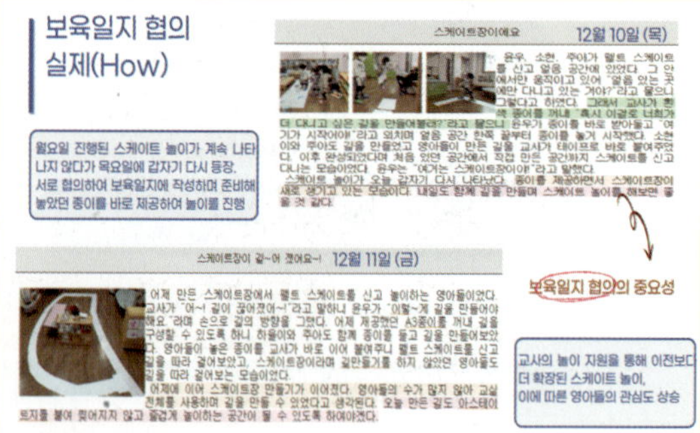

보육일지 협의
실제(How)

월요일 진행된 스케이트 놀이가 계속 나타나지 않다가 목요일에 갑자기 다시 등장.
서로 협의하여 보육일지에 작성하며 준비해 놓았던 종이를 바로 제공하여 놀이를 진행

스케이트장이에요 12월 10일 (목)

윤우, 소현, 주아가 펠트 스케이트를 신고 얼음 공간에 있었다. 그 안에서만 움직이고 있어 "얼음 있는 곳에만 다니고 있는 거야?"라고 물으니 그렇다고 하였다. 그래서 교사가 흰색 종이를 꺼내 "혹시 이걸로 너희가 더 다니고 싶은 길을 만들어볼래?"라고 물으니 윤우가 종이를 바로 받아들고 "여기가 시작이야!"라고 외치며 얼음 공간 한쪽 끝부터 종이를 놓기 시작했다. 소현이와 주아도 길을 만들었고 영아들이 만든 길을 교사가 테이프로 바로 붙여주었다. 이후 완성되었다며 처음 있던 공간에서 직접 만든 공간까지 스케이트를 신고 다니는 모습이었다. 윤우는 "여기는 스케이트장이야!"라고 말했다.
스케이트 놀이가 오늘 갑자기 다시 나타났다. 종이를 제공하면서 스케이트장이 새로 생기고 있는 모습이다. 내일도 함께 길을 만들며 스케이트 놀이를 해보면 좋을 것 같다.

보육일지 협의의 중요성

스케이트장이 길~어 졌어요~! 12월 11일 (금)

어제 만든 스케이트장에서 펠트 스케이트를 신고 놀이하는 영아들이었다. 교사가 "어~! 길이 끊어졌어~!"라고 말하니 윤우가 "이렇~게 길을 만들어야 해요."라며 손으로 길의 방향을 그렸다. 어제 제공했던 A3종이를 꺼내 길을 구성할 수 있도록 하니 하율이와 주아도 함께 종이를 들고 길을 만들어보았다. 영아들이 놓은 종이를 교사가 바로 이어 붙여주니 펠트 스케이트를 신고 길을 따라 걸어보았고, 스케이트장이라며 길만들기를 하지 않았던 영아들도 길을 따라 걸어보는 모습이었다.
어제에 이어 스케이트장 만들기가 이어졌다. 영아들의 수가 많지 않아 교실 전체를 사용하며 길을 만들 수 있었다고 생각된다. 오늘 만든 길도 아스테이트지를 붙여 찢어지지 않고 즐겁게 놀이하는 공간이 될 수 있도록 하여야겠다.

교사의 놀이 지원을 통해 이전보다 더 확장된 스케이트 놀이,
이에 따른 영아들의 관심도 상승

대화 없이 혼자서 보육일지를 작성하게 되면 교사 한 명의 시선으로 관찰하고 이해한 내용뿐이지만, 두 명 이상이 협의하면 '1+1≠2' 이 아니라 세배 네 배 이상의 이해의 폭을 가질 수 있었다. 대화는 놀이를 관찰하는 힘을 길러주고 놀이의 지원을 좀 더 구체화해 주어 교육과정을 운영하는 실행력을 높여 주었다.

—꿈동산어린이집 지찬혜 선생님의 2021 신입교사 연수 내용 중에서—

제11장 선생님이 들려주는 실행연구 이야기

여러분은 살아가면서 크고 작은 일들에서 스스로 알을 깨고 나와 본 적이 있는가? 누군가가 정해 놓은 길에 궁금증을 가지고 물음을 던지며 고민하고 사유하며 새로운 도전을 시도해 본 적이 있는가? 나만의 신념과 가치관으로 새로운 길을 만들며 세상을 향해 힘찬 날갯짓을 펼쳐본 적이 있는가? 삶의 여정에서 어디로 가야 할지, 어떻게 가야 할지 치열하게 고민하면서 내가 생각하는 대로 살아가고 있음에 충만한 기쁨을 만끽해 본 적이 있는가?

11장에서는 '교육과정 운영의 주체는 교사 자신과 유아들이어야 한다.'라는 믿음을 가지고 획일적이고 고정적인 정해진 방식을 넘어서서 끊임없이 사유하며 정해가는 삶을 살아가고자 노력하고 있는 한 유아반 선생님의 이야기[6]를 들려주고자 한다. 좋은 교사가 되기 위해서 어떻게 귀 기울임을 실천할 수 있을지 고민하며, 교육적 순간과 교수 행위에 대해 진지하게 담아낼 수 있는 기록이 필요하다고 생각하였다. 단순히 검사받기용이나 증거를 남기기 위한 형식적 요식행위로 작성되는 기록이 아니라 관찰과 기록을 통해 교육적 의사결정을 내리고, 또 다른 사람들과 함께 공유하고 해석하는 과정을 통해 교육적 협의를 도출해 나갈 수 있는 장이어야 한다고 굳게 믿고 있었다. 유아들의 놀이와 배움을 이어주기 위해 교사는 무엇에 주목하며 어떻게 보고, 남겨야 할지 지속해서 고심하며 실행해 나가고 있는 최경화 선생님의 여정을 함께 보면서, 또 하나의 정답처럼 여기며 따라 하기보다 독자 여러분마다의 가슴 속에서 '나는 무엇을 볼 수 있으며 어

6) 11장에서 소개되는 놀이는 『유아교육연구』에 게재된 논문(이진희, 허정민, 장은정, 2021)과 『2022 한국유아교육학회 대경지회 춘계학술대회』에서 발표한 사례(최경화, 2022)의 일부가 수정 보완·재구성되어 작성되었음을 밝혀둔다.

떻게 남기는 교사가 되고 싶은지, 어떤 새로운 도전을 해 볼 수 있을지'에 대해 떠올려보는 흥미진진한 도전의 시간이 되길 바란다.

1. 교사의 고민으로 시작하기

1) 형식적 요식행위를 넘어서기

'관찰은 이러이러해야 해.' '일지는 이렇게 써야지!' 정해진 답이 없다고는 하지만, 평가제가 다가오면 유아교육 현장에서는 "일지 뒤집었어요." "일지 다시 써야 해요."라는 말이 심심찮게 들려온다. 평가의 기준을 충족시키는 관찰의 비법을 알고 싶다는 목소리와 지금까지 하던 대로 하고 싶다는 눈길 사이에서, 자신만의 관찰기록 양식을 창조하고 실행하고 또다시 변형해나간 최경화 선생님은 다음과 같은 이야기를 들려준다.

> 기록은, 가장 힘들다는 나와의 싸움에서 승리한 후 비로소 시작되고,
> 시작은 힘들고, 어렵지만 시작하면 시간 가는 줄 모르며
> 자신을 돌아보고 마주하게 되고,
> 아이를 진정으로 이해하게 만들며
> 새로운 나를 발견하게 하고,
> 앞으로 나아가는 힘을 실어준다.
>
> (2021년 6월 24일, 최경화 선생님 저널 중에서)

어린이집 보육일지는 그동안 평가제와 함께 의무적으로 작성해야 하는 하나의 문서로 자리매김해 왔으며 기록의 방식에 마치 정답이 있는 것처럼 여겨지기도 하였다. 하지만 개정 누리과정에서는 교사의 자율성을 강조하며 계획안의 형식과 방법, 흥미 영역의 운영 방식, 평가의 자율화를 부여한다(교육부, 보건복지부,

2020a). 자율(自律)의 사전적 의미처럼, 자신이 스스로 세운 가치와 신념들을 가지고 살아가도록 하고 있다. 최경화 선생님은 이러한 변화를 환영하며, 지금까지 보육일지를 작성하면서 계획은 계획이고 실행은 실행, 기록은 기록이고 삶은 삶이라는 불협화음을 맞추지 못해 불편함을 느꼈던 것에 작은 균열을 내고 비집고 나와 교사와 유아에게 유용한 기록 방식을 찾아가기 위해 용기 있는 도전을 하게 되었다.

최경화 선생님은 한번 기록하고 나면 서랍장 속에 잠들어 있는 서류 더미가 아니라 언제든지 다시 꺼내어 보면서 의미를 발견할 수 있는 새로운 형식의 기록이 필요하다고 생각하였다. 누군가에게 검사받기 위해서 작성하는 증거용 기록이 아니라 진정으로 유아에게 귀 기울이고 함께 마주칠 수 있는 흔적을 남기기 위해서 가장 먼저 해체한 것은 바로 흥미 영역별로 작성되었던 놀이계획이다. 계획에만 집중하기보다 실행 기록 그리고 또다시 계획을 고민할 방법으로 교실 현장 이야기를 담는 기록의 형식으로 변화를 꾀한 것이다.

오전 실내 자유 선택 활동 (09:50~10:20)	쌓기	[블록으로 봄 동산 만들기] *목표: 친구와 여러 가지 자료를 이용하여 봄 동산을 꾸민다. 봄 동산에서 봄의 아름다움을 느끼고 즐긴다. ①자연탐구 > 수학적 탐구하기 > 공간과 도형의 기초개념 알아보기 ②예술경험 > 예술적 표현하기 > 통합적으로 표현하기 ③사회관계 > 다른 사람과 더불어 생활하기 > 친구와 사이좋게 지내기 ④예술경험 > 아름다움 찾아보기 > 미술적 요소 탐색하기	수·조작	[봄 풍경 꼭지 퍼즐 맞추기] *목표: 봄에 볼 수 있는 풍경에 관심을 가진다. 부분과 전체에 대해 알고, 소근육을 조절하여 퍼즐을 맞춘다. ①자연탐구 > 과학적 탐구하기 > 자연현상 알아보기 ②자연탐구 > 수학적 탐구하기 > 공간과 도형의 기초개념 알아보기 ③신체운동·건강 > 신체조절과 기본운동하기 > 신체조절하기
	역할	[봄 소풍놀이] *목표: 봄 날씨를 상상하며 봄 소풍놀이를 한다. 친구와 함께 봄 소풍놀이를 하며 즐거움을 느낀다. ①예술경험 > 예술적 표현하기 > 극 놀이로 표현하기 ②자연탐구 > 과학적 탐구하기 > 자연현상 알아보기 ③사회관계 > 다른 사람과 더불어 생활하기 > 친구와 사이좋게 지내기	음률	[자연의 소리를 들어요] *목표: 자연의 소리를 주의 깊게 듣는다. 소리를 악기로 표현해본다. ①의사소통 > 듣기 > 바른 태도로 듣기 ②예술경험 > 예술적 표현하기 > 음악으로 표현하기 -비 오는 소리를 들어본다. -비 오는 소리를 악기로 표현해 본다.
	언어	[봄에 볼 수 있는 것을 찾아요] *목표: 봄에 볼 수 있는 것을 알아보고 이야기 나눈다. 봄에 볼 수 있는 것을 읽고 쓰는 데 관심을 가진다. ①자연탐구 > 과학적 탐구하기 > 생명체와 자연환경 알아보기 ②의사소통 > 듣기 > 낱말과 문장 듣고 이해하기 ③의사소통 > 말하기 > 낱말과 문장으로 말하기 ④의사소통 > 읽기 > 읽기에 흥미 가지기 ⑤의사소통 > 쓰기 > 쓰기에 관심 가지기 [동화 '봄나물 이야기']	미술	[클로드 모네의 '네덜란드의 튤립 꽃밭'] *목표: 꽃을 그린 명화를 감상하며 아름다움을 느낀다. 명화를 재구성하여 표현해본다. ①예술경험 > 예술 감상하기 > 다양한 예술 감상하기 ②예술경험 > 예술적 표현하기 > 미술활동으로 표현하기 -튤립을 본 경험을 이야기 나눈다. -명화를 감상한 후 이야기 나눈다. -명화를 소개한다.

예전에 사용하던 위의 일일보육일지를 다음과 같은 주간 보육일지로 바꾸어가면서, 계획에 초점을 둔 기록이 실행을 중심으로 한 기록으로 변화되었다.

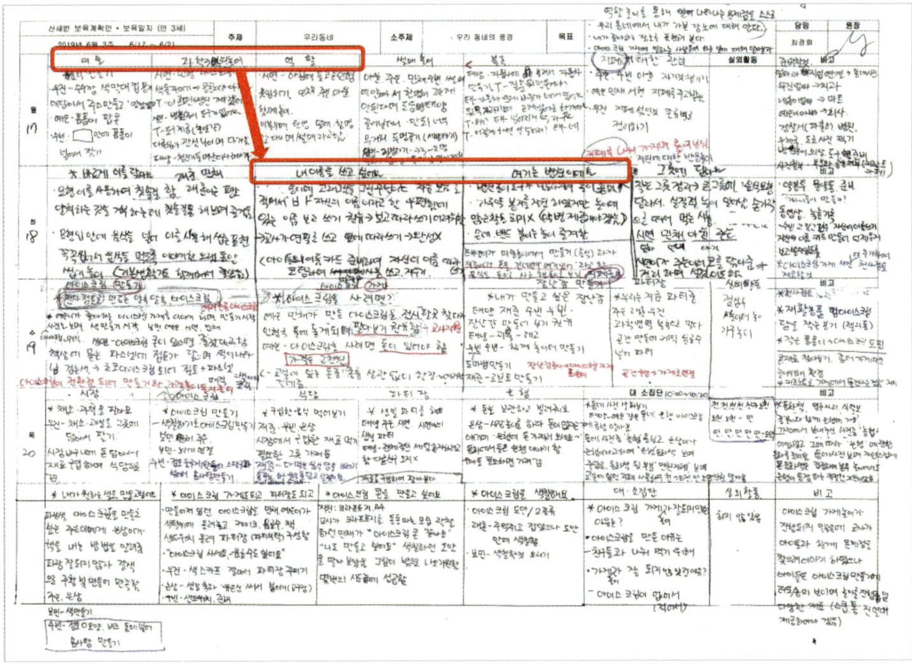

최경화 선생님이 손으로 쓴 보육일지에서 6월 17일과 6월 18일을 주목해 보자. 어떤 차이가 보이는가? 평소 깊이 있는 놀이를 추구하는 원장님의 교육관에 깊이 동의하며 유아들과 함께 흐름이 있는 놀이를 만들어 가고자 하였으며, 이를 위해 우리 반 놀이의 흐름을 한눈에 보고 싶다는 마음으로 주간보육일지로 양식을 변경하게 된다. 그중에서 가장 큰 변화는 흥미 영역으로 구분되었던 칸이 놀이 제목으로 변화되었다는 점이다. 미술, 과학, 역할, 쌓기 등 흥미 영역별 칸 안에 작성하던 유아놀이 실행기록을 해체하면서 유아들의 흥미와 의도를 담아내는 제목, '내 이름을 쓰고 싶어요.', '여기는 병원이에요.', '내가 원하는 색으로 만들고 싶어요', '아이스크림콘을 만들고 싶어요.' 등으로 변하고 있다. 이러한 변화로 인하여 그동안 보육일지와 놀이기록을 이중으로 작성하던 교사의 수고로움이 덜어지기 시작하였다. 바쁜 현장 속에서 각각의 기록을 하기 위해 시간을 할애하기보다, 하나의 기록이라도 제대로 해보자는 교사의 도전이 여기에서부터 시작된 것이다.

2) 나에게 유용한 도구를 활용하기

처음부터 최경화 선생님의 컴퓨터 사용 능력은 빼어난 편이 아니었다. 처음에는 손으로 쓰는 수기를 더 편하게 생각했고 그래서 교실에는 수많은 수첩이 책상 서랍, 책상 위, 칠판 서랍, 창틀 위, 사물함 위, 앞치마 주머니 속 등 교사의 손길이 닿는 곳곳에 놓여 있었다. 중요하다고 생각하는 순간에 빨리 수첩을 꺼내어 키워드 중심으로 기록하고, 가능한 빠른 시간 안에 문장으로 구성하고자 노력하였다. 그러나 손에 잡히는 대로 수첩과 포스트잇 등을 꺼내어 기록을 남기다 보니 분실의 위험이 있었고, 게다가 기록을 다시 보기에도 자신이 쓴 글자임에도 불구하고 다시 잘 읽히지 않는 한계를 느끼게 되었다. 이러한 한계를 극복하기 위해 최경화 선생님은 휴대전화기와 컴퓨터를 활용해 보기 시작하였다.

먼저 관찰기록의 정보수집에 휴대전화의 기능들을 활용하였다. 휴대전화기에는 카메라(동영상 포함), 녹음, 메모(노트) 등의 기능이 있어 휴대폰 하나만 있어도 다양한 방식으로 정보를 수집할 수 있었다. 또한, 다양한 앱을 활용하면 동영상 편집이나 사진 편집 및 공유 등에도 용이했다. 최경화 선생님은 간단한 메모의 경우 카카오톡, 나와의 채팅을 활용하여 남기기도 하였다. 또한 메모하기 힘든 경우 녹음기능을 활용하고 텍스트 변환을 하면 음성이 녹음되면서 동시에 텍스트로도 변환이 가능하였다. 단, 녹음 후에는 음성 녹음 파일의 이름을 날짜와 핵심 제목으로 구성해 두어야 다시 찾아보기가 편하다고 이야기하였다.

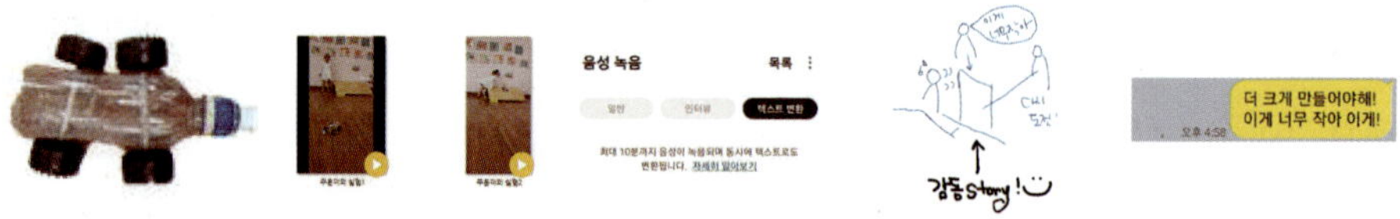

사진 동영상 녹음 스케치 메모

[그림 11-1] 휴대전화기로 가능한 정보수집의 방식

현장에서 관찰한 정보를 수집하는 것과 조직화하는 것은 구분될 수 있다. 아무리 좋은 기록이라도 조직화하지 않는다면, 그것은 흩어져 있는 포스트잇과 마찬

가지이다. 최경화 선생님은 수집한 정보를 조직화하는 과정에서 사진 폴더, 기록 폴더, 그리고 일지 폴더로 나누어 보관하였다. 사진은 날짜별로 그날의 놀이를 표현할 수 있는 핵심 단어나 문장을 중심으로 작성되었으며, 기록은 매일 이루어지기보다는 의미롭게 생각되어 자세히 남기고 싶은 이야기가 있을 때 작성하였다. 보육일지는 주차 별로 작성이 되었으며, 이때 보육일지는 사진과 기록에서 의미 있다고 생각하는 장면들을 선별하여 담고자 하였다.

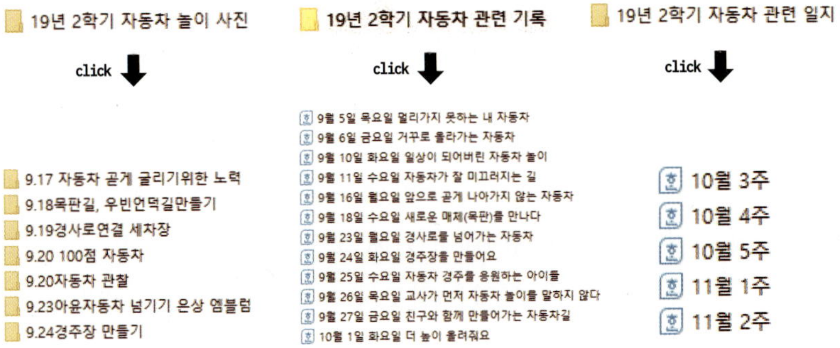

보육일지를 손으로 쓰던 형식에서 컴퓨터를 활용하는 방식으로 변환하였더니, 사진 첨부가 용이해지면서 놀이를 한눈에 볼 수 있게 되었다. 청각 메시지와 시각 메시지가 함께 담기는 놀이기록이 가능해지니 놀이의 핵심을 파악하는 데에도 더 유용하였다. 동일 날짜에 쓴 기록은 아니지만, 좌측의 글로 설명한 기록과 우측의 사진으로 설명한 기록 중 의미해석이 한눈에 의미가 들어오는 것은 무엇인가?

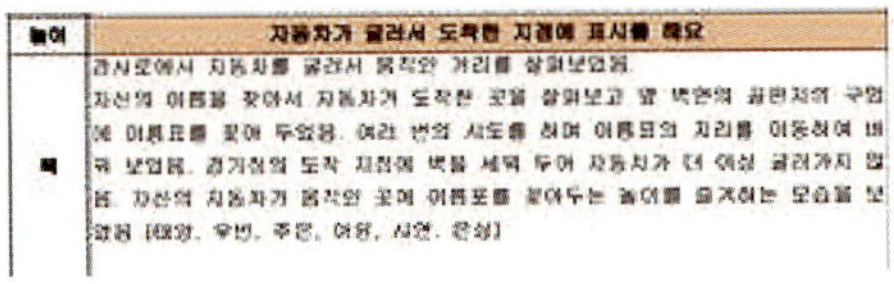

놀이	자동차가 굴러서 도착한 지점에 표시를 해요
목	경사로에서 자동차를 굴려서 도착한 거리를 살펴보았음. 자신의 이름을 찾아서 자동차가 도착한 곳을 살펴보고 옆 벽면의 골판지의 구멍에 이름표를 꽂아 두었음. 여러 번의 시도를 하며 이름표의 자리를 이동하여 바꿔 보았음. 경기장의 도착 지점에 벽을 세워 두어 자동차가 더 이상 굴러가지 않음. 자신의 자동차가 도착한 곳에 이름표를 꽂아두는 놀이를 즐겨하는 모습을 보였음 [태양, 우빈, 주은, 여원, 시연, 은성]

글로 작성된 일지

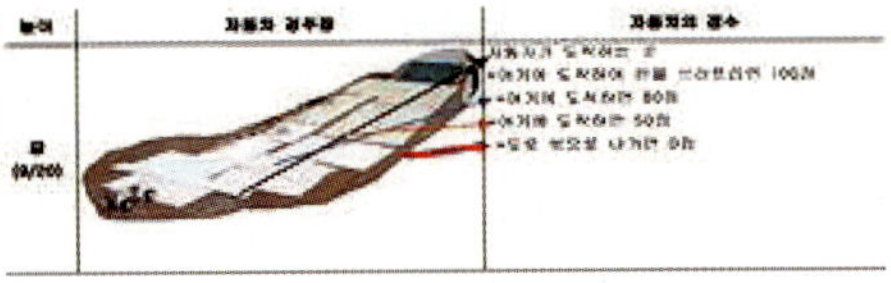

사진과 메모로 작성된 일지

끝으로 최경화 선생님은 기록의 대부분을 휴대 전화기로 하지만, 근무 시간 중 개인 휴대전화 사용은 자칫 개인적인 사용으로 연결될 수 있으므로 주의해야 한다고 이야기한다. 또한, 최경화 선생님은 자신에게 유용한 기록 도구로 휴대전화기를 주로 활용하였지만, 유아교육 기관의 철학과 운영방식, 여건 등에 따라서 또 다른 대안을 모색할 수 있다. 교사는 교육에 대해 고민하고 연구하며 실천하는 존재로 우리 스스로, 그리고 서로를 신뢰할 수 있길 바란다.

3) 유아의 흥미 · 의도 읽기와 교사의 선별적 지원 담기

'보육일지에는 어떤 내용이 담겨야 할까?' 최경화 선생님은 놀이와 배움을 잇기 위해 포착된 사진 속에서 유아들의 흥미와 의도를 읽어내기 위해 부단히 노력하였다. 유아의 흥미와 의도를 읽어내기 위해 교사가 던져볼 수 있는 질문으로는 '(아이들이) 무엇을 하고 있지?', '무엇을 하고자 하지?'가 있을 수 있다. 무엇을 하고 있는지, 무엇을 하고자 하는지 유아의 흥미와 의도를 발견하고 그것을 놀이의 제목으로 담을 수 있다. 그리고 보육일지 내용에 교사의 고민과 지원 방향을 담을 수 있다. 예를 들어보자. 아이들이 자석 블록으로 여러 가지 탈것을 만들어서 놀이하고 있다. 그러다가 한 영아가 자신이 만든 택시를 보여주기 위해 자석 블록을 들어 올리다가 떨어졌다. 유아는 "선생님! 자꾸 떨어져요."라고 이야기한다. 이러한 장면을 기록으로 남긴다면 어떻게 남길 수 있을까?

놀이 상황

아이들이 자석 블록으로 여러 가지 탈것을 만들어서 놀이하고 있다. 그러다가 한 영아가 자신이 만든 택시를 보여주기 위해 자석 블록을 들어 올리다가 떨어졌다. 유아는 "선생님! 자꾸 떨어져요."라고 이야기한다. 이에 따라 셀로판 테이프를 지원하고자 한다.

⇨

자석블록으로 만드는 탈것(자꾸 떨어져요)

유아: 기차를 움직이면 떨어져요.

유아: 선생님! 자꾸 떨어져요.

자석블록으로 만든 자동차를 교실바닥에서 움직이며 놀이하고자 하나 움직일 때마다 떨어짐. '나만의 탈 것을 만들어서 움직이며 놀고싶은 걸까?' 움직이는 나만의 탈것을 만들 수 있도록 재활용품을 제공하고자 함.

놀이 상황에 대한 일반적 기록에서 유아의 흥미와 의도에 초점을 둔 기록으로

"자꾸 떨어진다."라는 이야기를 듣고 무심코 지원한다면, 아마 셀로판테이프를 제공하게 될 가능성이 높다. 떨어지는 것에 대한 불편함을 호소하니까 의례적으로 붙일 수 있는 적절한 매체를 찾아 제공하는 것이 어쩌면 당연한 이야기일 수 있다. 하지만 '자꾸 떨어진다.'에 담긴 아이들의 흥미와 의도, 그리고 바램을 읽어낸다면, '여러 가지 탈것을 만들어서 움직이면서 놀고 싶은 걸까?', '부릉부릉 움직임을 표현해 보고 싶은 걸까?' 등 유아들의 마음을 읽어볼 수 있다. 그리고 읽어낸 그 마음을 지원할 수 있는 매체를 교사는 선택할 수 있게 된다. 같은 놀이 상황 속에서도 교사들은 서로 다른 선택을 할 수도 있다. 예를 들어, 어떤 교사는 원내 다른 교실에서 여러 가지 탈것을 빌려와 바로 제공해줄 수도 있고, 또 다른 교사는 가정과 연계하여 여러 가지 자동차를 가지고 오게 할 수도 있다. 선별적 지원은 교사가 자신의 상황, 맥락, 신념을 담아서 선택해 나가는 것이기 때문이다. 최경화 선생님은 꿈동산어린이집의 '자연과의 공존' 철학과 함께 얽혀 아이들에게 재활용품을 제공하고 유아들이 자신만의 탈것을 만들 수 있도록 선별적 지원을 해 나가게 되었다.

2. 관찰기록의 가시화를 위한 도전

최경화 선생님은 자신의 교실에서 그저 피상적인 놀이가 아닌 깊은 배움이 일어나는 놀이가 이루어지기를 희망하며, 한눈에 보이는 관찰기록을 남기기 위해 노력하였다. 딱! 봐도 한눈에 놀이가 읽히면, 우리 반의 놀이가 어디로 흘러가고 있는지, 지금 우리 반 교실에서 배움이 어느 지점에서 강렬하게 이루어지는지 용이하게 파악할 수 있었다. 그리고 한눈에 보이는 보육일지는 교사가 어디로 가야 할지, 어떻게 가야 할지 선택의 기로에 놓일 때마다 대화와 협의, 그리고 선택의 중요한 기준이 될 수 있었다. 또한, 보육일지를 가시화하면 교육과정을 함께 운영하는 공동체 구성원들과 자신의 교실에서 펼쳐지고 있는 놀이 이야기를 공유하고 또 다른 의미를 발견해 나가는 데 도움이 될 수 있었다. 관찰기록의 '가시화'는 관찰기록의 재방문을 용이하게 해주며, 교사의 외롭고 힘겨운 교육과정 운영이 아닌 함께 배움의 기회가 되며 지지와 격려, 비전과 가치를 나눌 수 있는 대화의 장이 되었다. 최경화 선생님의 도전 이야기를 단순히 기술적인 부분으로만 바라보기보다 왜 가시화하고 싶어 했는지, 가시화를 위해 교사가 스스로 생성하고 창조해 나간 방법과 과정에 주목해주길 바란다.

1) 배경을 지움으로써 초점을 좀 더 선명하게 만들기

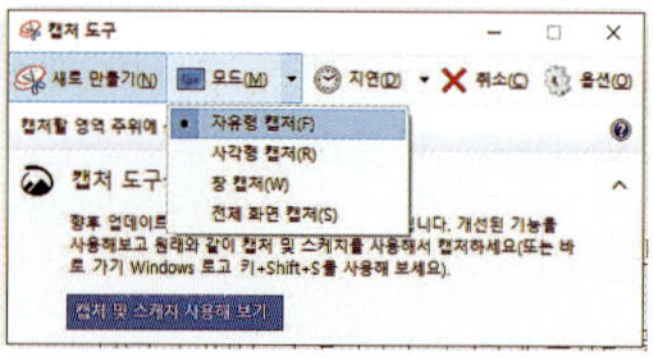

최경화 선생님은 관찰기록의 가시화에 초점을 맞추며 캡처 도구의 자유형 캡처 기능을 활용하여 배경을 삭제하곤 하였다. 예를 들면, 아래의 왼쪽 사진에서는 유아들이 무엇을 하고 있는지를 파악하기 위해서 시선이 분산되었다면, 오른쪽 사진에서는 유아가 무엇을 하고 있는지, 무엇을 하려고 하는지가 집중되어 보인다.

자동차를 손에 든 남자아이, 경사로 앞에 앉은 여자아이, 다리를 벌리고 서 있는 분홍 옷 입은 아이는 지금 무엇을 하고 싶은 걸까? 배경을 지우고 주목해야 하는 장면에 초점을 둘 수 있도록 하였더니, '친구의 다리 터널을 통과하는 직선으로 가는 자동차 놀이'를 하고자 하는 것은 아닌지 훨씬 더 선명하게 유아의 흥미와 의도를 읽어낼 수 있었다.

우리가 증명사진을 찍을 때, 우리의 얼굴을 더 선명하게 보이기 위해 배경을 지우거나 단색으로 하듯이, 사진에서 주목해야 하는 장면을 남기고 배경을 지움으로써 우리는 주목하는 것을 더 또렷하게 남길 수 있었다. 초점을 좀 더 선명하게 드러내기 위해서 캡처 도구뿐 아니라, 파워포인트의 서식(배경 지우기) 기능, 포토샵 등 교사 자신이 편리하게 사용할 수 있는 프로그램이나 앱 등을 활용해 볼 수 있다.

2) 과정에 초점을 두어 흔적 남기기

최경화 선생님은 자동차 경주가 이루어지는 동안 유아들이 만들어낸 규칙을 글로만 설명하기보다 사진과 스케치를 통해 시각화하였다. 시각화는 놀이를 더 선명하게 들여다볼 수 있을 뿐만 아니라 뚜렷하게 내용 이해를 도왔다. 또한, 동영상으로 수집된 자료의 경우 움직임을 사진으로 담아내기 어려운 경우도 있었다. 이러한 경우 말풍선을 넣는다거나 스케치를 넣어 실험과정을 이해하기 쉽게 하였다.

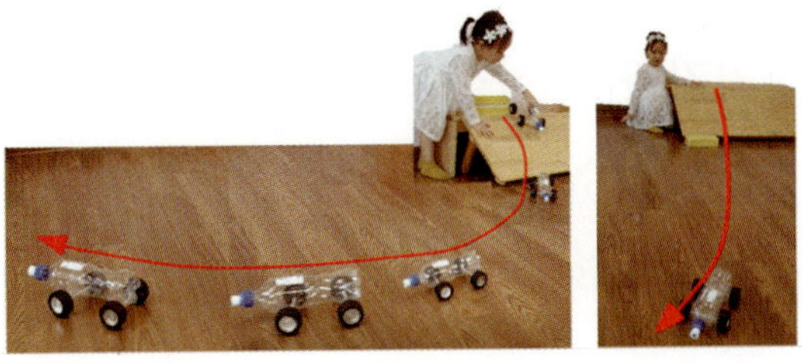

빨간 화살표를 넣자, 유아의 실험이 어떻게 이루어지고 있는지 실험과정을 한눈에 알아볼 수 있었다. 또한, 유아의 놀이 사진에만 스케치를 남기는 것이 아니라, 놀이 과정을 이해하기 위해서 교사는 유아의 놀이를 스케치해 정리해 둘 수도 있었다. 동영상을 활용하는 경우, 동영상에서 중요하다고 생각하는 장면을 캡처하여 담을 때 시간의 흐름 순으로 담을 수도 있고, 중요하다고 생각하는 장면을 포착하여 담을 수도 있다. 다음 동영상을 보면서, 여러분은 어떤 장면을 캡처하여 담을 것 같은지 연습해보는 시간을 가져보자.

동영상 자료 (원본)

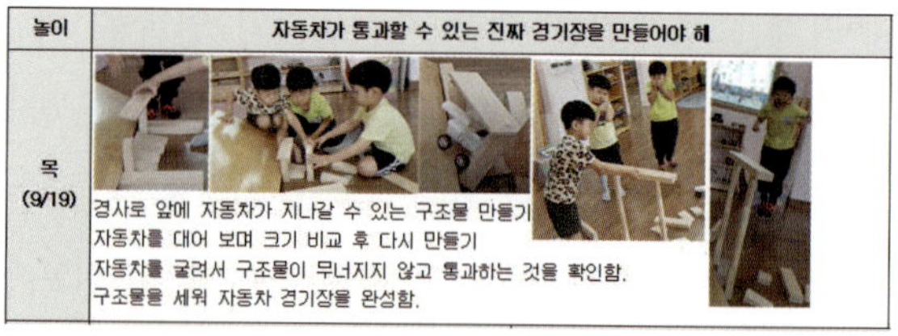

놀이	자동차가 통과할 수 있는 진짜 경기장을 만들어야 해
목 (9/19)	경사로 앞에 자동차가 지나갈 수 있는 구조물 만들기 자동차를 대어 보며 크기 비교 후 다시 만들기 자동차를 굴려서 구조물이 무너지지 않고 통과하는 것을 확인함. 구조물을 세워 자동차 경기장을 완성함.

동영상 → 실제 교사의 기록 (사진과 글)

여러분은 동영상 속에서 눈과 귀를 사로잡는 잡는 장면이 포착되었는가? 그 장면을 어떻게 담아보고자 하는가? 선생님이 남긴 기록을 수정·변환하여 나만의 기록으로 만든다면 어떻게 할 것 같은지 함께 공유해 보자. 교사의 실제 기록이 정답인 것은 아니다. 어떤 교사는 사진 위에 말풍선을 추가하여 기록했을 수도 있고, 앞에서 보았듯이 초점을 맞추기 위해 배경을 지웠을지도 모른다. 또, 화살표를 추가하여 흐름을 볼 수 있도록 하였을지도 모른다. 놀이의 과정을 담기 위해 여러분은 어떻게 기록을 남겼는지 주변에 있는 (예비)교사들과 함께 이야기 나누어보길 바란다.

3) 증거를 남기기 위한 사진이 아니라 놀이~배움의 시선 담기

보육일지에 담겨야 하는 사진은 어떤 사진이어야 할까? 보육일지에는 교사에게 가장 인상 깊었거나 오늘의 대표적인 놀이라고 생각하는 장면이 담길 가능성이 높다. 아래의 사진을 비교해보자.

자세히 살펴보아도 구멍이에요 (전자현미경 관찰)

수빈이가 소라껍질의 검은 부분을 구멍이라고 표현하여 현미경으로 관찰해 보았음.
소라껍질의 나선모양을 구멍이라고 하여 다른 구멍이 난 조개를 찾아와서 관찰하기 이후 스스로 다른 조개를 가져와 관찰하였음.

자세히 살펴보아도 구멍이에요 (전자현미경 관찰)

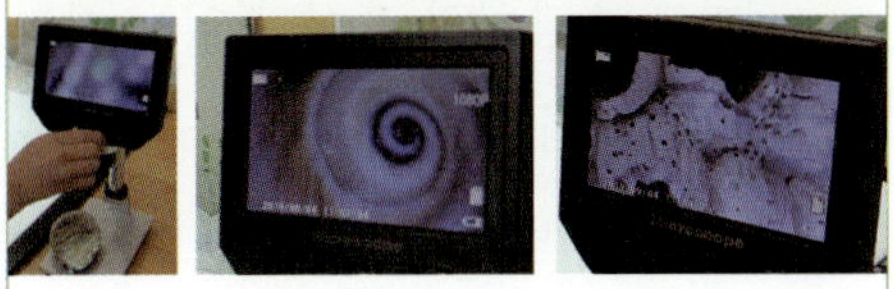

수빈이가 소라껍질의 검은 부분을 구멍이라고 표현하여 현미경으로 관찰해 보았음.
소라껍질의 나선모양을 구멍이라고 하여 다른 구멍이 난 조개를 찾아와서 관찰하기 이후 스스로 다른 조개를 가져와 관찰하였음.

먼저 좌측의 사진은 최경화 선생님이 아이와 현미경 모두에 초점을 두고 찍은 장면이고, 우측의 사진은 현미경 안에 아이가 관찰한 물질의 표면이 생생하게 담겨 있는 장면이다. 이 두 사진의 차이는 무엇일까? 좌측은 아이가 현미경을 관찰하는 장면 세 컷이고, 우측은 아이의 시선이 머문 장면 세 컷이 이라고 볼 수 있다. 그렇다면 아이가 발견한 배움을 흔적으로 남기는 것은 어떤 쪽이 더 가깝게 느껴지는가?

때로는 아이의 얼굴이 등장하지 않는 사진에 더 많은 놀이와 배움의 의미가 담길 수도 있다. 최경화 교사는 유아의 '보았음'이라는 증거용 사진을 남기기보다, 유아가 무엇을 보고 있고 무엇을 발견했을지에 더욱 주목해보기 위해 유아의 시선이 머문 곳을 남기고자 노력하였다. 교사는 관찰기록을 통해 교육과정을 운영해 나가는 데 있어 최선이라고 생각하는 방향으로 걸어가 볼 수 있다는 점에서 좌측과 우측의 기록 중 여러분은 어떤 장면을 최종적으로 담을 것 같은가? 유아의 시선과 손길을 담아내기 위한 교사의 고민은 유아의 놀이와 배움을 더욱 진하고 깊이 있게 만들어 주는데 긍정적 작용을 할 수 있을 것이다.

4) 교사가 주목하고 있는 놀이 앞으로 재배치하기

'구슬이 서 말이라도 꿰여야 보배다(Nothing is complete unless you put it in final shape).'라는 속담처럼 흩어져 있는 사건의 의미들을 관통할 수 있는 실이 필요하다. 이에 최경화 선생님은 교사가 주목하며 함께 만들어가는 놀이를 제일 앞 칸으로 옮겨 꿰어내 보고자 하였다. 기록의 재배치는 날짜별로 아래로 시선을 따라 내려가면 교실에서 이루어지는 놀이의 흐름을 한눈에 볼 수 있었다. 그리고 그 놀이에 좀 더 열정적으로 참여하고 집중할 힘과 방향을 찾을 수 있었다.

연구자: 이렇게 기록을 재배치한 것이 선생님에게 어떤 의미로 다가왔나요?

선생님: 진한 놀이, 깊이 있는 놀이, 이어지는 놀이, 어떤 표현을 써야 할지 모르겠지만 어쨌든 유아와 함께 만들어가는 교육과정을 생성해 나가는 원동력이 된 것 같아요. 자동차 놀이가 11주 동안 이루어졌는데, 저는 이 일지 덕분이기도 하다고 생각하거든요.

연구자: '생각하는 대로 살지 않으면, 사는 대로 생각하게 된다(Paul Bourget)'는 이야기를 떠오르게하네요. 보육일지, 관찰기록은 선생님께 생각하는 대로 살아가 볼 수 있도록 해주는 것 같아요. 무조건 가야 하는 길이 아니라, 일지는 새길을 내며 걸어갈 때 방향성을 잡아주는 동행자 같은 역할을 하네요.

선생님: 네, 이렇게 교사가 애써서 놀이를 앞으로 배치하는 것은 교사의 그 놀이에 대한 몰입력에도 중요한 역할을 하는 것 같아요. 방향성도 생각하게 하니까 불안하고 두렵기만 한 것이 아니라 집중하고 할 수 있다는 용기를 주는 것 같아요.

(2022년 7월 8일, 최경화 선생님 면담 중에서)

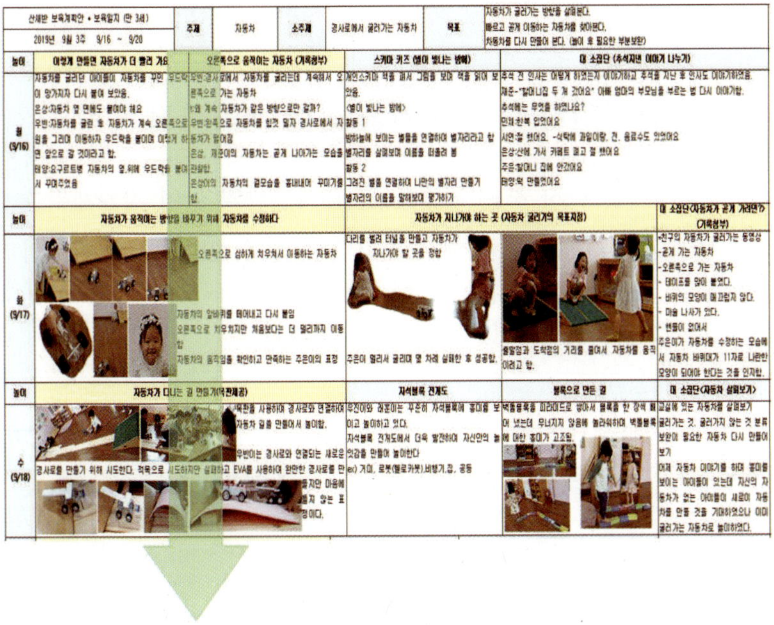

산새반 보육계획안 • 보육일지 (만 3세)
2019년 9월 3주 9/16 ~ 9/20
주제: 자동차 / 소주제: 경사로에서 굴러가는 자동차
목표: 자동차가 굴러가는 방향을 살펴본다. 빠르고 곧게 이동하는 자동차를 찾아본다. 자동차를 다시 만들어 본다. (놀이 후 필요한 부분보완)

월 (9/16)
놀이: 이렇게 만들면 자동차가 더 빨리 가요
자동차를 굴리던 아이들이 자동차를 꾸민 우드락이 망가지자 다시 붙여 보았음.
은상:자동차 옆 면에도 붙여야 해요
우빈:자동차를 굴린 후 자동차가 계속 오른쪽으로 원을 그리며 이동하자 우드락을 붙이며 이렇게 하면 앞으로 갈 것이라고 함.
태양:요구르트병 자동차의 옆,위에 우드락을 붙여서 꾸며주었음
놀이: 오른쪽으로 움직이는 자동차 (기록첨부)
우빈:경사로에서 자동차를 굴리는데 계속해서 오른쪽으로 가는 자동차
t:왜 계속 자동차가 같은 방향으로만 갈까?
우빈:왼쪽으로 자동차를 힘껏 밀자 경사로에서 자동차가 떨어짐
은상: 재준이의 자동차는 곧게 나아가는 모습을 관찰함
은상이의 자동차의 겉모습을 흉내내어 꾸미기를 함
놀이: 스카마 키즈 (별이 빛나는 밤에)
개인스카마 책을 펴서 그림을 보며 책을 읽어 보았음.
<별이 빛나는 밤에>
활동 1
밤하늘에 보이는 별들을 연결하여 별자리라고 함
별자리를 살펴보며 이름을 떠올려 봄
활동 2
그려진 별을 연결하여 나만의 별자리 만들기
별자리의 이름을 말해보며 평가하기
놀이: 대 소집단 (추석지낸 이야기 나누기)
추석 전 인사는 어떻게 하였는지 이야기하고 추석을 지난 후 인사도 이야기하였음.
재준-"할머니집 두 개 갔어요" 아빠 엄마의 부모님을 부르는 법 다시 이야기함.
추석에는 무엇을 하였나요?
민채:한복 입었어요
시연:절 했어요. -식탁에 과일이랑, 전, 음료수도 있었어요
은상:산에 가서 카페트 펴고 절 했어요
주은:할머니 집에 안갔어요
태양:떡 만들었어요

화 (9/17)
놀이: 자동차가 움직이는 방향을 바꾸기 위해 자동차를 수정하다
오른쪽으로 심하게 치우쳐서 이동하는 자동차
자동차의 앞바퀴를 떼어내고 다시 붙임
오른쪽으로 치우치지만 처음보다는 더 멀리까지 이동함
자동차의 움직임을 확인하고 만족하는 주은이의 표정
놀이: 자동차가 지나가야 하는 곳 (자동차 굴리기의 목표지점)
다리를 벌려 터널을 만들고 자동차가 지나가야 할 곳을 정함
주은이 멀리서 굴리며 몇 차례 실패한 후 성공함.
출발점과 도착점의 거리를 좁혀서 자동차를 움직이려고 함.
놀이: 대 소집단<자동차가 곧게 가려면?> (기록첨부)
•친구의 자동차가 굴러가는 동영상
-곧게 가는 자동차
-오른쪽으로 가는 자동차
- 테이프를 많이 붙였다.
- 바퀴의 모양이 매끄럽지 않다.
- 마술 나사가 있다.
- 핸들이 없어서
주은이가 자동차를 수정하는 모습에서 자동차 바퀴대가 11자로 나란한 모양이 되어야 한다는 것을 인지함.

수 (9/18)
놀이: 자동차가 다니는 길 만들기(목판제공)
목판을 사용하여 경사로와 연결하여 자동차 길을 만들어서 놀이함.
우빈이는 경사로와 연결되는 새로운 경사로를 만들기 위해 시도한다. 적목으로 시도하지만 실패하고 EVA를 사용하여 완만한 경사로를 만들지만 마음에 들지 않는 표정이다.
놀이: 자석블록 전개도
우진이와 래윤이는 꾸준히 자석블록에 흥미를 보이고 놀이하고 있다.
자석블록 전개도에서 더욱 발전하여 자신만의 놀잇감을 만들어 놀이한다
ex) 거미, 로봇(헬로카봇),비행기,집, 공등
놀이: 블록으로 만든 길
벽돌블록을 피라미드로 쌓아서 블록을 한 장씩 빼어 냈는데 무너지지 않음에 놀라워하며 벽돌블록에 대한 흥미가 고조됨.
놀이: 대 소집단<자동차 살펴보기>
교실에 있는 자동차를 살펴보기
굴러가는 것, 굴러가지 않는 것 분류
보완이 필요한 자동차 다시 만들어 보기
이제 자동차 이야기를 하며 흥미를 보이는 아이들이 있는데 자신의 자동차가 없는 아이들이 새로이 자동차를 만들 것을 기대하였으나 이미 굴러가는 자동차로 놀이하였다.

'이렇게 만들면 자동차가 더 빨리 가요 → 오른쪽으로 움직이는 자동차 → 자동차가 움직이는 방향을 바꾸기 위해 자동차를 수정하다 → 자동차가 지나가야 하는 곳(자동차 굴리기의 목표지점) → 대소집단(자동차가 곧게 가려면?) → 자동차가 다니는 길 만들기(목판 제공)'

최경화 선생님이 앞으로 당겨 기록한 놀이기록의 제목들(위의 일지에서 초록색 화살표)을 중심으로 뽑아서 읽어보면, 산새반에서 이루어지고 있는 자동차 놀이가 빨리 가는 자동차에 집중하던 모습에서 앞으로 곧게 나가는 자동차, 그리고 곧게 나아가니 목표물을 통과할 수 있는 자동차 놀이로 흘러가고 있다는 것을 읽어낼 수 있다. 이는 앞으로 자동차 놀이가 또 어떤 방향으로 흘러갈 수 있을지를 예상해 보게 할 수도 있고, 유아들이 보이는 놀이 장면의 의미를 더 잘 포착하게 해 줄 수도 있다. 사실 보육일지에는 교사가 주목하고 있는 놀이뿐만 아니라, 잠재적 가능성이 있는 놀이도 함께 배치되어 있는데, 이러한 놀이기록은 추후 또 다른 놀이와 만날 가능성이 있기도 하다. 최근에는 놀이 흐름도를 활용하여 우리 반 교실에서 일어나는 놀이와 배움을 정리하는 교사들이 증가하고 있다. 이는 i-누리 포털사이트(https://i-nuri.go.kr) 배움누리에서 현장지원자료를 참고해 볼 수 있다.

3. 교사의 보육일지 다시 보기를 통한 교육과정 평가와 유아평가

1) 교사의 보육일지 다시 보기를 통한 교육과정 평가

교사는 보육일지를 다시 보는 과정을 통해 다음날의 놀이 지원계획을 수립할 수도 있고, 교육과정의 방향에 대해서도 고민해 볼 수 있다. 먼저 아래의 보육일지를 보면서 이 교실에서는 어떤 놀이가 이루어지고 있는지 아이들의 흥미가 집중된 장면을 한번 찾아보자.

꿈동산어린이집

아이들이 자동차 놀이를 하고 있다고 이야기하였다면, 조금 더 면밀히 들여다 보며 구체적으로 표현해 보는 연습을 해보기를 바란다. 9월 3주 보육일지에 있는 놀이의 제목들(노란색으로 표시)을 따라 들어가면 유아들은 앞으로 곧게 나가는 실험을 하고 있으며 자동차가 터널을 통과하여 목표지점으로 나아가는 놀이 흐름을 읽어낼 수 있다. 자, 이제 교실에서 이루어지고 있는 놀이를 좀 더 구체적으로 읽어냈다면, 아래의 글을 읽고 함께 생각해 보길 바란다.

연구자: 요즘은 교실에서 어떤 놀이가 펼쳐지고 있나요?

선생님: 요즘 아이들이 자동차를 앞으로 굴리더니, 이제 터널을 만들고 경기장을 만들면서 놀이하고 있어요.

연구자: 와 궁금해지네요. 놀이 속에서 떠오르는 고민이 있어요?

선생님: 네, 오늘 우리 반 아이들이 경기장을 만들어서 놀이하는데, 그 옆에서 아이들이 세차장을 만들어 놀더라고요. 저는 혼자인데, 경기장 놀이를 지원해야 할지, 세차장 놀이를 지원해야 할지 고민이 돼요. 모든 아이를 한 번에 다 지원할 수는 없잖아요.

원장님: 선생님, 그럼, 보육일지를 한번 가지고 와 볼래요?

(보육일지를 함께 다시 보며)

원장님: 지금 우리 반에서는 어떤 일들이 벌어지고 있지요?
여기에서 선생님이 앞으로 당겨 작성하고 있는 놀이는 무엇이지요? 선생님이 깊어지고 싶은지, 옆으로 넓어지고 싶은지 일지를 보면서 우리 아이들의 배움 흐름을 보면서 같이 고민해 볼까요?

선생님: 일지를 보니까 제가 가야 하는 길은 지금 우리 반 아이들의 자동차 경주장인 것 같아요. 깊어지고 있는 이 놀이에 제 시선이 더 필요할 것 같아요.

연구자: 세차장 지원으로 갈지, 경기장 지원으로 갈지 선생님의 갈림길 속에서 보육일지가 중요한 길잡이 역할을 해줄 수 있는 것 같아요. 앗! 그리고 여기 있는 아이(호피 옷을 입은 아이)가 세차장에 있는 이 아이와 같은 아이 아닌가요? 모든 아이에게 시선을 주어야 한다는 그 이야기에 대해 생각해 보게 되네요.

선생님: 모든 아이에게 시선을 줘야 한다는 것은 어쩌면, 눈앞의 고민만 담는 말인 것 같기도 하네요. 교육과정이라는 길을 걸어가는데 교사의 시선과 걸음걸이가 참 중요하다는 생각이 들어요. 어디로 가야 할지, 일지 속의 아이들을 보니 조금은 뚜렷하게 보이는 것 같아요. 그래서 기록이 중요한가 봐요.

(2019년 9월 20일, 교무실에서의 대화)

'모든 아이에게 시선을 주지 못하는데 어떻게 하나요?' '우리 반 아이들은 수준이 높지 않아요.' '우리 반 아이들의 놀이는 다 분절돼요.' 현장에서 들려오는 수많은 고민에 대한 해결책은 어쩌면, 우리의 기록을 함께 다시 보는 것에서 시작될 수 있지 않을까 생각해본다. 치열하게 살아내고 있는 우리 선생님들의 열정이 시들지 않도록 관찰기록을 통해 교육에 대해 함께 고민하고 협의하며 대화를 나눌 수 있는 문화의 장이 형성되어야 할 것이다.

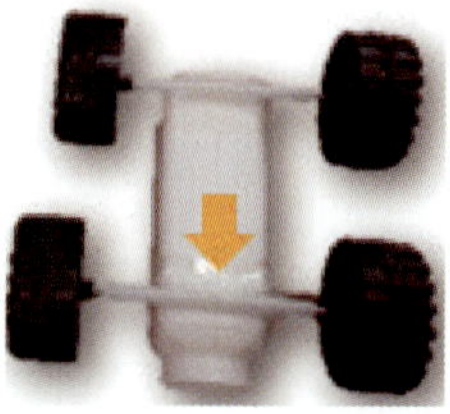

또한, 보육일지 다시 보기를 통하여 최경화 선생님은 자신의 보육과정 운영과정을 되짚어보면서 생각의 전환을 가질 수 있었다. 먼저, 최경화 선생님은 자신의 이전 교사 경험을 바탕으로 '굴러가는 자동차 바퀴'를 제공하기 위하여 바퀴모형을 사고 그 모형을 자동차 본체와 연결 짓기 위해 빨대를 제공해 주었다. 자동차 모형 바퀴를 본체에 고정할 때 얇은 철사대를 셀로판테이프로 이어 붙이기보다 빨대 안에 철사대를 넣고 빨대를 본체에 접착시키면 훨씬 견고하고 오랫동안 사용이 가능하다는 사실을 이전 경험을 통하여 알고 있었다. 처음 기록 다시 보기를 했을 때 최경화 선생님은 자신이 알고 있는 지식기금을 아이들에게 너무 빨리 알려준 것은 아닌지 후회가 된다고 이야기하였다. '내가 너무 빨리 알려줬나? 아이들이 충분히 시행착오를 겪으면서

해 볼 수 있게 해줬어야 했나?'라고 최경화 선생님의 자신의 선택과 지원에 대해서 부정적으로 평가를 하고 있었다. 하지만 오르막을 오르는 자동차 놀이의 탐구 여정이 마무리되었다고 생각되던 시점에 다시 한 번 보육일지 다시 보기를 시도하니, 교사의 지원으로 바퀴모형을 빨대로 견고하게 고정하여 붙인 자동차가 있었기에 오른쪽으로 굴러가는 자동차를 수정해 나가는 유아를 마주할 수 있었고, 또 오르막을 오르는 자동차 놀이로도 연결될 수 있었다고 생각하게 되었다. '모든 순간, 무작정 아이들이 시행착오를 겪어볼 수 있도록 기다리는 것이 무조건 좋은 것은 아닐 수 있겠다.' 라는 생각을 하게 된 것이다. 기록 다시 보기를 거듭해 나갈수록 같은 사건을 바라보는 시선도 달라지고 교사의 사유의 깊이도 달라지고 있음을 느낄 수 있었다. 그리고 최경화 선생님은 최선이라고 생각하는 방식으로 그저 열심히 사유하고 실천하며 살아가 봐야겠다고 생각하게 되었다. 정답은 없지만, 깊은 고민 속에서 켜켜이 살아가 보는 것, 이것은 마치 배움이 삶과 닮아있는 것과도 같았다.

이처럼 보육일지는 하루, 일주일, 한 달, 한 학기, 일 년 단위 등으로 다시 보기를 진행해 볼 수 있다. 꿈동산어린이집에서는 매일 작성하는 주간보육일지를 A3 크기의 클립보드에 끼워 보관하고, 연도가 바뀌면 A3 크기의 바인더에 보관하여 언제든 꺼내어 볼 수 있도록 정리해 둔다. 다시 꺼내 보기 용이하면 교사들이 어린이집에서 일어난 배움을 언제든지 넘나들며 찾아볼 수 있기 때문이다.

2) 유아들의 행위주체적 삶 발견하기

앞 2절 2)에서 살펴본 동영상을 다시 한번 살펴보자. 만 3세 세 명의 남자아이들이 함께 놀이하고 있다. 1분 18초에서 동영상을 멈춘다면, 아래와 같은 장면을 마주할 수 있다. 여러분에게 이 장면은 어떻게 느껴지는가? 호피 무늬 옷을 입은 아이만이 주도적이고 능동적이며 주체적으로 참여하는 것일까? 연한 노란색 티셔츠와 진한 노란색 티셔츠를 입은 두 아이 모두 열렬히 '함께 성공하기'를 바라며 최선을 다해 응원하고 있는 모습이 보이는가? 직접 나무블록을 올려놓아야지만 주도적이고 능동적인 것이 아니라, 함께 하는 간절한 마음으로 최선을 다해 열정적으로 기다려주고 응원해주는 모습 역시 주체적으로 함께 참여하는 모습이라 볼 수 있을 것이다.

또한 1분 23초가 되면, 연한 노란색 옷을 입은 남자아이가 "너무 작아 이게"라고 이야기하는 모습을 마주할 수 있다. 여러분에게 이 말은 어떻게 들리는가? 원인과 결과를 분석하여 논리적으로 이야기한다고 볼 수도 있고, 문장을 잘 구사한다고도 평가할 수 있을 것이다. 하지만 보이지 않는 것을 보고 들리지 않는 것을 듣는 교사라면, 이 남자아이의 "너무 작아 이게"라는 말이 참으로 따스하게 느껴질 수도 있다. 자신의 열렬한 응원을 받았지만, 호피 무늬 옷을 입은 남자아이가 결국 마무리하지 못하고 떠나게 되는데, 이러한 상황맥락에서 어쩌면 "이게 너무 작아, 이게!"라는 말은 친구에게 "(네가 용기가 없거나, 네가 못하는 것이 아니라)이게 작아, 이게 작아서 그런 거야!"라고 건네는 따스한 위로이자 격려일지도 모른다. 아이들의 놀이와 배움을 새로운 언어와 열린 시선으로 바라본다면 우리 아이들의 유능함을 마주하고 진정으로 이해할 수 있을 것이다. 평가는 기준과 잣대를 가지고 점수화, 등급화, 서열화하는 것을 넘어서서 학

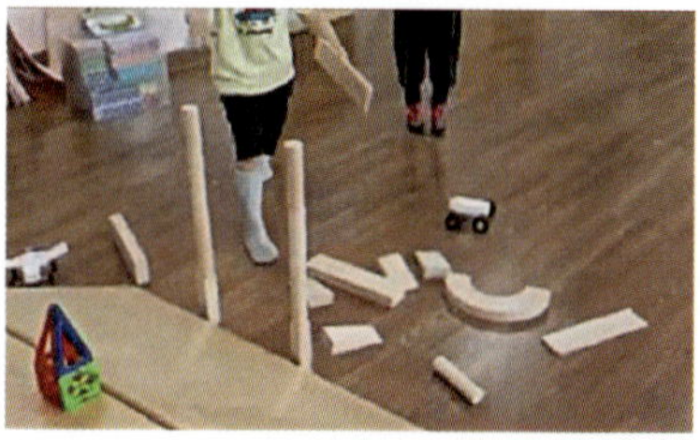

습자들의 강점을 발견하고 함께 가능성을 열어가는 것(이진희 외, 2020)이어야 하지 않을까?

오르막을 오르는 자동차 놀이 여정에는 2019년 산새반 아이들 모두가 곳곳에 스며있었다. 특정 몇 명만이 이 놀이의 주인공이 아니라 모두가 함께 얽혀 빛나고 있다는 것을 발견할 수 있었다. 8월 4주에서 11월 1주 사이에 작성된 보육일지를 모두 펴놓고, 보육일지에 담긴 유아 한 명 한 명의 이름을 찾아보면서 그들의 삶과 놀이를 들여다보면 산새반 아이들 모두가 그 속에서 자신들만의 속도와 강도, 색과 결로 살아가고 있음을 엿볼 수 있다. 처음 재준이가 자석블록으로 자동차를 만들지 않았더라면, 은상이 우빈, 우진이가 자동차 경주를 시작하지 않았더라면, 자동차가 정확하게 도착하는 놀이에 태양이, 우빈이, 주은이, 아윤이, 시연이, 은상이가 함께 하지 않았더라면, 래훈이, 보민이, 시연이가 경사로를 만들지 않았더라면, 자동차가 멀리 가는 경사 각도를 보민이, 예은이, 아윤이가 찾지 않았더라면, 재준이, 주은이, 태양이가 터널을 만들지 않았더라면, 자동차가 직선으로 가기 위해서는 바퀴가 나란히 놓여야 한다는 사실을 발견한 주은이가 없었더라면, 주은이의 실험 앞에 서현이, 민채가 서 있지 않았더라면, 우빈이가 자동차 경기장을 열렬히 만들지 않았더라면, 시연이와 민채, 보민이가 언덕을 넘어가는 경주장 놀이에 함께 하지 않았더라면, 같은 원에 재원하는 언니를 초대한다는 기쁨을 표현한 수빈이가 없었더라면, 선생님이 “자동차를 손으로 밀지 않고도 자동차가 굴러갈 수 있을까?”, “이 버스는 우리를 모두 다 태우고도 오르막을 오르네?”라는 말을 던지지 않았더라면, 지금의 오르막을 오르는 자동차 놀이가 탄생할 수 있었을까? 한 명 한 명 개별 기록을 남기고 있지 않았지만, 관계 속에 얽혀 함께 놀이하고 있는 유아들의 관찰기록 속에서 모든 아이가 반짝반짝 빛나며 함께 살아 숨 쉬고 있었다. 교사의 사진 속에 정면으로 담기지 않았다고 해서, 혹은 기록으로 남겨지지 않았다고 해서 우리 아이들은 놀이 상황에서 마네킹처럼 가만히 서 있는 것이 아니었다. 교사의 관찰기록 퍼즐 조각들 옆으로 새어 나오는 우리 아이들의 살아있는 목소리와 걸음걸이가 함께 얽혀 공존해 있음을 다시 한 번 느낄 수 있다.

4. 관찰기록 유아와 함께 다시 나누기: 배움으로서의 평가

관찰기록은 교사 혼자서 다시 보기 위해 작성하는 것이 아니다. 평가자들에게 보여주기 위해서 작성해야 하는 것은 더더욱 아니다. 최경화 선생님은 오르막을 오르는 자동차 놀이 동안, '왜 어떤 자동차는 오르지만, 어떤 자동차는 올라가지 못하는 거지?' 유아들의 실험과정을 동영상으로 담아 제공해 주게 되었다. 유아들이 원인을 찾기를 바라는 마음과 관심을 가지지 않고 떠나는 유아들에게 오르막을 오르는 자동차 놀이에 빠져 볼 수 있도록 주의를 환기해 주기 위한 목적 모두 가지고 있었다. 유아들이 오르막을 오르는 자동차에 대해서 원인을 찾아내고 함께 골똘히 연구하기를 바랐던 교사의 마음처럼 관심을 가지지 않았던 아이들에게는 관심을, 포기했던 아이들에게는 다시 도전하는 용기의 불꽃을 꽃피우게 하였다.

영상을 본 유아들은 자동차가 오르막을 올라갈 수 있도록 '자동차 힘내라'라는 피켓을 제작하여 응원하고, 나무판을 덧대어서 내려오는 가속도를 높여보는 실험을 하기도 하였다. 또, 경사를 바꾸어 보는 등 다양한 실험이 이루어졌다. 성공한 친구의 자동차를 빌려 바꾸어서 굴려보기도 하면서 유아들은 가설을 세우고 실험하며 끊임없이 탐구해 나가고 있었다. 그리고 마침내 결정적 원인을 유아들이 발견해 내었다.

바로 바퀴의 '접지력(grip)'이 중요한 변수였다! 좌측의 자동차는 고무 재질로 된 바퀴여서 오르막을 오를 때 지면에 붙어 힘을 받아 올라갈 수 있었지만, 우측의 자동차는 플라스틱 바퀴로 톱니바퀴처럼 되어 있어 공기의 유입으로 일정 구간이 되면 뒤로 미끄러져 버리고 말았다. 아이들은 며칠 간의 고전 끝에 "고무바퀴는 돼요!" 를 외쳤고, 한 아이의 외침이 다시 산새반 유아들의 오르막을 오르는 자동차 놀이에 큰 관심을 불러일으키게 되었다. 앎과 발견의 기쁨을 충만하게 느낀 유아들은 형님들에게도 자신들이 발견한 앎을 나누고 싶다고 이야기하였다.

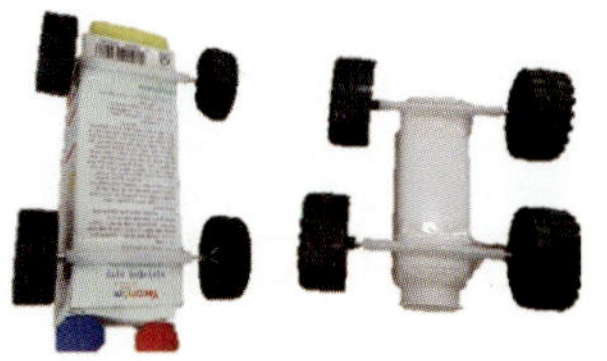

최경화 선생님은 보육일지를 유아와 함께 공유하면서 다음과 같은 질문을 던진다.

- 보육일지에 교사가 남긴 유아의 배움에 대한 기록과 유아가 생각하는 특별함(의미)은 같은 맥락인가?
- 유아가 생각하기에 배움을 느꼈던 놀이가 있는가?
- 자신들의 지난 놀이를 다시 보며 앞으로의 놀이를 상상해 볼 수 있는가?
- 또래와 서로 의견을 주고받으며 긍정의 관계 맺음이 준비되어 있는가?

유능한 유아들이 배움의 주체가 되어 자신들의 배움을 평가하며 의미와 가치를 찾아 나가고 더 나아가 배움을 생성해 나갈 수 있도록 지금, 여기에서의 관찰 기록은 또다시 유아들과 공유될 수 있어야 한다. 최경화 선생님반 교실 곳곳에는 유아들의 삶과 배움의 흔적이 남아 있다. 아이들과 함께 갔던 산동 숲의 경험을 시간과 공간으로 재구성하여 부착해 두자 한 유아는 산동 숲에서의 즐거웠던 추억을 회상하며 자신만의 가을 나무를 만들고 싶어하기도 하였다. 우리 교재에서는 관찰의 주체를 교사, 유아, 부모 등으로 설명한다. 때때로 카메라를 유아들에게

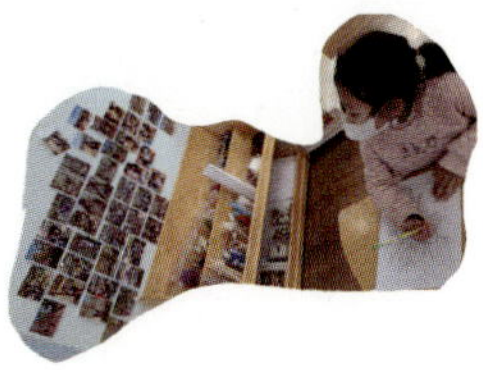

맡기고 그들이 생각하는 의미로운 장면을 촬영해 주기를 부탁하여 공유 받는다면, 유아들의 놀이와 배움에서의 의미를 훨씬 더 깊이 이해할 수 있게 될지도 모른다.

5. 유아교사의 윤리적 실천과 놀이기록

1) '오르막을 오르는 자동차 놀이' 흐름 이해하기

오르막을 오르는 자동차 놀이는 아래와 같은 흐름으로 진행되었다. 탈 것을 만들어 보여주던 아이가 "자꾸 떨어져요."라고 이야기하는 모습을 '움직이는 탈 것을 만들고 싶은가?' 하고 의미를 읽어낸 선생님이 셀로판테이프가 아닌 재활용품을 제공함으로써 각자의 자동차가 생성되고, 글루건으로 붙여서 굴러가지 않는 바퀴가 아니라 진짜 굴러가는 자동차를 희망하는 아이들에게 교사는 바퀴모형을 주문하여 제공해주게 된다. 자동차가 굴러가자, 자연스럽게 유아들은 '멀리 굴리기' 경주 놀이를 펼쳐나가고, 자동차 놀이가 조금 주춤해졌을 때, 교사는 "자동차를 손으로 밀지 않고도 굴릴 수 있을까?"라는 발문으로 아이들의 탐구 열정을 높이게 된다. 유아들은 적절한 경사 각도를 찾기 시작하고, 교사가 책상다리 두 개를 빼내어 경사로를 만들어 주자 주은이의 실험이 지속된다. 곧게 나아가는 자동차를 만들기 위해서는 바퀴가 나란히 놓여야 한다는 사실을 발견하게 된 아이들은 또다시 자연스럽게 자동차가 목표지점(터널)을 통과할 수 있도록 놀이를 업그레이드시켜 나갔다. 그리고 어느 날, 구미 산동 숲 나들이에 경직된 아이들의 표정을 풀어주기 위해 교사가 무심코 던진 한마디, "이 버스는 우리를 모두 다

태우고도 오르막을 잘 오르네?" 말이 유아들의 놀이를 회절시켰다. 자신들의 자동차가 오르막을 오르게 하기 위해서 다양한 실험과 운동을 반복하던 아이들은 '바퀴의 접지력'이 중요한 변인임을 발견하게 되었다. '아하!'하는 배움의 즐거움을 강렬하게 느낀 아이들은 형님반을 초대하여 로비에서 함께 놀이를 펼쳐나가게 되면서 마무리되었다.

교사는 교육과정을 운영하면서 수많은 고민의 기로에 놓이게 된다. 중요한 순간을 놓칠까 봐 긴장하고, 때로는 무기력해지기도 한다. 그럴 때 놀이기록은 교사 혼자서 헤쳐나가야 할 미지의 세계가 아니라 다른 사람들과 함께 고민을 나누고 협의하며 재도전해 나갈 수 있도록 돕는다. 교육과정을 운영해 나가는 교사들에게 위로와 용기를 주며 유장한 마음으로 사유하고 마디 짓고 또다시 희망을 노래하게 만들기도 한다. 선한 열정과 의지로 유아교육과 보육현장에서 살아내는 [예비] 선생님들의 가슴에 최경화 선생님이 자신만의 놀이기록을 만들어 온 여정이 작은 온기를 불어넣어 주기를 바란다.

2) 놀이기록을 다시 보며 진정으로 함께 얽혀가기

놀이기록을 함께 다시 보며 우리는 무엇을 가치 있게 생각하며 바라보고 있었는지, 유아의 놀이와 배움에서 어떤 가치를 발견하고 공유해 나가고 있었는지를 생각해 보게 된다. 그동안 우리는 객관주의 신화, 개인주의 신화, 환원주의 신화(이진희, 강진주, 허정민, 권미정, 2020) 속에서 분절적인 평가를 실천해 왔지만, 유아의 결핍이나 흠집을 찾아내기보다 그들이 어떤 강점으로 세상을 마주하며 얽혀 살아가고 있는지, 진정으로 그들을 이해하고 가능성을 발견하기 위해 노력해

야 한다. 허무주의나 냉소주의에 빠지기보다 긍정적 차이를 생성해 나가며, 함께 놀라워하고 기뻐할 수 있기를 기대한다.

오르막을 오르는 자동차 놀이를 보면서 '혹시 저 목판은 어디에서 산 것일까?' 라고 궁금해하는 분들을 위해 정보를 공유하고자 한다. 최경화 선생님의 보육일지는 매주 월요일과 수요일에 인터넷 웹 사이트 'agit'라는 곳에 공유된다. 시간과 공간을 초월하기 위해 인터넷이라는 공간에 보육일지를 업로드하면 서로가 다른 시간, 다른 공간에서 공유가 가능해진다. 산새반 유아들이 자동차 놀이에 빠져들기 시작하자, 보육일지를 읽은 원장은 가까운 목공소에 방문하여, 가벼우면서도 튼튼하고 균열이 잘 일어나지 않으면서 매끄러운 나무를 구해왔다. 길이는 약 1m 20cm 정도면 좋을 것 같다는 판단과 한 개보다는 여러 개를 제공하는 것이 좋겠다고 생각하게 되었다. 유치원에서 교사 생활을 하면서 다양한 유아들의 흥미를 지원하고 놀이를 생성해 나갔던 원장의 사전경험이 녹아들어 가는 순간이었다. 그리고 목판의 제공은 유아들의 놀이를 더욱 살리기 시작하였다. 모두가 얽혀있으며, 함께 상생하며 공존해 나갈 수 있는 공동체가, 바로 여기에서 펼쳐지고 있었다.

마지막으로, 최경화 선생님이 내면에서 끓어오르는 뜨거운 눈물을 흘렸던 감동의 순간을 소개하며 이야기를 마무리하고자 한다. 주기적으로 놀이기록을 공유하며 서로의 교육적 행위에 함께 얽혀 살아가고 있는 꿈동산 어린이집에서는 교사들이 자신만의 소신과 가치로 살아내기도 하지만 서로에게 영향을 주고받으며 함께 공생하고 상생해 나가며 놀이를 펼쳐나가고 있다. 주간마다 이루어지는 놀이기록 공유의 시간으로 인해 자신의 반 아이들의 이전 경험 맥락을 깊이 이해하고 있어 유아들의 놀이를 훨씬 더 깊이 연결해 나갈 수 있었다. 2019년 산새반의 오르막을 오르는 자동차 놀이에 초대받았던 형님반의 담임 선생님이었던 최소라 선생님은 2년 뒤 산새반 구성원이었던 유아들을 만나게 되었다.

"선생님, 우리 아이들이 선생님과 2년 전에 정말 진지하고 진하게 살아봤기 때문에 학기 초인데 또 이렇게 놀이가 진하게 드러나는 것 같아요!"

2019년에 만 3세였던 산새반 아이 중 일부는 2020년, 만 4세가 되면서 또다시 최경화 선생님 반에서 함께 생활하게 되었고, 이때 유아들은 오르막을 오르는 자동차 놀이의 연장선으로 구슬길 만들기 놀이를 시작하였다. 자동차와는 또 다른 물질성을 가진 구슬이 커브 길을 돌며 매끈하게 내려오는 놀이를 이어가기를 바랐지만, 성공의 경험을 얻지 못하고 끝내 다른 놀이로 변형되어 교사에게 아쉬움을 주었던 경험이 있었다. 그런데 그 아이들이 2021년, 만 5세가 되면서 또다시 구슬길 실험을 도전하였고, 즐거운 경험으로 이어지게 되었다.

2020년 구슬길

2021년 구슬길 실험의 성공으로 이어지다.

"2019년, 만 3세 때의 경험이 녹아내려져서 만 5세에 또다시 이렇게 펼쳐지고 있어요! 선생님에게 주는 선물입니다!"

그동안 아이들의 흥미와 의도를 읽어내고 선별적 지원을 해주기 위해 고민하고 고민하며 수많은 밤을 지새웠던 날들이 주마등처럼 지나가며, 자신이 교사로 살아냈음에 뿌듯함을 느끼게 되었다고 이야기하였다. 여전히 그때의 일을 떠올리면 눈물이 차오른다고 이야기하며 그때의 그 뿌듯함을 잊지 못한다고 말하는 최경화 선생님의 모습을 바라보면서 교사로 살아간다는 것의 의미를 어렴풋이 느끼게 되었다. 아이들의 성장을 자신들의 가장 큰 기쁨이라 여기며 오늘도 묵직하고 진지하게 놀이를 실천해 나가고 있는 선생님, 나아갈 예비 선생님들께 감사와 응원의 인사를 드린다.

토론거리

1. 최근 교사의 관찰 기록을 용이하게 만들어주는 기술들이 점차 늘어나고 있다. 특히, 최경화 선생님처럼 관찰기록의 가시화를 강조하는 선생님이라면 배경 지우기, 부분 색칠 등의 기능이 반갑게 느껴질 수 있다. 아래의 예를 보면서, 이외에 자신이 아는 유용한 관찰기록 방식과 기술을 다른 사람들과 함께 공유하고 연습해 보자.

예) 사진의 배경을 지우거나 편집할 수 있는 도구: 12장에서는 컴퓨터에서 활용 가능한 캡처 도구를 소개하였지만, 최근에는 휴대폰으로 배경을 더 쉽게 지울 수 있다.

아이폰으로 1초 만에 피사체만 남기기

삼성폰으로 개체 지우기
그 외 얼굴리터칭, AI지우개, 부분 색칠 등

2. 기록 다시 보기는 다층적이고 다각적인 차원으로 이루어질 수 있다. 교재에서 소개한 기록 다시 보기 방법 외에 여러분이 생각하는 기록 다시 보기의 방법과 내용을 소개해 보자. 그리고 기록 다시 보기를 실천해야 하는 본질적 이유에 대해서도 함께 생각해 보자.

활동: 최경화 선생님의 주간보육일지 함께 보며 놀이 관찰과 기록의 의미 생각하기

최근 곳곳에서 소개되는 놀이를 보면 화려하고 거창하여 일부 교사들은 자기 스스로 무능한 존재처럼 느껴진다고 토로한다. 특히 매끄럽게 이어지는 물결 속 놀이 흐름을 보면 하나의 놀이가 연속하여 지속해서 확장되고 많은 아이가 참여하며 이루어지는 것 같은 느낌을 준다. 그런데 자신의 교실에서는 하나의 놀이가 오랫동안 지속되지 않을 뿐 아니라 모든 아이가 하나의 놀이에 다같이 관심을 가지지도 않기 때문에 마치 자신이 잘못해서 우리 반에서는 놀이가 이어지지 않는다거나 아이들의 흥미가 시들어버리는 것 같다고 이야기한다. 실제 최경화 선생님의 10월 4주 주간일지를 보면 산새반 자동차 경주장 놀이가 이루어지고 있기도 하지만, 그 옆으로는 '여기는 영화를 보는 곳이에요', '빛과 그림자' '자연에서 찾은 점', '곤충 · 동물 · 식물이 사는 자연', '강변을 산책해요' 등 수많은 놀이가 동시에 흘러가고 있음을 엿볼 수 있다.

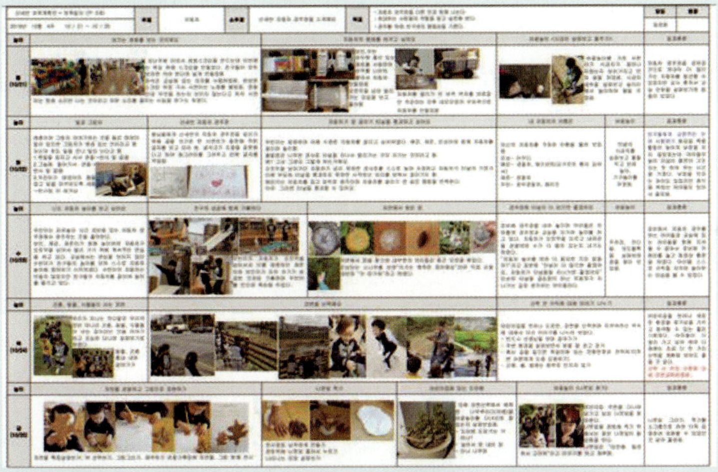

실제 교실에서는 놀이가 끊어지기도 하고 확장되기도 하며, 사라졌다가 다시 나타나기도 하는데 특정 놀이만 드러내어 소개하다 보니 하나의 놀이가 연속하여 이루어지는 듯한 오해를 낳는 듯하다. 자신이 잘못해서 아이들의 놀이가 끊어지는 것인가?에 대한 걱정은 잠시 내려놓고, 조금 더 긴 호흡으로 유아들이 보이는 흥미에 나는 어떤 기대를 하고 함께 얽혀 가보고 싶은지 그려보기를 바란다. '중요한 순간을 놓칠까 봐!' 그 걱정과 염려로 모든 순간을 담고자 하기보다, 기억의 실마리로 남겨진 기록물을 다시 보고, 함께 보고, 다시 한번 더 보면서 겸허하면서도 나만의 여운이 있는 이야기를 펼쳐가 보기를 바란다.

제 5 부

영유아교사의 윤리적 실천 이어가기

제12장 관찰 및 연구와 윤리적 실천
제13장 에필로그: 저자들, 참여교사들,
그리고 초고를 읽은 교사들의 이야기

제12장
관찰 및 연구와 윤리적 실천

"영유아교사는 왜 현장에서 아이들을 관찰하고 연구해야 하는가?" "교사의 핵심 직무로서의 관찰과 연구와 윤리적 실천은 어떤 관계가 있는가?"

이 교재로 공부하고 있는 예비교사 및 현직교사들에게 교재 시작 부분에서 물었던 질문을 다시 던져본다. 이 질문은 영유아교사라는 직업에 종사하는 사람들에게 요구되는 여러 직무 역할에 대한 것이 아니다. '관찰과 연구'는 여러 직무들 중 하나가 아니라 직업적 본질임을, '윤리적 실천'은 교직윤리로 국한되기보다 영유아교사가 지향해야 할 교직 정체성임을 이 책은 강조하고 있다. 이제 10장과 11장에서의 관찰 사례와 실행연구 사례를 떠올리며 영유아교육과 보육의 학문 분야에서 확대되고 있는 '윤리적 실천' 논의를 살펴봄으로써, 영유아교사의 관찰과 연구라는 실천(praxis)이 교사 개인 또는 집단 윤리와 어떻게 연결되는지 정리해보기로 하자.

1. 관찰 및 연구와 영유아교육보육 실천

1) 영유아교육보육 실천과 탈현대적 영유아관

교사가 교육보육 현장에서 일하게 될 때, 대부분은 국가수준 교육과정을 근간으로 하여 교육과정을 실행하게 된다. 국가수준 교육과정은 현장에서 교육과정을 어떻게 운영할지에 대한 기본 방향과 지침을 제시하는 것으로, 영유아의 교육적 경험의 질을 좌우하게 된다는 점에서 매우 중요하다. 우리나라 2019 개정 누리과정에서는 학습자로서의 유아의 유능성을 강조하며 개별 유아의 다양한 특성이 존중되는 미래지향적 교육과정으로의 변화를 추구하고 있다. 교사가 주도하는 활동 중심 교육과정에서 유아가 주도하는 놀이중심 교육과정으로의 변화를 위해, 교육과정 대강화를 이루고 교육내용의 수를 대폭 축소하였다. 제4차 어린이집 표준보육과정도 2019 개정 누리과정의 인간상과 동일하게 일관성을 확보하고 연령별 내용을 축소하였다.

누리과정과 표준보육과정 모두에서 교육내용은 '교사가 가르쳐야할 내용'이 아니라 '유아가 경험해야 할 내용'으로 접근하여 교사가 자율성을 가지고 영유아와 함께 '만들어가는 교육과정'을 추구하도록 방향을 제시하고 있다. 이는 보다 나은 영유아교육과정 실행을 위해서는 영유아교사가 국가수준 교육과정/보육과정을 획일적 관점에서 전달해야 할 내용으로 이해하기보다 교육과정/보육과정 실행 주체로서 다양성과 가능성, 의미구성과 책임의식의 영역으로 이해해야 한다는 것이다. 이러한 변화는 국가적 필요나 사회적 인식과 교육보육계의 관습적 타성에 묶이지 않는 영유아교사의 보다 유연하고 탄력적인 교육과정 실행의 중요성에 대한 인식이 고조된 결과이다. 영유아 주도의 배움의 경험을 지원하는 교사의 자율적 책무 수행으로의 전환은 영유아와 영유아교육보육기관(과 영유아교사)에 대한 기존 관점을 향한 비판적 성찰을 담고 있다.

모스Moss(2018/2021)는 기존 관점을 '기술공학적 실천'(technical practice)이라고 명명하고, 자본주의와 과학기술의 발전으로 형성된 현대 사회의 시대관념을 반영한 영유아교육보육 실천을 비판하였다. 현대사회의 모더니티 시대관념은 영유아를 텅 빈 그릇으로 시작해서 성인이 제공하는 지식과 문화로 채워질 필요가 있는 존재, 학교에서의 학습을 위해 준비되어야 할 존재, 생물학적으로 결정된 보편적인 발달 단계를 따르는 자연과학적 대상으로서의 존재, 세상에 의해 부패되지 않은 순진무구한 보호 대상으로서의 존재, 국가사회 발전에 필요한 인간 자원으로서의 존재로 본다는 것이다(Dahlberg, Moss, & Pence, 1999/2007: 19-20). 아이들이란 무엇인가 부족해서 채워져야 하고 사회적 기대나 과학적 기준에 맞춰져야 한다는 접근방식은 영유아교육보육기관들의 목적을 교육내용이라는 생산품을 아이들에게 전달하는 서비스를 제공하기 위한 기관으로 제한하게 되는 문제를 안고 있다고 보았다. 영유아교육보육 현장에서의 교사의 역할 또한 '그 아이 자체'에 집중하게 하기보다는 정해진 교육과정과 교육내용의 틀 안에서 교사중심의 수업활동으로 이끌고 수동적인 아동관을 재생산하여 자신이 만나는 아이들을 '타자화'시키게 된다고 보았다.

그는 기존의 관점을 넘어서는 대안적 실천을 위해 포스트모던 윤리에 입각한 '윤리적 실천'(ethical practice)을 제안한다(Moss, 2018/2021). 영유아를 "놀랍고도 특별한 힘과 능력"(Malaguzzi, 1993: 73)을 지닌 유능한 존재로서, 다른 아이들과 어른들과의 관계 속에서 지식과 주체성을 함께 구성해 가는 공동구성자로서 바라보고자 하였다. 영유아교육보육기관도 교육내용을 제공하는 서비스 기관으로서가 아닌 '포럼(forums)' 또는 '광장(plazas)'으로 재정의하였다. 아이들과 어른들이 만나서 문화적, 사회적, 정치·경제적 중요성을 지닌 프로젝트들에 함께 참여하는 시민사회의 포럼이면서, 문화적이고 상징적인 중요성을 담고 있는 사회적 결속의 공동체로 새롭게 바라보고자 하였다(Dahlberg et al., 1999/2007).

우리나라 국가수준 교육과정의 변화는 어린이들의 유능성과 능동성에 대한 탈현대적 문제의식을 반영하여 유아중심·놀이중심으로의 전환을 구체화하고 있다. 영유아교사들이 아이들과의 일상에서 아이들을 왜, 어떻게 관찰하고 연구해야 하는가에 대해 지금까지 다루어온 1장부터 11장까지의 교재의 내용 구성을 되돌아가서 다시 살펴보기를 바란다. 기술공학적 실천이 가지고 있었던 한계를 넘어 윤리적 실천을 지향하는 탈현대적 교육실천의 문제의식을 이해하는 데 도움이 될 것이다.

2) 영유아교육보육 현장에서의 관찰과 연구

3장에서 과학적 탐구에서의 양적 연구와 질적 연구의 차이 및 동향에서도 살펴보았듯이, 사회과학은 양적 연구 패러다임과 더불어 발전하여 전문연구자에 의한 교육 '현장에 관한' 과학적 관찰과 연구를 강조하게 되었지만, 양적 연구 패러다임에 대한 저항으로서의 질적 연구 패러다임의 등장과 확산은 현장실천가로서의 교사가 자신의 '현장에서' 어떤 관찰과 연구를 해야 하는지에 대한 문제 제기로 이어지고 있다. 측정에 기반한 표준화, 보편화, 규범화로 치닫는 것을 경계하고, 보편적 교육과정, 획일화된 놀이활동, 규범화된 아동관찰과 평가의 위험성에 대한 목소리를 높이고 있다.

관찰과 연구는 결국 평가라는 행위와 연결되어 있으므로, 슈완트Schwandt(1996)가 평가와 관련하여 제기한 현대적 접근방법의 문제를 먼저 살펴보기로 한다. 그는 논리실증주의적 인식론에 기반한 척도와 지표로 현장의 실제를 평가하는 일을 비판한다. 평가를 과학적인 방법과 잣대로 접근하면, 윤리적 차원의 평가는 비이성적이고 주관적이며 감정적이고 개인적인 태도에 관련된 문제로 즉, 과학과는 구분되는 일로 치부된다는 것이다. 과학적으로 신뢰롭고 타당한 평가란 이러한 일종의 기준학적 믿음이 전제되기 때문에, 연구자와 탐구 대상과의 심정적 교류를 차단하고 분리시킴으로써 연구자는 철학 및 도덕적 이슈들을 등한시하는 중립적이고 무심한 자세를 취하게 되는 문제점을 지적하였다. 그렇기에 관찰과 연구에 입각한 평가와 같은 사회적 탐구는 인간 행위자에 '대한' 것이 아니라 인간 행위자와 '함께'하는 '실천 철학'으로 재개념화되어야 한다고 주장한다.

리딩스Readings(1996) 또한 표준화된 양식을 채워 넣거나 통계적 계산을 적용하는 평가 유형에 대해 비판하면서, "단일한 평가 척도를 생산해 낼 수 있을 만큼 교육적 장면의 모든 요소를 아우를 수 있는 합의된 가치 표준이란 결코 불가능하다."(Redings, 1996: 165)고 주장하였다. 평가란 가치판단의 행위이자 스스로에게 질문을 던지는 성찰적 행위를 의미하는 것으로, "담론적 맥락 또는 실제적 맥락에 이미 깊이 관여되어 있기 때문에 맥락 그 자체에 대한 인식이 반드시 포함되어야 한다."(Redings, 1996: 133)고 하였다. 따라서 평가자는 "객관적인 것으로 간주되는 통계적 허식 뒤에 숨지 말고"(Readings, 1996: 134) 자신의 판단을 담론적 행위로 인식하여 책임을 져야 한다는 것이다. 판단이란 종결될 수 없음이 본질이므로 논의를 계속 열어놓고 끊임없이 토론이 일어나게 해야 한다고 하였다.

슈완트Schwandt와 리딩스Readings의 문제의식을 받아 들인다면, 이 시대의 영유아교사는 발달심리학의 영향이 가져다준 일반화된 현대 아동관의 한계를 생각하게 된다. 영유아교육보육기관들을 획일화시키는 실증주의적인 평가 패러다임의 한계에 대해서도 깊이 있게 성찰하게 된다. 교육현장의 실제에 관여된 연구자들, 특히 교사 실행연구자들은 연구 과정에 함께하는 참여자들, 즉 아이들이나 동료 및 부모와 개방적인 대화적 관계를 수립하려는 노력이 필요하다는 주장이 힘을 얻게 될 것이다. 개방적인 대화적 관계에서는 결정이 인지적이고 감정적일 뿐만 아니라 항상 맥락화된 상태로 내려지게 되므로, 고유한 시공간적 맥락과 인간 상호관계에 기반한 자율적이고 유연하고 세밀한 실천적 전개의 중요성이 더욱 강조된다. 현장에서의 관찰과 연구는 새롭게 접근될 수밖에 없다. 관찰과 연구의 목적은 실천에 대한 성찰적 검토로서, 아이들과 함께하는 매 순간을 상식에 얽매이지 않고 열린 태도로 성찰하고 재검토하는 일이다.

영유아교육보육기관에서 아이들과 함께 하는 교사들은 자신들의 눈과 귀과 머리를 엄격한 과학적 관찰방법과 연구방법으로 무장하여 기술공학적 연구대상으로서 아이들을 관찰하고 평가하는 임무에 애쓰기보다는, 주관성, 직관성, 성실성으로 아이들과 '함께' 매일매일 대화하며 소통함으로써 지식을 구성하고 의미를 새롭게 창조해나가는 일을 자신의 본질적 직무로 삼아야 한다. 영유아교사로서 관찰하고 기록하고 대화하고 탐구하는 일은, '나는 무엇을 위해, 누구를 위해 존재하는가'에 대해 교사로서의 일생 동안 스스로 숙고하고 교사의 역량을 정교화할 수 있도록 도와줄 것이다.

더 읽어보기: 슈완트Schwandt 자세히 읽어보기

특히 미국을 비롯한 서구사회에서는 평가(사회 정책 및 프로그래밍, 행정에 관련된 다른 전문 분야도 포함하여) 문제가 가치중립적인 사회과학의 전통으로부터 크게 영향을 받고 있다. 이러한 과학적 이론에서는 윤리적 영역의 문제를 비이성적이고 주관적이며, 감정적이고 개인적인 태도에 관련되는 문제인 것으로 규정한다. (중략) 이것은 이차적인 문제점을 낳는다. 많은 학자가 지적했듯이, 모던 자아(modern self)는 사회적 세계로부터 분리되고 특정한 인식론의 통제를 받으면서 그 손아귀 속에서 씨름해 왔다. 이러한 방식의 앎은 개인적이고 직관적이며 지각적 · 감정적인 영역, 즉 도덕적 참여가 갖는 모든 특성들을 짓뭉개고 찌그러뜨려 버린다. 이 점은 사회과학 및 경영 실제에서의 모더니즘 경향에서 드러나는데, 본질적으로 도덕적 · 윤리적인 문제들을 기술적 · 행정적인 것으로 전환시켜 버리는 것이다. (Schwandt, 1996: 3, Dahlberg et al., 1999/2007: 218에서 재인용)

(중략)

첫째, 사회과학 탐구의 대상은 사회적 · 언어적으로 구성된 내용으로서 사회과학 담론에 표상되기 때문에, 대상 자체가 이 담론에 의해 어느 정도 구성되어 있다. (중략) 둘째, 우리가 자연과학적 탐구 행위를 모방하는 모던 관점에서 벗어날 때, 사회적 실천과 실천적 철학을 향해 눈을 돌릴 수 있게 된다. 그것은 (a) 사회탐구의 목적이 '인간 삶과 행위에 대해 중립적인 자세를 취하며 그것을 객관화하는 과학'이나 그 어떤 인식소(episteme)에 있는 것이 아니라, 프락시스(praxis)에 대한 보다 나은 이해를 추구하는 데 있다는 것을 뜻한다. (b) 여기에서 연구한다는 일은 윤리적이고 정치적인 관심과 결부되어 있을 수밖에 없음을 의미한다('윤리적'이라 함은 실천 행위가 인간의 습관이나 사고방식, 관습 등에 의해 규정되기 때문이며, '정치적'이라 함은 행위가 공동체 내에서의 우리의 삶에 관련되어 있기 때문에 공공의 성격을 띠고 있다는 의미이다.) (c) 우리 일상의 합리성(사회과학적 실천 자체의 합리성도 포함하여)은 본질적으로 대화적(dialogic)이며 소통적(communicative)인 것임을 의미한다. (Schwandt, 1996: 62, Dahlberg et al., 1999/2007: 219에서 재인용)

2. 영유아교사의 윤리적 실천으로서의 관찰과 연구

1) 귀기울임과 만남의 윤리, 돌봄의 윤리

영유아교사의 현장에서의 관찰과 연구를 실증주의적 과학 행위의 영역으로 자리 잡게 했던 현대적 시대정신, 즉 모더니티의 신념과 삶의 양식을 이해했다면, 탈현대적 시대정신, 즉 포스트모더니티의 문제의식으로 등장한 영유아교사의 윤리적 실천의 영역으로서의 관찰과 연구에 대한 논의를 구체적으로 살펴보기로 하자.

유대인 혈통의 프랑스 철학자인 레비나스Levinas(E. Levinas, 1906~1995)에게 영감을 받은 바우만Bauman(1993)은 '포스트모던 윤리'를 주창하며 인간사회의 희망을 찾았다. 모더니티의 중심이었던 보편적인 규칙과 절대적 진리가 해체되었기에 개인의 책임이 더 막중하고 심오해졌다고 주장했다. 다수가 기댈 수 있는 보편성과 규범의 위험으로부터 벗어나기 위해서는 개인의 행위 책임과 도덕적 선택이 커져야 하므로 도덕성을 재개인화(re-personalize) 해야 한다는 것이다. 즉, 우리 자신 개개인이 도덕적 행위자가 되어야 한다고 말한다. 타자와의 관계에서 책임을 지는 일은 타자를 자신과 동일한 것으로 보지 않음을, 보편적이고 일반화된 특성을 지닌 것으로 다루지 않음을 의미한다. 모든 타자를 유일하고 대체 불가능한 구체적 존재로 인식하고, 관계는 이러한 '구체적인 타자'와 형성되어야 한다는 것이다.

교육의 발전에서는 계몽주의적 인식이 과학적 보편성과 결합되어 중요한 역할을 해왔다. 시민으로서의 자질을 갖추기 위해, 시민으로서의 평등가치를 실현하는 권리로서, 교육내용의 보편성과 교육 기회의 정의는 동전의 양면처럼 여겨져 대중교육 제도가 발달하고 교육적 정의가 실현되는 것으로 여겨졌다. 그러나 과학이 발달할수록, 나아가 사회과학으로서의 교육학이 발달할수록 다수를 대상으로 하는 교육의 효과성과 효율성을 높이기 위해 각종 매뉴얼과 지침 및 체크리스트뿐만 아니라 교육내용의 공공성은 보편적 교육과정으로, 교육방법은 교수학습

원리와 모형으로, 모두에게 적용 가능한 공통분모를 찾는 데 주력해왔다. 예를 들어, 피아제Piaget의 인지발달이론이나 타일러Tyler의 교육과정 설계 모형에 기반한 수업 설계는 여러 학생들을 하나의 동일한 대상으로 삼고, 집단 안의 각기 다른 구체적 개인들은 타자화되었다.

그러나 타자의 다름을 강조하고 다름을 존중하는 윤리적 관점은 교육 실천의 변화에 중요한 의미를 지닌다. 교육이 미리 결정된 지식을 전달하는 역할을 해야 한다는 관습화된 인식과, 도덕적 책임으로부터 자유로운 자율적인 주체를 만들어낸다는 아이디어에 문제를 제기한다. 대신 '타자에 대한 무한한 관심'과 '다름(otherness)의 존재에 대한 책임'을 부과하는 교육적 관계를 강조한다. 교육은 타자의 사고를 경청하는 일이라고도 볼 수 있다(Readings, 1996). 타자의 말에 귀 기울임, 그리고 진지하게 받아들임의 예술이 바로 만남의 윤리라고 할 수 있다. 만남의 윤리란 개별 영유아에 대한 존중과 차이와 다중성을 인식하고 공유하여 타자를 같음 안에서 다루지 않으려고 노력하는 윤리이다. 집단에게 적용되는 같음을 당연시하고 같음에서 벗어나는 '타자'를 문제시하는 세계로부터 벗어나 해석과 평가의 주체자로서의 자신을 찾는 일인 것이다.

만남의 윤리가 강조된 실천 현장의 영유아교사에게는 관찰하는 일, 즉 보는 일이 무엇보다 중요해진다. 인간의 기능으로서의 '보이는 것'(looking)과 달리, 본다는 것(seeing)은 관심과 집중과 인내, 내적 개방성을 요구한다(Bauman, 1995). 관찰하고 기록하고 연구하는 과정으로 기꺼이 들어가고자 하는 교사의 통찰력은 교사의 책임이기도 하다. 가치로움과 옳고 그름에 대하여 선명한 해결책을 주는 안내 지침이나 매뉴얼이 없기 때문에 도덕적 선택에는 교사의 책임이 따를 수밖에 없다. 관찰이라는 행위로 시작되는 교사 자신의 모든 행위와 선택에 대해서 책임을 져야 하기 때문이다. "타자라는 도전에 직면하게 되며, 그 도전은 타자를 위한 책임을 지는 일, 즉 (누군가를) 위한 존재(being-for)가 되는 일"(Bauman, 1995: 1)이라는 의미에서 영유아교사는 도덕적 존재일 수밖에 없다고 볼 수 있다.

2) 영유아, 학부모, 동료교사와의 공유와 협력

영유아교사가 관찰과 연구를 교사로서의 직무 본질로 삼는다는 것은 아이들과 아이들의 부모, 그리고 동료교사와 공유하고 협력하는 기반을 다지는 일과도 같다. 아이들, 학부모, 동료교사 한 명 한 명을 동일하지 않으나 평등한 존재로서 바라보고, 이들과 소통하고 사회적 관계를 맺어가는 일은 교육보육을 둘러싼 존재들 사이의 결속과 협력에 밀접하게 관련되어 있다.

달버그Dahlberg 등(1999/2007)이 우리 스스로에게 끊임없이 되물어야 할 철학적 질문으로서 언급했던 '지금, 이곳, 그리고 미래의 우리 아이들에게 우리는 무엇을 바라는가?'라는 질문을 생각해보자. 그들은 사회 속에서의 어린이들의 잠재력과 지위와 권리를 어른들이 어떻게 개념화하고 있는지, 그 결과 민주주의라는 이념을 어떻게 구성해 왔는지를 설명하고, 영유아교육보육기관들은 문화적·상징적 가치를 담고 있고, 나아가 그 가치를 창조하는 곳으로 이해되어야 한다고 주장한다. 어린이를 위한 기관들을 관여와 대화를 위한 공공의 대화의 장으로서 만들어 가게 되면, 어린이들의 가시성과 통합을 바탕으로 재구성된 복지와 민주주의를 실현하는 새로운 가능성을 열게 될 것이라고 힘주어 말한다.

> 어린이들을 위한 기관을 시민사회의 공공의 대화의 장이자 어린이들과 어른들이 함께 와서 대화에(사회적, 문화적, 정치적, 경제적 차원에서) 참여할 기회를 제공하는 곳으로 보게 되면, 이 기관들은 아주 특별한 의미를 부여받게 된다. 바로 '공동체'라는 의미이다. 어린이들의 삶과 일이 그 공동체에 기여한다고 보는 공동체이다.
>
> 의사소통, 성찰, 그리고 실행은 교육실천을 연결하는 접착제이자 영유아교육보육기관과 이를 둘러싼 사회를 연결하는 접착제로 볼 수 있다. 영유아교육보육기관이 어린이를 공동체의 시민이자 부분으로 간주하는 '공공대화의 장소'라는 생각은, 개인과 공공기관과 그 지역과 시장 사이의 '사회적 계약'을 우리가 지속적으로 다시 만든다는 것을 전제로 한다. 그것은 참여적 관계를 요구하며, 영유아교육보육기관은 어린이와 교육자와 부모와 정치가 등이 함께 관여하는 공공 대화의 장소가 된다. 이를 위해서는 만남의 윤리를 구현하는 대화의 장을 만들어야 한다. 보다 임의적으로, 보다 탐색적으로, 보고 듣고 도전하는 것을 특징으로 하는 그런 만남이다. (Dahlberg et al., 1999/2007: 299-300)

이러한 영유아교육보육기관을 만들어가는 데 있어 교사의 관찰과 기록, 교사의 연구는 결정적인 역할을 담당하게 된다.

> 기록작업은 대화를 위한 중요한 출발점을 제공할 뿐만 아니라, 영유아교육보육기관들이 하고 있는 실천을 개방하고 가시화함으로써 더 큰 공동체와의 관계에 있어 신뢰와 합법성을 창출한다. 기록작업과 개별 어린이와 개별 교육자와 개별 기관에 대한 감사의 목소리가 확산될 것이며, 가시화된 정체성을 가지게 될 것이다. 기록된 것은 영유아교육보육기관에서의 어린이들의 삶의 내러티브이자 교육자들의 삶의 내러티브이자 부모들의 내러티브이며 영유아교육보육기관이 우리 사회와 민주주의의 발전에 공헌하는 바를 보여주는 내러티브로 간주된다. (Dahlberg et al., 1999/2007: 230)

영유아교사를 꿈꾸는 예비교사들 또는 이미 현장에서 하루하루 힘들고도 보람된 교육실천에 임하고 있는 현직교사들에게 관찰과 연구가 해야만 하는 버거운 의무로 다가가지 않기를 바란다. 관찰과 연구는 어쩌면 교사로서의 특별한 권리라고도 할 수 있다. 날마다 새로운 발견으로 이야깃거리를 꽃피우기를, 영유아교육보육기관의 정체성이 가시화되기를, 공동체로서의 신뢰와 상호존중의 목소리가 고조되기를 기대한다.

토론거리

1. '만남의 윤리' 또는 '마주침의 윤리'를 검색하여 관련 철학자 및 기본 개념과 개요를 읽어보고 관심을 확장하여 논의해 보자.
2. 아래 번역서에서 7장(교육적 기록작업: 반성과 민주주의를 위한 실천)을 읽어보고 교육적 기록작업의 특징을 요약하여 기존의 아동관찰과 어떤 차이가 있는지 토의해 보자.

   Dahlberg, G., Moss, P., & Pence, A. (2007). **포스트모던 유아교육: 새로운 이해와 실천을 열어가기**[*Beyond quality in early childhood education and care: Postmodern perspective*] (김희연, 신옥순, 염지숙, 유혜령, 정선아 역). 서울: 창지사. (원전발간은 1999)
3. 유치원 또는 어린이집에서 '학습공동체'를 운영한 우수사례를 찾아보고 영유아-학부모-동료교사의 협력의 의미와 어려움에 대해 토의해 보자.

제13장

에필로그: 저자들, 참여교사들, 그리고 초고를 읽은 교사들의 이야기

13장에서는 이 책을 쓴 저자들이 이 책을 쓰면서 느낀 이야기들과 이 책에 등장한 현장 예시를 제공하여 준 참여 교사들의 목소리, 또 초고를 읽으며 같이 수업에 참여한 대학원생이자 교사들의 목소리를 배치하여 이 책이 단순히 저자들만의 지식이나 저작이 아니라 모두 공유하며 나누며 더 풍성해지고 다양해지고 있음을 보여주며 마무리하고자 한다. 마지막에 비워둔 공간에는 독자의 목소리로 저자들에게 건네는 이야기, 책과의 대화를 채워주시리라 기대한다.

1. 저자들의 이야기

김희연 선생님 1장, 3장, 12장 저자

대학에서 20년 동안 현직 영유아교사들의 재교육을 담당하면서, 학생으로 만난 선생님들 덕분에 개인적인 성장에도 전문성의 확장에도 많은 도움을 받았습니다. 선생님들과 나누는 대화 속에는 언제나 아이들과 동료교사 및 원의 이야기가 가득 차 있습니다. 마치 푸짐하게 가득 담긴 곡식 바구니의 셀 수 없을 만큼의 낱알 같은 이야기들을 한 아름 안고, 피곤한 기색에도 환한 웃음을 지으며 제게 쏟아내곤 했습니다. 어찌나 진심인지, 이야기는 세심한 일상을 허투루 스치는 법이 없으니, 제게 공짜 현장 과외를 해주신 셈이지요.

그런데 보육일지나 교육과정 기록물들에서는 그 소중한 이야기들이 흔적 없이 사라져 있고 형식의 틀 안에서 건조한 용어들로 채워지기 일쑤였습니다. 아이들에게 진정으로 중요한 선생님들의 따뜻한 시선과 함께 세상을 향해 쌓아가는 탐구경험이야말로 교사에 의한 관찰과 연구의 꽃이자 가장 교사다운 실천이라고 생각합니다. 선한 심성으로 아이들과 만나는 현장의 교사들이 하루하루 아무 탈 없이 즐겁고 특별한 날을 지냈으면 좋겠습니다. 아이들을 잘 관찰하고 이해하고 소통하는 일은 쉽지만은 않은 일입니다. 조금 힘들어도 선생님들이 아이들을 잘 보아주어서 아이들이 행복했으면 좋겠습니다. 기록하고 탐구하고 대화하고 공유하고 협력하는 선생님들이 학부모들에게 인정받고 더불어 학부모도 행복한 시간이 더해졌으면 합니다.

아이들을 위한 존재로서의 전문성과 정체성에 늘 자부심을 갖고 정진하는 교사가 되시는 데 이 책이 도움이 되기를 바랍니다.

이진희 선생님 2장, 5장, 6장, 8장 저자

저는 유아교육과 보육을 고민하고 실천하는 사람들에게 어떻게 하면 평가가 유용한 매개체가 될 수 있을지 공부하고 연구해오고 있습니다. 안타깝게도 많은 사람에게 평가란 어쩐지 주눅 들게 하고 자꾸 뒤로 미뤄두는 부담스러운 일로 여겨지곤 하는 장면들을 종종 보았습니다. 학습자 중심 교육과정으로의 변화를 제대로 구현하려면 무엇보다 평가에 대한 우리의 시선을 바꾸어가는 것이 중요하다고 생각하게 되었습니다.

최근의 학문적 동향과 패러다임 변화에 따라 아동관찰 및 행동연구를 새롭게 사유하고 다르게 실천해갈 수 있는 교재의 필요성을 절실히 느꼈지만, 이 책의 집필 과정은 정말 어려웠습니다. 영유아교육과 보육에서 관찰의 의미에서부터 영유아교육과정이라는 맥락 속에서의 역할, 기존 아동관찰 및 행동연구 교재들에서 다루지 않은 대안적 담론들, 관찰기록 및 평가와 관련된 최신 이론들, 역동적인 현장에서의 적용 가능성 등에 대하여 자료들을 찾아 읽는 동시에 현장 이야기에 귀 기울이며 천천히, 그러나 지치거나 포기하지 않고 써나가는 작업이었습니다. 돌아보면 영유아교사의 윤리적 실천, 교육적 행위로서 관찰과 연구, 평가를 새롭게 사유하기 위하여 집필의 방향성을 함께 고민하고 뜨겁게 토론하고 여러 번 목차를 뒤집고 재구성해가며 공동 집필한 교수님들과 이 책에 관찰기록의 힘, 연구자로서 교사의 열정과 전문성을 생생하게 보여주는 실제 사례들을 공유해 주신 여러 선생님의 마음이 모여 가능했습니다. 에필로그 공간을 통해 모두에게 존경과 감사의 마음을 전합니다.

아이들을 사랑하고 존중하는 교사의 마음은 관찰기록을 거듭 보고 아이들, 부모님들, 동료 선생님들과 더불어 다시 보는 과정에서 생생하게 형상화됩니다. 이 책이 관찰과 연구를 새로운 시선으로 바라보면서 유능한 영유아들이 만들어가는 놀이와 배움을 발견하고 그 흐름에 즐겁게 참여해가는 여러분의 여정에 작은 도움이 되기를 바랍니다.

신은미 선생님 4장, 9장 저자

유치원과 어린이집 선생님들의 교육과정 실천에 대해 이야기하다 보면 어느 순간 관찰에 대한 주제로 옮겨가게 됩니다.

> 나: "어린이들이 왜 그렇게 하는지 어떻게 알 수 있어요?"
>
> 선생님: "아이들을 관찰하죠. 그럼 알 수 있지요."
>
> 나: "그런데 선생님 관찰일지에는 나와 있지 않죠? 지금 저에게 말씀해 주신 놀이 이야기가 여기 나와 있으면 좋겠어요."
>
> 선생님: "네? 그게 무슨 관찰이에요? 아이들 노는 것을 잘 보고 쓰라는 것 같은데... 관찰을 이렇게 배우지 않았는데요. 무엇을 중심으로 쓰라는 거지요? 상호작용이요? 또래 관계요?"

몇 년 전만 해도 이런 대화는 늘 벌어졌는데 그나마 최근 1~2년 사이에 많이 줄어들었습니다. 아마 그 이유는 관찰기록을 강조하는 2019 개정 누리과정과 제4차 표준보육과정 때문이라고 생각합니다. 제가 이 책의 공동저자로 참여하게 된 동기는 유아교사가 되려는 예비선생님들, 그리고 지금, 이 순간에도 교실에서 아이들과 함께 지내는 이야기를 담고 있는 선생님들에게 힘을 보태기 위해서였습니다. 선생님들이 아이들을 깊게 이해하며 지원할 수 있는 페다고지를 잘 실천하려면 그 '관찰'이라는 것을 교실에서 어떻게 할 수 있는지를 이야기해 보려고 했습니다. 그렇지만 그 일은 그렇게 순탄하지 않았습니다. 마음과 달리 물리적인 조건이 녹록하지도 않았고, 저의 지식과 능력이 아주 많이 부족했음을 부끄러워하면서 '빈 문서'만 하염없이 바라본 적도 많았습니다. 결국 또다시 마감 기한에 쫓겨 그 빈 문서에 부족한 지식을 담았습니다.

이런 저의 마음은 아이들과 함께 지내는 선생님들도 비슷하더군요. 관찰도 어렵지만 평가도 어렵고, 중요하다는 것은 알고 있지만, 어디서부터 어떻게 해야 할지 모르겠다는 선생님들의 고민을 들으면서 '어쩌면 가르침을 업(業)으로 하는 사람들의 마음은 다 같구나.'라고 스스로 위안을 하기도 했습니다. 아마 이 책을 만나는 예비선생님들과 현직선생님들도 글로 볼 때는 대략 이해가 되는 것 같지만, 막상 교실에 들어서 실천하려는 순간 '빈 문서'를 경험하실지도 모르겠습니다. 그래도 저처럼 마감 시한에 쫓기더라도 어린이들에게서 보고 들은 것을 최대한 담아 보시길 바랍니다. 그러다 보면 내가 뭘 놓치고 있는지, 무엇을 더 봐야 하는지, 어떻게 기록을 남겨야 좋은지... 나름대로의 요령도 생기고 지혜도 생길 겁니다. 그리고 그때마다 이 책이 도움이 되었으면 좋겠습니다.

선생님들의 실천에 정답은 없습니다. 그러나 보다 더 좋은 방향으로 나아가고자 하는, 교육적 가치를 추구하는 마음은 똑같을 것입니다. 저도 이 마음으로 용기를 냈습니다. 그 마음이 공동저자 선생님들을 만나게 했고, 지금 이 글을 읽고 계신 선생님들을 만나게 했을 것입니다. 그리고 그 마음이 우리를 또 다른 곳에서 만나게 할 것입니다. 그때까지 모두 파이팅입니다!

정가윤 선생님 7장 저자

2019 개정 누리과정 이후 유아교육과 보육 현장은 변해야 한다는 목소리로 가득 차 있지만 모두 변화에 대한 부담감에 눌려 이 변화의 설렘과 즐거움을 누리지 못하고 어떻게 해야 할지 모르는 채 어려움을 겪고 있었습니다. 익숙한 보육일지, 관찰일지, 평가제 등 과거의 틀들이 계속 남아있어 변화하고 싶은 교사들과 현장의 욕구를 충분히 받아내지 못하고 있었습니다. 바쁜 현장에서는 생각할 틈을 갖고 새로운 틀을 만들어 나가기보다는 편리와 효율을 중심으로 과거의 틀로 생존하는 데 집중하고 있었습니다. 이 책을 구성하는 작업은 변화가 저 멀리 추상적으로 있는 개념이 아니라 영유아에게 진정으로 귀 기울이는 것에서 시작되어야 함을 깨닫게 해주었습니다. 저에게는 이 책을 구성하는 시간이 영유아를 관찰한다는 것과 평가한다는 것의 진정한 의미를 회복하고 어떻게 실행해야 할지 깊이 생각해보게 하였습니다. 저는 그동안 영유아를 바라보는 관점의 변화가 무엇인지 구체화하고 소통하기 참 어려웠는데 여러 현장의 선생님들과 직·간접적으로 소통하고 저자들과 이야기 나누고 배우는 과정을 통해 구체화할 수 있었

습니다. 이 책을 통해서 우리가 그동안 간과하고 놓치고 있었던 아이들의 세계와 아이들의 유능성이 드러나고 소통할 수 있는 틀과 장이 마련되길 바랍니다. 이 책이 현장 교사들의 부담감과 어려움을 덜어 줄 한 줄기 희망이 되었으면 합니다. 또한 다양한 길 중에 선택할 수 있는 하나의 길이 되길 바랍니다. 이 책을 구성하는 데 참여함으로써 제 스스로 더 많이 배우고 성장하는 경험이 되어서 기뻤습니다. 모든 저자들과 기꺼이 같이하고자 하는 마음으로 함께 하여준 선생님들께 감사드립니다.

허정민 선생님 10장, 11장 저자

우리는 무엇을 보고, 들을 수 있는 존재여야 할까요? 보이지 않는 것을 보고, 들리지 않는 것을 들을 수 있다는 것은 무엇을 의미할까요? 이러한 질문은 교육은 무엇이고, 교사는 어떤 존재여야 하는가? 라는 물음으로 이어집니다. 교육적 순간들 속에서 정말 중요하다고 생각되는 사건은 때로 교사의 기억 속에만 남겨져 있기도 합니다. 교사들은 연구자인 저에게 “그 순간의 장면은 제 기억 속에만 있어요. 그 전·후 사진은 있는데 딱 그 사진은 없네요.”라고 토로하며 매우 아쉬워하거나 미안해하며, 중요한 순간을 놓치지 않도록 동체 인식 카메라 혹은 액션캠과 같은 장비를 장착하고 싶다고 이야기하곤 합니다. 교육적 순간을 놓치고 싶지 않다는 선한 의지를 가진 선생님의 따스한 이야기를 들으면서 저는 미안함과 동시에 무거운 책임감을 느끼곤 합니다. 지금까지 우리를 지배하고 있는 관찰 기록의 문화와 가치는 무엇이었을까요? 좋은 연구자가 되고 싶었던 저 역시도 ‘증거를 남기는 일, 증거를 찾는 일, 증거를 보여주는 일’에 집중해 왔을지도 모른다는 생각이 듭니다. 사유의 시작점으로서의 관찰, 삶의 흔적으로서의 기록을 토대로 앞으로 우리는 무엇을 함께 할 수 있어야 할까요? 무엇을 위하여 관찰과 기록을 하는지 그 목적과 본질에 대해 다시금 생각해보게 됩니다.

우리는 ‘더 나은 삶’을 위하여 지금, 이 순간 최선이라고 생각하는 방식으로 노력하며 살아갑니다. 가치 있다고 생각하는 그 무엇을 함께 구성하고 추구해 나가기 위해서 구성원들은 대화를 나누고 협의하며 사유와 실천을 반복해 갑니다. 이 책을 집필하는 데에도 다년간 우리의 많은 대화가 중요한 역할을 하였습니다. 집필의 목적과 방향을 협의하고 함께 나누는 이야기 속에서 지식과 가치를 협상하고, 구성과 재구성을 반복하며 또 다른 가능성을 찾기 위한 노력이 더해졌습니다. 여전히 우리는 대화를 환영하며 더 나은 방향이라 생각하는 곳을 향하여 함께 걸음을 내디뎌 보기를 희망합니다. 불확실성이 건네는 두려움과 걱정보다 미지의 세계를 탐구해가는 설렘과 두근거림으로 또 다른 가능성을 열어가면서 영유아 보육과 교육 현장 선생님들의 살아있는 이야기에 함께 감탄하고 놀라워하며, 삶과 학문이 서로 접속하고 주름지어지며 펼쳐지면서 또 다른 만남이 이루어지기를 바랍니다.

2. 참여교사들의 이야기

강주연 선생님 6장 일상적 관찰 중 예시 주인공

교육의 질은 교사의 질을 뛰어넘을 수 없다는 아주 오래전부터 익히 들어온 말이 기억납니다. 어쩌면 이 말은 맞을 수도 있고 또 아닐 수도 있다는 엉뚱한 생각을 해봅니다. 아이들에게 때로는 교사가 전부가 되기도 합니다. 그만큼 나이가 어릴수록 선생님의 영향을 더 크게 받게 되는 것이겠지요. 선생님의 생각과 사고가 열려있을수록, 한계나 제한을 두기보다 함께 해결방안을 모색해나가는 태도를 두면 둘수록 아이들 놀이 역시 개방적이고 수용적이며 창의적으로 발현될 것입니다. 또 한편으로는 유치원 교실에서 늘 새롭고 기발한 생각을 거침없이 표현하고 돌아서면 또 재미난 것에 몰두하는 아이들을 보며 감탄한 적이 한두 번이 아닌 것을 보면 얼마든지 무궁무진한 잠재력을 내재하고 있음을 알 수 있습니다.

교실에서는 매 순간 다양한 놀이가 생성되었다가 사라지기도 합니다. 그저 눈으로 보고 감탄하며 머리로 기억하려고만 한다면 과연 몇 가지의 놀이가 남아있을까요? 놀이 속 아이들의 소중한 말 한마디, 이어지는 놀이의 흐름을 놓치지 않기 위해 기록은 중요합니다. 또한 매번 수업이 끝나면 늘 '아, 그때 이렇게 할걸', '이 재료를 미리 준비했었더라면...', '아이들에게 이런 질문을 던질걸...' 하는 아쉬운 마음이 들 때가 많습니다. 교사로서 지난 수업을 되돌아보며 반성해보고 기록하는 반성적 저널의 힘은 어제의 놀이이야기를 오늘의 놀이이야기로 다시 이어 나가고 놀이 속 성글게 엮인 빈틈을 조금 더 촘촘히 메우는 데 큰 도움이 됩니다. 이러한 저널을 통한 자기반성 및 기록화 작업은 그날그날의 놀이를 깊이 들여다볼 수 있는 시간을 줌으로써 아이들의 성장뿐만 아니라 교사 자신의 성장과도 마주할 수 있습니다.

어쩌면 하루 일과를 마치고 써 내려간 교사의 기록들은 아이들을 더 잘 관찰하기 위해, 더 잘 지원해주기 위해, 아이들의 놀이에 더 가까이 다가가기 위한 선생님의 무한 사랑의 결실이 아닌가 하는 생각을 해봅니다.

정소희 선생님 6장 일상적 관찰 중 예시 주인공

기록을 보니 새록새록 그때가 떠오릅니다. '아이들이 다양한 재료가 없어서 찰흙만 하는가?', '왜 계속 똑같은 놀이를 할까?' 이런 고민이 많았던 찰나에 자세히 놀이를 관찰하면서 아이들이 그 속에서 다양한 도전과 성취를 느끼고 있다는 걸 깨달았던 이야기라 나 자신에게도 의미 있었던 순간이었습니다!

> 어쩌면 나는…. 나도 모르게 발달적 순서에 따라 아이들이 성장할 수 있도록 도와야겠다는 생각을 했던 건 아닐까? 사실 나는 아이들의 놀이를 더 들여다보겠다고 다짐했지만, 마음 한 편으로는 다음 단계로 나아가도록 도와줘야 한다는 부담감을 가졌을지도 모른다. 나는 '이렇게 찰흙놀이를 계속하다가 1년이 지나면 어떡하지?', '찰흙놀이만 1년을 해도 될까?', '나의 역할은 무엇이지?' 이런 고민을 하고 있었다. "아이들의 유능함을 믿고 함께 걸어가겠다던 나의 다짐은 어디로 갔는가?" 하며 흔들리던 찰나에 지원이의 놀이를 만났다. 지원이의 놀이를 자세히 들여다보면서 내가 가진 시선과 생각의 틀이 점차 깨져 가는 것을 느꼈다. 멀리서 보면 똑같은 찰흙놀이지만 지원이의 찰흙놀이 과정을 자세히 보면 새로운 의미를 찾을 수 있었다. 지원이는 찰흙놀이 속에서 다양한 시도와 생각, 도전과 성취감 등을 느끼고 배우

고 있었다. 신기했다. 나만의 걱정거리였던 찰흙놀이에서 이런 의미를 발견하다니. 단순하게만 보였던 찰흙놀이 속에서 아이들은 의미 있고 소중한 배움의 순간들을 경험하고 있었다. 놀랍기도 하고, 늦게 발견해서 미안한 마음도 들고, 지금이라도 의미를 찾고 지원할 수 있어서 다행이라는 안도감도 느꼈다. 아이들은 내가 공부하고 알고 있었던 단계와 틀에서 벗어나 놀이 속에서 저마다의 경험과 성장과정을 겪고 있다는 것을 깨달았다. 나도 과거의 틀에서 벗어나 아이들과 새로운 세상을 경험해 보고 싶어졌다.

관찰과 기록의 힘을 느꼈던 날들이 떠올라 다시 한번 교사로서 마음을 다잡게 됩니다. 관찰기록을 다시 보며, 거창하게 어떤 역할을 꼭 해야 하는 것이 아니라 매 순간 아이들의 눈빛과 생각, 말과 행동이 어디를 향해 있고, 아이들이 어떤 시선으로 세상을 바라보는지를 생각하면서 아이들의 도전과 경험을 응원하고 함께 걸어가는 존재…, 오늘도 그런 교사로 살아가고 싶은 열정을 가득 채웁니다.

강보배 선생님 10장 주인공

행복반 영아들과 놀이를 통한 가치로운 배움이 일어날 수 있었던 것은, 교사로서 영아들의 유능함을 굳게 믿어주었기 때문이라 생각합니다. 영아와 교사를 이어주는 믿음은 영아들이 끊임없는 새로운 시도를 할 수 있는 원동력이 되었고 주체적으로 이끌어가며 놀이를 즐기는 영아로 성장할 수 있었습니다. 주체적으로 이끌어간다는 것은 세상을 온 감각으로 만나고 관계를 맺으며 흥미를 갖게 되는 것에 시선을 주고, 다양한 매체를 직접 탐색하고 스스로 다양한 조작을 감각적으로 해보는 영아의 적극성이라 생각되는데 그러한 놀이 속에서 행복반 영아들의 가치로운 배움이 일어날 수 있었습니다. 그렇게 영아의 의도나 의미를 민감하게 읽어내기 위해서 영아들의 놀이를 들여다보고 귀 기울였으며, 영아의 시선과 영아가 어떠한 욕구와 호기심으로 배움이 일어나고 있는지 살피며 영아가 주도하는 놀이의 결대로 따라가 보았던 것 같습니다.

놀이를 기록하며 때로는 의미 있는 중요한 순간의 사진기록을 놓칠 때가 있습니다. 글로서 읽는 기록보다 사진 속 한 컷이 모든 걸 말해주는 찰나의 기록에는 굉장한 힘이 있다고 생각합니다. 종종 그런 사진 포착을 놓칠 때면 아쉬운 마음에 몸에 액션캠을 달아야 하는 고민을 할 때가 있습니다. 처음에는 기록자료로 남길 마음에 셔터를 연신 누르며 방대한 양의 사진을 가지고 있으면 "기록하는데 문제없어!"라고 생각했습니다. 시간이 흐를수록 꼭 필요한 사진기록과 그렇지 않은 사진을 구분해야 할 필요성을 느꼈고, 지금은 놀이를 관찰하며 꼭 필요한 상황의 사진만 기록하려 노력합니다. 그렇게 된다면 아이들과 눈을 한 번 더 마주하며 소통할 수 있는 기회가 많이 주어질 것입니다.

전국에 계신 영아반 선생님들 그리고 예비선생님들 영아들의 놀이를 지원해주고 관찰만 하는 교사가 아닌, 진심으로 함께 놀이하며 즐겨보십시오. 교실 안 작은 세상을 탐색하며 끊임없는 소통과 배움이 일어나며 영아뿐만이 아닌 교사도 함께 배우며 성장하는 배움의 공동체를 경험하실 수 있을 겁니다.

최경화 선생님 11장 주인공

아이들이 세상을 알아가는 데 함께하며 다양한 경험을 할 수 있도록 지원하고 지지해 주어야 한다는 교육철학을 실천하기 위해서는 먼저 아이들을 잘 이해해야 했고, 이해하기 위해서는 아이들을 자세히 살펴야 했습니다. 그래서 아이들의 놀이를 유심히 살펴보았고 놀이를 통해 아이들이 생각과 배움을 이어갈 수 있도록 지원해 줄 수 있었습니다.

> '조금 더… 조금 더…', '무엇을 하고 싶은 것일까?', '이렇게 해 보면…', '아니면 이렇게 해 볼까?', "네가 하고 싶은 게 뭐야?", "선생님이 뭘 도와줄까?", "또 어떻게 해 볼까?", "궁금하면 직접 해보면 되지~", "생각처럼 되었니?"

아이들의 눈높이에 맞춰서 함께 놀이하면서 기존의 일지(기록)는 한계가 있었기에 나만의 기록을 남겨 보았습니다. 놀이가 더 잘 보이고 아이들의 시선에서 기록을 남기니 놀이기록은 점점 변하고 저는 사유하는 시간이 많아졌습니다.

아이들은 무수히 많은 놀이를 끊임없이 하고 있습니다. 때로는 저의 놀이 지원에 후회한 적도 있었지만 시간이 지나 다시 기록을 들춰보았을 때 저는 새로운 놀이의 가치를 발견하기도 하였습니다. 아이들의 이야기를 잘 담고 싶었던 그 순간들은 기록이 변화하는 동안 제가 했던 모든 고민과 선택과 사유의 시간을 지나며 아이들과 함께 성장하는 의미 있는 시간이 되었습니다.

나의 이야기를 하기보다 들어주기

내가 보여주는 것이 아닌 아이들이 무엇을 보는지

왜? 라고 질문하기

함께 새로운 것에 도전하고 실험해 보기

기다려주기

정답은 없습니다. 지금 아이들과 함께 하는 저(당신)는 그게 최선일 것입니다.

3. 초고를 읽은 교사들의 이야기

전재인 선생님 수업 중 초고를 읽고 나서

교육적 기록작업을 들으며, 이전 학부 때 배웠던 관찰 수업이 생각났다. 학부 때 배운 관찰 책에서는 뒷부분에 부록처럼 나왔었던 현장의 예시들이 있었는데, 이것을 보며 나에게 관찰은 항상 현장에서 학부모와 평가를 위한 수단으로 사용된다고 여겨졌다. 이 초고를 읽으며 관찰에서 오는 의미들, 아이의 변화들, 그 순간들을 함께 따라가며 관찰은 가치있는 행위임을 다시금 생각하게 되었다. 교사가 아이들과 함께 생활하며 아이들의 순간을 발견하는 것과 의미 있는 순간으로 발전할 수 있도록 기다림과 지원을 제공해 주는 것이라 생각하게 되었다. 서문에 나와 있는 '영유아교사가 해야 하는 아동관찰과 행동연구는 어떤 것이어야 하는지에 대한 비전을 다시 세우고, 그러한 역량이 길러질 수 있도록' 함에 있어서 예비영유아교사로서 관찰을 어떻게 해 나가야 하는지 이론의 흐름과 현장 적용 사례를 보며 구체화할 수 있었다. 교사로서 관찰의 진정한 의미를 생각해 보고 실천을 통해 발전해야겠다고 느꼈다.

이수연 선생님 수업 중 초고를 읽고 나서

11장 선생님이 들려주시는 실행연구 이야기를 오래도록 기억할 것 같다. 이 장을 맨 처음 마주하고 특강으로 교수님의 강의를 들으며, '현장에서 어떻게 이게 가능하지?'라는 생각이 가장 많이 들었고, 그래서 마음이 많이 혼란스러웠다. 교실 전체를 보면서 동시에 순간을 자세히 볼 수 없을 것이라는 혼란과 두려움이었다. '유아 18명~22명이 있는 교실에서 내가 한 곳에 집중하면 나머지 유아들은 어떻게 하지?'라는 생각이 들었다. '기록을 하며 기록에 남지 않는 유아들은 이 기록에 어떻게 참여를 시켜야 하지?'라는 생각도 들었다. 그러다 다시 11장을 중심으로 초고를 곱씹으면서 마음이 정리되었다. '하나의 장면은 하나의 점이고 그 점들을 계속 모으면 선이 되고 더 크게 면이 되는 것처럼 매일 하나의 점들을 자꾸 모으다 보면 어느 순간 면이 되어 있지 않을까?'라는 생각이 들면서 기대감이 생겼다. 이 마음은 다시 빨리 현장에 가서 그 순간들을 보고 싶게 하였다. 관찰과 기록의 방법이 정해져 있지 않기에 오늘 아이들의 관찰 기록 자체를 더 의미 있게 여길 수 있는 용기가 생겼다. 제일 중요한 관찰기록과 정리가 나에게 가장 어려운 부분인데 그 부분을 어떻게 잘 해결해 나갈 수 있을지 더 많은 고민을 하게 될 것 같다.

신종은 선생님 수업 중 초고를 읽고 나서

저의 가장 큰 변화는 관찰의 관점이 달라진 것입니다. 이 초고를 읽기 전에는 유아를 '결핍된 존재'로 보며 어떤 부분이 부족한지 어떤 도움을 주어야 하는지에 대해 관찰했었다면 이제는 어떤 의미가 담긴 행동인지, 어떤 지원을 해준다면 놀이가 확장되어 유아가 더 즐거울 수 있는지에 대해 관찰하기 시작했습니다. 그 덕에 지금 우리 반에서의 놀이는 교사 주도가 아닌 유아 중심의 발현적 교육과정으로 작은 변화가 시작되었고, 유아에게, 교사에게 긍정적인 변화임이 틀림없음을 느끼고 있습니다. 가장 기억에 남는 장은 11장으로 구체적인 실행 예시를 경험할 수 있어서 좋았고, 10장 영아 대상으로도 놀이가 발현되고 확장되는 것을 보며 유아교사로서 우리 반 유아와 그려질 앞으로의 시간을 기대하게 되었습니다.

이문희 선생님 수업 중 초고를 읽고 나서

초고를 읽으며 관찰에 대해 깊이 생각해 볼 수 있는 시간이 되었습니다. 관찰의 정의나 관찰의 필요성에 대해서 알고 있지만 정작 어떻게 관찰해야 하는지 알지 못했던 것 같습니다. 그저 관찰일지에 써야 하니까..., 부모님과의 상담자료로 활용해야하니까... 관찰을 했었던 것 같습니다. 이번 관찰 기록에 대해 초고를 읽고 함께 수업하고 또, 토론하면서 관찰의 제일 기본인 [아이들을] 기다림, [아이들에게] 귀 기울이기, 놀이 속에서 행복해하는 유아들에 대해 생각해 볼 수 있는 시간이 되었습니다. 또한 현장에서 놀이 중심교육과정의 시작인 관찰에 대해 알아보고 적용해 볼 수 있는 시간이 되어 개인적으로도 매우 의미 있는 시간이 되었던 것 같습니다. 아이들의 놀이를 어떻게 기록하면 되는지, 사진과 메모 그리고 폴더 만들기부터 관찰기록지가 만들어지기까지, 또 사진을 통한 흐름도를 만들어보는 과정은 힘들었지만, 의미 있는 시간이 되었던 것 같습니다.

조남희 선생님 수업 중 초고를 읽고 나서

영아의 관찰에 대한 기록을 접할 수 있어 좋았고, 어떻게 관찰기록하는 것이 아이들의 놀이 흐름을 이해할 수 있는지 현장의 이야기를 들을 수 있어 좋았다. 하지만 아직도 관찰 기록이라는 것이 무엇이 맞는 것인지 어렵기만 하다. '이거다!' 하고 판단되는 순간 '이거다!' 하는 것이 사라지기도 하고, 내가 해석하고 있는 것이 맞는 것인지 고민될 때가 있다. 이 초고를 연구 기록한 선생님도 같은 고민을 하고 있다는 말에 '모두가 똑같은 고민을 하고 있구나.'라는 생각이 들어 위로가 되기도 하였다. 지금, 이 순간 내가 이 아이와 함께 있는 이 시간 내가 느끼는 감정에 충실하려고 한다. 그동안 순간의 아이들 모습을 관찰하고 아이들이 하는 행동, 이야기 등을 나름 잘 기록한다고 생각하였지만, 사진의 한 장면처럼 단면만 기록하고 있었다는 생각이 들었다. 관찰이라는 것이 한순간의 단면을 기록하는 것도 있지만 아이들의 놀이가 어떻게 발현이 되었는지 놀이의 흐름이 빠져있었다는 것을 느낄 수 있었다. 앞으로는 '왜?'라는 의문을 품고 바라보려고 한다.

4. 독자의 이야기

나의 생각: 저자들과 이야기 나누기, 책과 대화하기

참고문헌

강보배(2021). 영아들의 눈높이에서 함께 들여다보는 교사. 한국유아교육학회 대경지회 2021 추계학술대회, 함께 교육과정을 만들어가는 교사, pp. 48-61. 12월 3일 zoom 학술대회.

강은지 · 이미화 · 예한나(2019). 누리과정 효과성 분석 연구(II): 누리과정 개정에 따른 KICCE 유아 관찰척도 개발 및 시범적용. 연구보고 2019-21. 서울: 육아정책연구소.

강진주(2015). 유아들의 디지털 사진 기록하기와 재방문에 관한 경험. 유아교육연구, 35(1), 53-82.

교육부(2020a). 2020 유치원생활기록부 기재요령. 세종: 교육부.

교육부(2020b). 유아 · 놀이중심 교육 지원을 위한 학습공동체 실천 이야기. 세종: 교육부.

교육부 · 보건복지부(2019a). 2019 개정 누리과정 해설서. 세종: 교육부, 보건복지부.

교육부 · 보건복지부(2019b). 2019 개정 누리과정 놀이이해자료집. 세종: 교육부, 보건복지부.

교육부 · 보건복지부(2019c). 2019 개정 누리과정 놀이실행자료집. 세종: 교육부, 보건복지부.

권우진(2020). 맛에 대한 언어 표현 연구. 한국언어문화, 72, 5-38.

김용석(2002). 일상의 발견. 서울: 푸른숲.

김희연(2004). 실행연구자(action researcher)로서의 유아교사: 유아교사의 정체성 확립을 위한 일고. 유아교육연구, 24(6), 235-255.

대구광역시유아교육진흥원(2020). 유아 · 놀이 중심 교육과정 놀이운영 사례집: 함께 살며, 놀이하며, 배우다. 대구: 유아교육진흥원.

박선영 · 김건희(2022). 어린이는 무엇을 배우나: 어린이가 들려주는 배움의 내용, 배움 내용 생성하기. 한국영유아교육과정학회 2022-2023년 현장연구세미나, 배움중심 교육과정과 어린이의 배움, pp. 1-17. 11월 19일 zoom 학술대회.

박은혜 · 김희진 · 성원경 · 이성희 · 박선혜(2021). 영유아 교육과정. 서울: 창지사.

보건복지부(2020). 제 4차 어린이집 표준보육과정 해설서. 세종: 보건복지부.

서경혜(2015). 교사학습공동체: 집단전문성 개발을 위한 한 접근. 서울: 학지사.

서현아 · 박소윤 · 강현미 · 한희정 · 김산아(2021). 아동관찰 및 행동연구. 경기도 파주: 양서원.

송연숙 · 정혜영 · 유수경(2019). 아동관찰 및 행동연구. 서울: 창지사.

유은영(2021). 핀란드의 국가수준 영유아교육과정 탐색. 학습자중심교과교육연구, 21(10), 853-873.

유혜령(2012). 해석학적 텍스트로서의 레지오 기록의 의미: 교육적 불안과 희망의 양면성. 유아교육연구, 32(5), 415-433.

이경화 · 구옥선 · 김미진 · 김병만 · 김성숙 · 류주영 · 박지영 · 서보순 · 손유진 · 이진희 · 정혜영, 홍성희(2020). 유아 관찰 및 기록 자료 개발. 경상남도 교육청.

이윤진(2016). 핀란드의 육아정책 연혁과 동향. 육아정책포럼, 49, 34-45.

이은해 · 이미리 · 박소연(2006). 아동 연구방법의 이해. 서울: 학지사.

이정환 · 박은혜(2009). 교사들을 위한 유아 관찰 워크북. 서울: 아이코리아.

이진희(2020). 배움을 '위한' 사회문화적 유아평가의 탐색: 방법론적 개인주의 벗어나기. 학습자중심교과교육연구, 20(11), 791-815.

이진희(2022). 포스트휴먼 유아와 만나기: '얽힌 되기'로서 유아 존재의 (재)형상화. 열린유아교육연구, 27(1), 213-235.

이진희 · 강진주 · 허정민 · 권미정(2020). '함께-하는' 유아평가: 경계를 넘나들며 대화 이어 가기. 서울: 창지사.

이진희 · 장윤미(2022). 철학 이론을 회절하며 유아놀이 관찰 데이터 읽기: 스카프와의 마주침. 어린이교육비평, 12(2), 50-72.

이진희 · 허정민 · 장은정(2021). 한 어린이집 유아교사의 놀이와 배움을 잇기 위한 보육일지 재구성 과정 및 의미 생성. 유아교육연구, 41(5), 95-128.

임부연 · 곽승주 · 권혜진 · 김성숙 · 서보순 · 손은실 · 신은미 · 연희정 · 염지숙 · 오채선 · 윤민아 · 이경화 · 이연선 · 이현진 · 장혜진 · 정선아(2021). 유아 · 놀이중심 유아교육과정. 경기도 고양: 공동체.

전남련 · 김인자 · 백향기 · 황연옥(2016). 아동관찰 및 행동연구. 경기도 파주: 양서원.

조용환(1999). 질적 연구 방법과 사례. 서울: 교육과학사.

조재식 · 허창수 · 김영천(2006). 교육학/교육과정 연구에서 질적 연구자가 고려해야 하는 타당도 이슈들: 그 다양한 접근들의 이해. 교육과정연구, 24(1), 61-95.

중앙육아종합지원센터(2020). 놀면서 자란다: 영아 0-2세 보육과정. 서울: 중앙육아종합지원센터.

최경화(2022). 사진으로 들여다 본 어린이의 삶. 한국유아교육학회 대경지회 2022 춘계학술대회, 영유아 교사의 눈길, 사진에담기, pp. 31-46. 6월 17일 zoom 학술대회.

황해익(2009). 유아교육평가의 이해. 경기도 파주: 정민사.

황해익 · 송연숙 · 정혜영 · 유수경(2013). 영유아 행동관찰법. 서울: 창지사.

황해익 · 최혜진 · 권유선(2020). 개정 누리과정을 반영한 아동관찰 및 행동연구(2판). 경기도 고양: 공동체.

황해익 · 최혜진 · 정혜영 · 권유선(2014). 아동관찰 및 행동연구. 경기도 고양: 공동체.

Ayers, W. (2012). 가르친다는 것[*To teach: The journey of a teacher*]. (홍한별 역). 서울: 양철북. (원전발간은 2010).

Barad, K. (2007). *Meeting the universe halfway: Quantum physics and the entanglement of matter and meaning*. London: Duke University Press.

Bauman, Z. (1993). *Postmodern ethics*. Oxford: Blackwell.

Bauman, Z. (1995). *Life in fragments*. Oxford: Blackwell.

Black, P., & William, D. (1998). *Inside the black box: Raising standards through classroom assessment*. London: King's College.

Broderick, J. T., & Hong, S. B. (2020). *From children's interests to children's thinking: Using a cycle of inquiry to plan curriculum*. Washington, DC: NAEYC.

Cagliari, P., Castagnetti, M., Giudici, C., Rinaldi, C., Vecchi, V., & Moss, P. (2016). *Loris Malaguzzi and the schools of Reggio Emilia: A selection of his writings and speeches, 1945-1993*. New York: Routledge.

Carr, M. (2001). *Assessment in early childhood settings: Learning Stories*. London: Sage.

Carr, M. & Lee, W. (2012). *Learning Stories: Constructing learner identities in early education*. London: Sage.

Dahlberg, G., Moss, P., & Pence, A. (2007). 포스트모던 유아교육: 새로운 이해와 실천을 열어가기[*Beyond quality in early childhood education and care: Postmodern perspective*] (김희연, 신옥순, 염지숙, 유혜령, 정선아 역). 서울: 창지사. (원전발간은 1999)

Dahlberg, G., Moss, P., & Pence, A. (2016). 포스트모던 유아교육 새로운 이해와 실천을 열어가기: 평가의 언어(3판)[*Beyond quality in early childhood education and care: Languages of evaluation*] (김희연, 신옥순, 염지숙, 유혜령, 정선아 역). 서울: 창지사. (원전발간은 2013)

Denzin, N. K., & Lincoln, Y. S. (Eds.). (1994). *Handbook of qualitative research*. London: Sage.

Department for Education, United Kingdom. (2022). *Early Years Foundation Stage profile 2023 handbook*. Retrieved January 10, 2023, from https://assets.publishing.service.gov.uk/government/uploads/system/uploads/attachment_data/file/1109972/Early_Years_Foundation_Stage_profile_2023_handbook.pdf

Dewey, J. (1916). *Democracy and education: An introduction to the philosophy of education*. New York: MacMillan.

Dewey, J. (1938). *Experience and education*. New York: MacMillan.

Dewey, J. (2015). 흥미와 노력[*Interest and effort in education*]. (조용기 역). 서울: 교우사. (원전발간은 1913)

Drummond, M-J. (2012). *Assessing children's learning*. London: Routledge.

Earl L., & Katz, S. (2008). Getting to the core of learning: Using assessment for selfmonitoring and self-regulation. In S. Swaffield (Ed.), *Unlocking assessment: Understanding for reflection and application* (pp. 90-104). New York: Routledge.

Fawcett, M., & Watson, D. (2016). *Learning through child observation* (3rd ed.). London: Jessica Kingsley.

Ferraris, M. (2013). *Documentality: Why it is necessary to leave traces* (R. Davies, Trans.). New York: Fordham University Press.

The Finnish National Agency for Education(2022). *National core curriculum for early childhood education and care*. Retrieved January 10, 2023, from https://www.oph.fi/en/education-and-qualifications/national-core-curriculum-ecec-nutshell

Fleer, M. (2002). Sociocultural assessment in early years education-Myth or reality? *International Journal of Early Years Education, 10*(2), 105-120.

Gipps, C. (1999). Socio-cultural aspects of assessment. *Review of Research in Education, 24*, 355-392.

Gipps, C., & Stobart, G. (2003). Alternative assessment. In T. Kellaghan, D. L. Stufflebeam, & L. A. Wingate (Eds.), *International handbook of educational evaluation* (pp. 549-576). Dordrecht, UK: Kluwer.

Gonźalez, N., Moll, L. C., & Amanti, C. (Eds.) (2005). *Funds of knowledge: Theorizing practices in households, communities, and classrooms*. Mahwah, NJ: Lawrence Erlbaum Associates.

Haraway, D. (2008). *When species meet*. Minneapolis, MN: University of Minnesota Press.

Hedges, H. (2010). Whose goals and interests? The interface of children's play and teachers' pedagogical practices. In L. Brooker & S. Edwards (Eds.), *Engaging play* (pp. 25-39). Berkshire, England: Open University Press.

Inagaki, K., & Hatano, G. (2002). *Young children's naïve thinking about the biological world*. Brighton, UK: Psychology Press.

James, M. (2008). Assessment and learning. In S. Swaffield (Ed.), *Unlocking assessment: Understanding for reflection and application* (pp. 20-35). London: Routledge.

Krathwohl, D. R. (1993). *Methods of educational and social science research*. White Plains, NY: Longman.

Kuhn, T. (1970). *The structure of scientific revolutions*. Chicago: University of Chicago Press.

Lenz Taguchi, H. (2018). 들뢰즈와 내부작용 유아교육: 이론과 실제 구분 넘어서기[*Going beyond the theory/practice divide in early childhood education: Introducing an intra-active pedagogy*]. (신은미, 안효진, 유혜령, 윤은주, 이진희, 임부연, 전가일, 한선아, 변윤희 역). 서울: 창지사. (원전발간은 2009)

Lewin-Benham, A. (2011). *Twelve best practices for early childhood education: Integrating Reggio and other inspired approaches*. New York: Teachers College Press.

Lincoln, Y. S. & Guba, E. G. (1985). *Naturalistic inquiry*. Thousand Oaks, CA: Sage.

MacDonald, S. (1997). *The portfolio and its use: A road map for assessment*. Little Rock, AR: Southern Early Childhood Association.

Malaguzzi, L. (1993). History, ideas and basic philosophy. In Edwards, C., Gandini, L., & Forman, G. (Eds.), *The hundreds languages of children* (pp. 41 – 89). Norwood, NJ: Ablex.

Malaguzzi, L. (1998). History, ideas, and basic philosophy: An interview with Lella Gandini. In C. Edwards, L. Gandini, and G. Forman (Eds.), *The hundred languages of children: The Reggio Emilia approach–Advanced reflections* (pp. 49-97). Westport, CT: Ablex.

Marion, M. (2004). *Using observation in early childhood education*. Upper Saddle River, NJ: Pearson.

McAfee, O., & Leong, D. J. (2008). 발달과 학습에 대한 유아 평가[*Assessing and guiding young children's development and learning*]. (김경철, 이진희, 최미숙, 황윤세 역). 서울: 학지사. (원전발간은 2007)

Ministry of Education, Republic of Singapore. (2022). *Nurturing early learners: A curriculum framework for kindergartens in Singapore*. Retrieved January 10, 2023, from https://www.nel.moe.edu.sg

Moss, P. (2021). 유아교육과 대안적 내러티브[*Alternative narratives in early childhood*]. (이연선, 손유진, 신은미, 이경화, 이진희, 정혜영 역). 서울: 살림터. (원전발간은 2018)

Murris, K. (2021). 포스트휴먼 어린이: 그림책과 철학하기를 통한 교육적 변화[*The posthuman child: Educational transformation through philosophy with picturebooks*]. (이연선, 변윤희, 손유진, 신은미, 이경화, 한선화 역). 서울: 살림터. (원전발간은 2017)

National Agency for Education. (2018). *National core curriculum for early childhood education and care*. Retrieved January 10, 2023, from https://www.oph.fi/sites/default/files/documents/National%20core%20curriculum%20for%20ECEC%202022.pdf

The New Zealand Ministry of Education. (2004). *Kei Tua o te Pae/Assessment for Learning: Early Childhood Exemplars*. Retrieved January 10, 2023, from https://www.education.govt.nz/early-childhood/teaching-and-learning/assessment-for-learning/kei-tua-o-te-pae-2/

The New Zealand Ministry of Education. (2017). *Te Whāriki: Early childhood curriculum*. Retrieved January 10, 2023, from https://www.education.govt.nz/assets/Documents/Early-Childhood/ELS-Te-Whariki-Early-Childhood-Curriculum-ENG-Web.pdf

Olsson, L. M. (2017). 들뢰즈와 가타리를 통해 유아교육 읽기: 운동과 실험[*Movement and experimentation in young children's learning*]. (이연선, 이경화, 손유진, 김영연 역). 서울: 살림터. (원전발간은 2009)

Organisation for Economic Co-operation and Development. (2008). OECD 영유아교육·보육정책 II [*Starting Strong II: Early Childhood Education and Care*]. (유희정, 안재진 역). 서울: 육아정책개발센터 (원전발간은 2006) https://repo.kicce.re.kr/handle/2019.oak/958)에서 2023년 1월 10일 인출.

Palaiologou, I. (2019). *Child observation: A guide for students of early childhood* (4th ed.). London: Sage.

Readings, B. (1996). *The university in the ruins*. Cambridge, MA: Harvard University Press.

Rinaldi, C. (2012). The pedagogy of listening: The listening perspective from Reggio Emilia. In C. P. Edwards, L. Gandini, & G. E. Foreman (Eds.), *The hundred languages of children: The Reggio Emilia in transformation* (3rd ed., pp. 233-246), Santa Barbara, CA: Praeger.

Rogoff, B. (1995). Observing sociocultural activity on three planes: Participatory appropriation, guided participation, and apprenticeship. In J. V. Wertsch, P. del Rio, & A. Alvarez (Eds.), *Sociocultural studies of mind* (pp. 139-164). Cambridge, MA: Cambridge University Press.

Rogoff, B. (2003). *The cultural nature of human development*. New York: Oxford University Press.

Root-Bernstein, R., & Root-Bernstein, M. (2007). 생각의 탄생: 다빈치에서 파인먼까지 창조성을 빛낸 사람들의 13가지 생각도구[*Sparks of genius: The thirteen thinking tools of the world's most creative people*]. (박종성 역). 서울: 에코의서재. (원전발간은 1999)

Schwandt, T. (1996). Farewell to criteriology. *Qualitative Inquiry, 2*(1), 58-72.

Stake, R. E. (2004). *Standards-based and responsive evaluation*. Thousand Oaks, CA: Sage.

Standards & Testing Agency. (2022). *Early Years Foundation Stage profile 2023 handbook*. Retrieved January 10, 2023, from https://assets.publishing.service.gov.uk/government/uploads/system/uploads/attachment_data/file/1109972/Early_Years_Foundation_Stage_profile_2023_handbook.pdf

Stobart, G., & Gipps, C. (1997). *Assessment: A teacher's guide to the issues*. London: Hodder & Stoughton.

van Manen, M. (2012). 가르친다는 것의 의미[*The tone of teaching: The language of pedagogy*]. (정광순, 김선영 역). 서울: 학지사. (원전발간은 2002).

Walsh, D. J. (2015). 유아교사론: 가르침의 기예. (정선아, 안효진, 이진희, 성소영 역). 경기도 고양: 파워북.

Wood, E. (2013). *Play, learning and the early childhood curriculum* (3rd ed.). London: Sage.

Wood, E. (2014). Free choice and free play in early childhood education: Troubling the discourse. *International Journal of Early Childhood Education, 22*(1), 4-18.

저자소개

이 진 희

University of Illinois at Urbana-Champaign, 유아교육 전공, 박사(Ph.D)
계명대학교 유아교육과 교수

김 희 연

University of Texas at Austin, 유아교육 전공, 박사(Ph.D)
세종대학교 교육학과/교육대학원 교수

신 은 미

덕성여자대학교, 유아교육 전공, 교육학박사
부산대학교 유아교육과 강사

정 가 윤

University of Illinois at Urbana-Champaign, 유아교육 전공, 박사(Ph.D)
명지대학교 아동학과 부교수

허 정 민

계명대학교, 유아교육 전공, 교육학박사
영남이공대학교 사회복지 · 보육과 조교수

아동관찰 및 행동연구: 영유아교사의 윤리적 실천

초판 1쇄 발행 2023년 3월 7일
초판 2쇄 발행 2025년 7월 16일

지 은 이 | 이진희 · 김희연 · 신은미 · 정가윤 · 허정민
펴 낸 이 | 김기섭
편 집 인 | 이상희
펴 낸 곳 | **창지사** www.changjisa.com
08589 서울시 금천구 가산디지털 1로 83 파트너스타워 1차 9층
전화 (02)719-2211~3
팩스 (02)701-9386
등　　록 | 1977년 4월 28일 · 제1-421호

ISBN 978-89-426-1817-0 (93370)

값 20,000원